国家社会科学基金项目"新时代中国社会公共治理制度化研究"（项目批准号：18BKS102）的最终成果。

陈付龙 著

新时代中国社会公共治理制度化研究

人 民 出 版 社

责任编辑：安新文
封面设计：汪　阳
责任校对：杜凤侠

图书在版编目（CIP）数据

新时代中国社会公共治理制度化研究/陈付龙 著. —北京：人民出版社，2024.11
ISBN 978－7－01－026514－8

Ⅰ.①新… Ⅱ.①陈… Ⅲ.①社会管理-研究-中国 Ⅳ.①D63

中国国家版本馆 CIP 数据核字（2024）第 080782 号

新时代中国社会公共治理制度化研究

XINSHIDAI ZHONGGUO SHEHUI GONGGONG ZHILI ZHIDUHUA YANJIU

陈付龙　著

人民出版社 出版发行
（100706　北京市东城区隆福寺街 99 号）

北京汇林印务有限公司印刷　新华书店经销

2024 年 11 月第 1 版　2024 年 11 月北京第 1 次印刷
开本：710 毫米×1000 毫米 1/16　印张：14.5
字数：210 千字

ISBN 978－7－01－026514－8　定价：68.00 元

邮购地址 100706　北京市东城区隆福寺街 99 号
人民东方图书销售中心　电话（010）65250042　65289539

目　　录

绪　论　公共治理制度化问题的出场

　　公共治理制度化问题是世界各国现代化进程中共同的时代命题,从理论与实践相统一的视角去准确把握公共治理制度化的理论、实践与价值,既是推进中国特色社会主义国家治理体系和治理能力现代化的内在要求,也是完善中国特色社会主义国家治理效能评价的必要前提。公共治理制度化效能的价值定位问题是推进中国式国家治理理论与实践探索的前提性认知问题,无论是在认知塑造中完善公共治理制度化的理论知识,还是在"有效适应"底线中优化公共治理制度化的实践支持,都离不开以其效能价值定位为研究的基轴与象限,公共治理制度化效能的价值定位问题无疑是一种研究的背景性资源。党的十九届六中全会通过的《中共中央关于党的百年奋斗重大成就和历史经验的决议》中关于"建设共建共治共享的社会治理制度,建设人人有责、人人尽责、人人享有的社会治理共同体"①的重要论断,正是党和国家关于我国公共治理制度化效能的价值定位的一种政治主张,这直接为新时代推进我国公共治理制度化建设指明了方向。为此,站在"两个一百年"奋斗目标的历史交汇点,推进新时代中国社会公共治理制度化不仅是推进国家治理体系和治理能力现代化的题中之义,也是开启全面建设社会主义现代化国家新征程的重要诉求,更是理论工作者义不容辞的学术使命与责任担当。

---

　　①　《中共中央关于党的百年奋斗重大成就和历史经验的决议》,《人民日报》2021年11月17日第1版。

第一节　研究背景与价值

任何问题的产生都具有一定的理论背景与现实背景,了解问题本身的背景是正确认识问题和解决问题的需要,只有认清问题本身的背景,才能更加深刻认清解决问题所具有的理论价值和现实价值,才能更加明确解决问题的方式方法、思路框架,从而面向现实与未来解决好当下问题。

一、研究背景

正确分析问题产生的理论背景,有利于及时了解科学理论前沿,让研究工作少走弯路,实现研究工作的超越;正确分析问题产生的现实背景,有利于及时了解解决问题的现实需求,使研究工作更有针对性和现实性,更能满足现实的需要。

(一)理论背景

国外相关研究主要呈现以下三个向路:

1. 公共治理的理论论题。一是公共治理的概念。罗西瑙(1992)、世界银行(1992)、库伊曼(1993)、杰索普(1995)、罗茨(1996)、世界经济合作组织(1996)、斯托克(1998)、皮埃尔(1999)等作出了不同概念界定,但均主张治理主体多元化。全球治理委员会(1995)的概念界定具有代表性与权威性,认为治理是各种公共的或私人的个人和机构管理其共同事务的诸多方式的总和。二是公共治理的类型。现阶段比较有代表性的是克里斯托夫·尼尔和德克·莱曼库尔(2002)以公私部门治理能力为基础,将治理划分为妨碍型的规制、干预型的规制、私人部门的自我规制、规制型的自我规制四种类型;斯凯奇、内夫迪普·马瑟和迈克·史密斯(2005)以话语分析为基础,认为伙伴关系的元话语中存在着管理主义式话语、协商式话语和参与式话语三种类型。三是公共治理的结构。国外学术界大致形成了网络化治理与整体性治理两种结构，其中，网络化治理结构侧重强调政府与非政府行动者之间的合作，网络化治理结构有政府治理结构、社会治理结构和网络治理结构三种，对应这三种不同的治理结构，有权力模式、协商模式和交易模式三种不同的资源配置方式。整体性治理结构侧重强调政府内部不同部门或不同层级之间的合作，治理层次的整合、公私部门的整合、治理功能的整合是整体性治理的结构面向，政策、规章、服务、监督是整体性治理的活动面向，反"碎片化"政府是整体性治理结构的目标诉求，目标与手段的相互强化是整体性治理结构的基本特征，强度、范围、广度和暴露是观察整体性治理结构运行效度的度量因素。网络化治理结构与整体性治理结构两者虽稍有不同，但都主张不同行动者之间共同合作。四是公共治理的转向。总体形成了对治理理论从垂直到水平、从单一中心到多中心、从统治到治理的转向认识，促使政府的理念与行为逐渐从传统公共行政模式转向新公共管理模式，最终转向新公共治理模式。

2. 公共治理的实践方案。基本形成了"国家中心论"与"社会中心论"两种路径，"国家中心论"主张公共治理是政府通过伙伴关系，把社会中其他行动者吸纳到公共事务管理中来，但政府权力对伙伴关系依然起主导与规制作用；"社会中心论"主张公共治理依靠社会各行动者自主协商，政府只是普通参与者，不应该依靠权力来主导这种公私关系。沿袭这两种路径，大致形成了四种有代表性的实践方案，即以史蒂芬·奥斯本为代表的"公共服务主导"视角的方案、以道格拉斯·摩根和布莱恩·库克为代表的"制度中心"视角的方案、以雅各布·托弗林为代表的"政治—行政"系统模型分析视角的方案、以维克托·佩斯托夫为代表的"共同生产"视角的方案。

3. 公共治理的理论反思。一是反思治理理论是否是新的理论范式。肯定者认为新公共治理是对传统公共行政与新公共管理的范式超越，已经成为一种新的理论范式；而否定者认为治理只能算是一种思潮，而非一个成熟的理论范式。二是反思没有政府的治理是否可能。主要围绕治理网络的形成是否可能、治理网络的内在问题和治理失灵的现实可能性等来反思其内在矛盾,如杰索普(1998)阐述了治理兴起及其失败的风险、福山(2007)评析治理运动时指出政府软弱无能或无政府状态是社会问题产生的根源、西方回归国家学派反思了社会中心主义范式下社会作为治理主体的局限性。总之,国外相关研究为本研究提供了思想资源和理论启示,但西方治理话语是植根于资本主义制度之中的市场化话语和公民社会话语,背后是新自由主义理论预设与问题逻辑;中国治理话语更多是一种转型话语,强调中国特色社会主义的实践逻辑、政党逻辑与文化逻辑。更关键的是马克思主义治理理论与西方治理理论存在本质的不同,西方更加趋向消解政府,显然与中国实际不相符合,中国需要在中国共产党领导下发挥政府主导作用来推进国家治理现代化。

20世纪90年代以来,"治理"研究迅速进入中国学者的视野,产生诸多研究成果,推进治理理论中国化的理论和实践探索,总体而言,国内相关研究主要集中于以下三个方面:

1. 公共治理理论的中国阐述。一是治理理论的中国引介。智贤(1995)将 governance 译为治道,最早引介了"治理"一词;徐勇(1997)将 governance 译为治理,介绍了治理的概念,认为治理是通过对公共事务的处理,以支配、影响和调控社会;俞可平(2000)阐述了治理与善治的内涵,辨析了治理和统治的区别,是系统引介治理理论的标志。二是公共治理的中国适用性争论。肯定论认为中国社会转型提供了公共治理实践空间,承认其中国适用性,但要正确评估其实践范围和适用限度;质疑论认为中国缺乏实施公共治理的西方社会条件,否认其中国适用性。它们争论的背后并非完全否定治理理论的中国意义,更多的是对西方公共治理话语的具体效度运用和批判,也反映要以中国问题为导向,建构符合中国实际的公共治理体系。

2. 公共治理实践的中国分析。一是"制度—结构"分析思路。侧重从社会利益格局、市场经济发展、国家与社会关系、社会组织发展等社会结构变迁中分析我国公共治理机制及实践走向,这种分析思路主要以规范分析法为主。

二是"过程—事件"分析思路。侧重从政府治理、社区治理、公司治理、城市治理、乡村治理等具体案例中分析我国公共治理程序、策略、行为与结果,这种分析思路主要以个案分析法为主。但总体而言,无论是"制度—结构"分析思路,还是"过程—事件"分析思路,这两种思路均有以政府治理、具体治理术语代替公共治理的概念混淆现象;也有看到公共治理概念反映事物对象范围,但未全面揭示其反映事物本质的概念模糊现象。

3. 公共治理制度化的中国探讨。毛寿龙、俞可平、孙柏瑛、孔繁斌、何增科、徐勇、江必新、王浦劬、燕继荣、徐湘林、颜晓峰、秦宣、辛向阳、董克用、许耀桐、林尚立、张康之、李景鹏、杨光斌、张成福、陈振明、麻宝斌、包心鉴、郁建兴、辛鸣、马庆钰、王诗宗、杨雪冬、马振清、韩兆柱、竺乾威、魏崇辉、胡志平等学者的相关探讨为本研究提供了丰富思想资源,党的十八届三中全会以来,"国家治理"成为治理研究中国化的系统成果,如何推进国家治理体系和治理能力现代化等成为国内学者研究的主要议题和核心成果,是国内学者对治理理论的中国适应性的一种系统回应,具有独立的国内学术研究意蕴,研究的取向大致呈现出两种倾向:一是治理现代化与制度化相关性探讨。主要是紧扣国家治理体系和治理能力现代化的目标要求与制度建设的功能价值,从"目的论"或"必要论"探讨二者相关性。"目的论"倾向于论证治理现代化是其制度化的根本目的,即侧重从目的与手段关系视角阐释治理现代化是其制度化的旨归;"必要论"倾向于论证治理制度化是其现代化的关键环节或必要条件,即侧重从功效价值视角阐释治理制度化在其现代化中的不可或缺。二是治理制度化的对策探讨。主要围绕国家治理制度化的核心要义,从制度化的内在遵循与外在能力来阐释如何实现制度化。内在遵循即是治理制度化的遵从贯彻,主要包括理解制度价值、忠于制度理念、灵活运用制度等内容;外在能力即治理制度化的具体实现,主要包括依法治理、民主协商、公共服务、责任承担、动员整合、风险化解等能力。总之,国内相关研究为本研究提供了知识积累和理论资源,但有的研究还处于对西方治理理论进行本土创造性转换和立足中国国情提出现实命题的阶段,在公共治理的基本概念、逻辑范畴和实践要求等理解上尚有歧见,对于公共治理制度化的相关论证、解释与结论的内在贯通性、中国适用性及问题解释力等亟待进一步提升,尚有深化研究的空间。

(二)现实背景

党的十八届三中全会提出,完善和发展中国特色社会主义制度,推进国家治理体系和治理能力现代化,不仅是实现社会主义现代化的题中应有之义,也是对新时代全面深化改革总目标的一个高度概括,之后,"国家治理"成为我国经济、政治、文化、生态和社会等各领域改革的统摄性表述。考察本课题研究的现实背景,主要集中体现在以下三个方面。

1. 实现党和国家政策主张的现实需要。推进国家治理体系和治理能力现代化,是习近平新时代中国特色社会主义思想的重要内容。党的十八届三中全会第一次提出"国家治理体系和治理能力现代化",并将其作为我国全面深化改革的总目标。党的十九大报告中明确将其纳入中国特色社会主义基本方略,勾画了实现国家治理现代化的时间表和路线图。党的十九届四中全会审议通过的《中共中央关于坚持和完善中国特色社会主义制度、推进国家治理体系和治理能力现代化若干重大问题的决定》从"坚持与完善什么""巩固与发展什么"的两个核心层面,对推进国家治理体系和治理能力现代化的若干重大问题作出了战略部署,提出了总体要求,明确了整体方向。2021 年 4 月28 日,中共中央、国务院颁布的《关于加强基层治理体系和治理能力现代化建设的意见》从"明显提高"和"基本实现"的阶段性目标层面,对基层治理体系和治理能力现代化的时间表作出了战略性安排①。党的十九届六中全会审议通过的《中共中央关于党的百年奋斗重大成就和历史经验的决议》将"明确全面深化改革总目标是完善和发展中国特色社会主义制度、推进国家治理体系

---

① 《中共中央国务院关于加强基层治理体系和治理能力现代化建设的意见》,《人民日报》2021 年 7 月 12 日第 1 版。

和治理能力现代化"作为构成习近平新时代中国特色社会主义思想的核心内容之一。可以说,党的十八大以来,推进国家治理体系和治理能力现代化已成为党和国家的一项重要政策议程,"国家治理现代化"成为新时代统筹我国各个领域改革的一种总体表述,以习近平同志为核心的党中央已将其上升到国家政策层面,成为新时代党领导人民治国理政的重要指导原则。然而,现代国家治理是一种多元主体参与的公共治理,公共性是国家治理现代化的内在根基和价值诉求,推进国家治理现代化的重要内容之一,就是提升新时代公共治理规范化和制度化的能力与水平。

2. 加强社会治理体系建设的现实需要。社会治理体系是国家治理体系的重要组成部分,它影响着国家治理体系的完备性、规范性和有效性。党的十九届四中全会审议通过的《决定》站在新时代的发展方位上,第一次明确提出了"社会治理共同体"的理念,彰显了党委领导下参与主体多元行动的社会治理格局,赋予了中国共产党领导下"国家—市场—社会"的新内容与新要求,明确了社会治理共同体的构成要素和未来进路,深化了对社会主义社会治理规律的认识,提供了建设共建共治共享的社会治理制度的认知前提和理论基石。现代社会治理体系建设是一个复杂的系统工程,涉及社会的各个方面和各个环节,需要以制度建设为基础,不断创新与发展我国社会治理体系。改革开放以来,我国社会治理体系建设取得了明显的进步,但是干群矛盾、劳资矛盾、城乡矛盾等在社会各个领域中也时有发生,有的社会领域秩序紊乱,社会治理与运行方式滞后,社会治理体系有时处于一种紧张状态,对创新与发展我国社会治理体系建设提出了更加迫切的要求。社会治理制度体系是社会治理体系中最重要的内容,社会治理对社会制度建构具有重要的影响,福山在《政治秩序和政治衰败:从工业革命到民主全球化》一书中认为一个秩序良好的社会必须具备三个要素且顺序要合理,即强大的政府、法治与民主问责制,他认为"西方之乱"是因为"强大的政府、法治、民主问责制"三者顺序出了问题,"中国之治"是由于"强大的政府、法治、民主问责制"三者顺序是正确的,福山对中国政治建设顺序的肯定,进一步表明了"中国之治"不是一种不合乎现代人类社会治理规律的"撞大运","中国之治"反而是人类社会治理规律的一种正面印证。虽然中国社会治理任重道远,但中国社会治理的道路和方向是正确的。根据福山的分析,强大的政府是中国社会治理体系中的一个显著优势,但是法治、民主问责制则相对较弱,因此,加强新时代社会治理体系建设,既要在中国共产党的领导下,继续发挥政府主导作用,充分认识到一个强大有为的政府在社会治理体系中所具有的不可替代的地位和作用,也要努力推进新时代中国特色社会主义法治体系和政治体系建设,进而完善新时代中国特色社会主义社会治理体系。

3.完善共建共治共享的社会治理制度的现实需要。作为社会治理的不同主体,虽然政府、企业和社会组织分属于政治、市场和社会的三个不同领域,但是都属于"集体行动"的工具,都能为社会不同人群提供特定的公共产品和公共服务,它们之间提供公共产品和公共服务的分工有其必然性和必要性,但是在有的领域中,政府和社会组织提供的公共产品和公共服务有时也是可以相互替代与互补的,这就需要以合理的制度安排来协调好三者的边界和职责,三者在涉"公"领域均要以实现社会公共利益为基准线,形成协同共治的合力。新时代推进国家治理体系和治理能力现代化,从纵向坐标来看,就是要跳出传统的公共领域中市场失灵找政府、政府失灵找市场、社会自治阙如的思维定式怪圈和行动惯性进路;从横向坐标来看,就是要形成国家、市场和社会之间有效分离和良性互动的架构,在成熟定型的制度框架内保持三者之间有效、均衡的运作态势。现代国家治理在治理主体层面上,它是国家、市场和社会的多元主体共同参与的协同治理,体现了政府主导、市场自律、社会自治的有机统一;在治理路径层面上,它是要实现政府治理和社会自我调节、居民自治的良性互动,形成多元主体各司其职、各履其责、各尽其能的社会治理格局;在治理目标层面上,它是要实现社会治理的成果由全体人民共享的社会治理共同体。为此,党的十八大以来,我国十分注重加强和创新社会治理体系,"十四五"规划和 2035 年远景目标纲要更是明确提出要完善共建共治共享的社会治理制度，这直接为推进"十四五"时期我国社会治理新格局构建指明了方向，也表明新时代加强和创新社会治理体系，既要完善广泛参与、法治和多中心治理结构，推进科学、合理的民主政治秩序的制度安排；也要以实现社会善治为目标，引导国家、市场、社会的三种力量均衡态势在更加成熟、更加定型的中国特色社会主义制度框架内得到更加有效、更加显著的实现。

二、研究价值

哲学社会科学研究的价值在于它在理论上的突破和实践上的运用，也就是能否为本领域的理论研究者提供什么样的理论指导性认识，能为本领域中现实问题解决起到什么样的作用和多大程度的作用，这即是课题研究的价值所在。

（一）理论价值

一是本研究通过探讨公共治理制度化的马克思主义理论基础和新时代中国实践进路，审视新时代推进公共治理制度化的理论基础、历史进程、实践发展、时代境遇和战略路径，为新时代推进公共治理制度化提供现实性与操作性俱佳的中国方案，阐述公共治理制度化是否可能与何以可能问题，这可以进一步引起国内学术界对社会治理现代化问题的关注与思考，从制度视角，凸显对社会治理现代化问题的理论性认知，有助于马克思主义社会治理理论体系的丰富与发展。

二是本研究试图突破西方治理话语范式来研究新时代中国社会公共治理制度化问题，立足于中国共产党领导下政府、市场与社会的三者协同治理实践，建构一种新的理论分析、解释与研究框架，揭示新时代社会主要矛盾转化对推进公共治理制度化的规定意义与实践要求，能为推进新时代中国社会公共治理制度化提供思想性资源和方向性论断，有利于新时代中国社会公共治理制度化理论与实践体系的创新发展。

三是本研究的问题域是一个跨学科的问题域,本研究具有明显的跨学科研究特色,基于马克思主义国家观与治理观,运用马克思主义"政党—国家—社会"分析范式,从理论、实践与价值的三个层面探讨新时代中国社会公共治理制度化的理论基础、实践进程和价值维度,有助于借鉴管理学、政治学、历史学、社会学等其他学科研究范式,打开公共治理制度化问题研究的新思路与新方法,为本研究提供更加宽广的理论视野和方法借鉴,有助于促进马克思主义理论对中国社会问题的时代观照,推进历史唯物主义在新时代得到新发展。

(二)现实价值

一是本研究通过对新时代中国社会公共治理制度化的相关理论问题进行探究,尤其是对中国社会公共治理制度化的演进轨迹、特点与规律的正确揭示,对中国特色社会主义经济体制、政治体制、文化体制和社会体制在推进公共治理制度化中的作用机理的深入剖析,可以为认识公共治理制度化在推进国家治理体系和治理能力现代化中的重要地位提供一定的理论支持,进而为推动新时代中国社会公共治理制度化的操作实践和国家治理现代化的现实推进提供一种历史唯物主义视野的现实观照。

二是本研究在政府主导、市场自律与社会自治的协同治理结构中,厘定中国共产党、政府、非政府组织、企业和个体公民等在新时代中国社会公共治理制度化中的权利、责任与边界,提出新时代推进中国社会公共治理制度化的实践路径与具体措施,能为推进中国社会公共治理制度化提供新观点与新方法,能为推进中国社会公共治理制度化的实践活动提供方向参考,促进人民当家作主制度体系的创新实践,有助于实现国家治理体系与治理能力现代化,解决好新时代我国社会主要矛盾,满足人民美好生活的需要。

三是本研究既注重构建新颖的理论解释、研究和分析框架,又注重运用马克思主义立场、观点与方法,通过问卷调查、数据采集、案例分析等剖析新时代中国社会公共治理制度化的主要成效、面临困境、成功经验及问题成因,并注重将成功经验上升为一般性规律和制度性安排的实践思考,体现了宏观与微观、一般与具体、理论与对策、制度与政策的有机结合,能为新时代推进国家治理体系和治理能力现代化的实践活动提供一定的现实启迪和方向借鉴。

第二节　研究视野与观点

系统论和生成论是哲学社会科学研究中常见的两种奠基方式。在哲学社会科学研究中,确定一个切实可行的研究奠基方式,往往会影响研究的进展状况。因此,在研究中采用何种奠基方式,是进行问题研究的一个基础性前提,因为只有从本体论上对问题域中的研究对象加以明确,才能更好地找到问题域中的研究创新所在,这是在研究中必须坚持的一种方法论运用。

一、研究的理论视野

采取何种理论视野决定着研究结论的合理性与明晰性,影响着研究路径的正当性与选择性。为了达到本研究的预期目标,首先需要找准本研究的理论视野和平台,从而使本研究更符合学术发展规律和理论发展逻辑。然而,研究对象本身的概念范畴的界定与确立,也往往决定着选择何种恰当的研究工具。

(一)概念范畴说明

当前,不同学者从不同视角对"公共治理"有着不同的解读,为进一步明晰公共治理的概念提供了理论启示与视野拓展。为此,正确界定本研究中"公共性""公共治理""制度化"的概念与范畴,选取正确的学科理论分析范式,是有效展开本研究的前提与基础。

1.公共性的概念范畴。公共性不能简单地与集体性、整体性、群众性、政府性、社会性等画等号,作为与私人性相对应的一个概念,公共性是人类在实践活动中展现出来的一种社会属性,是一个与"他者"联系在一起的概念,是一个具有历史流变性的概念,历经了从"形式公共性"向"实质公共性"的历史流变。但是,从规范建构的视角来看,作为与市场性相对应的一个概念,现代意义上的"公共性"不是从来就有的,在前资本主义社会是不可能存在"公共性"的,它是伴随市民社会的产生而产生的,在政治学层面,它主要指涉以公共利益建构为至上的价值标准问题;在社会学层面,它主要指涉以市民社会建构为至上的价值标准问题;在伦理学层面,它主要指涉以公民性建构为至上的价值标准问题。所以,本研究中所界定的公共性,主要是将其作为与市场性相对应的一个概念范畴,是市场产生导致国家与社会的二元分化之后的一个概念范畴。为此,公共性并不能简单地等同于集体性、政府性、共同性与社会性,它有其特定的时空界限,没有市场产生之后的界于国家与社会之间的近现代公共领域的产生,就不可能有公共性的产生,充其量只能说是在前资本主义社会存在着一种"共同性"或"集体性",在学术规范建构来看,可以视为"公共性"的一种变形或虚幻的镜像。所以,当我们讨论"公共性"产生的源头时,可以将目光放远到古希腊城邦时期,但这并不意味着在城邦社会中就有所谓的实质与形式相统一的公共性,其更多是一种共同性,在计划经济时代,也更多是一种集体性,否则就有可能产生一种历史的误读,所以需要将公共性置于与市场性、私人性相对应的关系范畴中去加以把握。严格意义上来讲,形式与实质相统一的公共性只有在现代社会中才有可能真正产生,只有在市场产生之后的国家与社会的有效分离与高效互动中才有可能真正产生,只有这种公共性才能有大家所期望的既规范公权力又捍卫私权利的理想性价值。

2. 公共治理的概念范畴。公共性是公共治理这个概念范畴的构成要件,作为一个跨学科的主题,不同学科对公共性概念的学术规范建构不同,会导致对公共治理的概念范畴的解读亦不同,因为公共治理的概念背后往往蕴藏着复杂的学科理论体系。目前,学术界关于治理的概念,也呈现出不同学科有着不同视角的多维解读,往往赋予其万能标签的意义,"治理可以指很多事情,它可以是一个流行词汇,一种时尚,一种框架设计,一个联结各学科的、伞状的、描述性的并且模糊的概念,一个空洞的符号……"①虽然,不同学科的研究丰富与发展了治理的概念,但也存有包罗万象式的泛化解读之嫌疑。因此,为进一步明晰本命题解答的学术取向和规范本命题解答的理论进路,本研究对"公共治理"的概念要义进行了重新审视,明晰了"公共治理"是不同于"集体治理""共同治理""政府治理""社会治理""国家治理"的一个概念,本研究中的"公共治理"主要指多元治理主体在公共领域中所展开的一种供给公共产品、公共服务和管理公共资源的公共行动,是多元主体在公共领域中以捍卫与追求公共利益为价值标准的一种协同共治,体现了协商式的民主过程、多元主义的合法性保障、平等对话的合作关系、公共利益的建构目标等治理模式。公共治理的概念范畴也不能简单地等同于国家治理的概念范畴,"从本质属性方面分析,国家治理则形成了统治型、管制型、管理型和治理型四种类型以及从前者转为后者的三次转型。"②从现代意义上来看,现代国家治理在本质属性上应是一种公共性治理,是多元参与主体在国家的经济、政治、文化、社会和生态等各个领域中展开的一种彰显社会公共利益的协同共治,现代国家治理也分别会在公共权力的端点、公民权利的端点和公共领域的端点上获得其公共性的本质属性,彰显国家治理所应用的公共性意蕴。

3.制度化的概念范畴。道格拉斯·C.诺斯认为:"制度是一个社会的博弈规则,或更规范地说,它是一些人为设计的、形塑人们互动关系的约束。从而,制度构造了人们在政治、社会、经济领域里交换的激励。"③诺斯认为约束有正规约束和非正规约束之分,规章和法律等属于正规约束,习惯、行为准则、

---

① David Levi-Faur,"*Form Big government to Big Governance*",Working paper,No.35(July,2011),p.2.

② 许耀桐:《治理与国家治理的演进发展》,《中共福建省委党校学报》2016年第9期。

③ [美]道格拉斯·C.诺斯:《制度、制度变迁与经济绩效》,杭行译,格致出版社、上海三联书店、上海人民出版社2014年版,第3页。

伦理规范等属于非正规约束。诺斯主要是基于个人之间的交易行为,从法律与道德规范的层面来建构其制度变迁理论的。与诺斯不同,马克思认为物质生产条件是制度的最初来源,后来才上升为法律,制度不能只局限于社会普遍意志的法律和伦理范畴,一个社会完整的制度体系,是有着相互联系的经济基础和上层建筑的两个层次组成,研究特定社会制度,首先要对作为社会制度的经济基础(生产力与生产关系)进行研究,然后才能对上层建筑(法律与道德)作出一种合理的说明,为此,诺斯所言说的制度更多的是马克思主义理论范畴中社会制度层次表征为法律、道德准则、伦理规范的一个层次而已。因此,以马克思主义制度理论为指导,借鉴诺斯的制度变迁理论中的积极合理因素,本研究中所言说的"制度化"是指公共治理实践从一种无序的、零散的、随意的、不固定的行为方式向着有序的、规范的、系统的、固定的模式化行为方式转化过程。它既体现了公共治理制度体系的发展与成熟,也表征着公共治理实践的规范化、有序化、组织化的变迁。基于中国语境,依照马克思主义的社会制度变迁理论,国家层面的制度性规则、民间层面的惯习性规约、国家与社会之间的公共性契约,构成了公共治理的制度化基础。分析公共治理制度化是否可能与何以可能问题,既要注重分析作为新时代中国社会制度经济基础的生产力及与之相适应的生产关系,也要对耸立在中国社会制度经济基础之上的意识形态以及与之相适应的政治、法律等上层建筑的合法性、正当性与合理性作出一种正确的分析,进而对推进公共治理制度化的动力问题作出一种合理的解释。

(二)理论视野说明

"国家是社会的组成部分。国家可能有助于塑造它们所嵌入的社会,但它们也持续被社会所塑造。"①马克思主义国家治理思想直接为研究新时代中

---

① [美]乔尔·S.米格代尔、阿图尔·柯里、维维恩·苏主编:《国家权力与社会势力:第三世界的统治与变革》,郭为桂、曹武龙、林娜译,江苏人民出版社2017年版,第2页。

国社会公共治理问题奠定了理论基础,提供了世界观与方法论上的启示意义,开创了公共治理的生命形态,提升了国家治理的公共关怀,拓宽了新时代中国社会公共治理问题的研究空间。本研究的理论视野主要有:一是国家治理的公共定位;二是党的领导的制度优势;三是国家与社会的互构和谐。

(一)国家治理的公共定位。公共性是现代国家治理的价值内核,现代国家治理在不同境遇中指涉不同的公共面相,在不同的公共面相中展露其基本轮廓。公共权力与公民权利博弈不仅折射出人类社会发展进程,也是解析现代国家治理之基本轮廓与流变的核心义理,当现代国家治理在公共权力、公民权利与公共领域的三个不同端点上分别获得其公共面相时,其会展露出权力的人民性、权利的社会性、权利制约权力的一种基本的治理格局。

现代政府是现代国家治理中的主导力量,现代国家治理也正是在公共权力的端点上获得其公共定位。事实证明,国家与社会之间的张力和流变使得现代国家治理在公共权力与公民权利的不同端点上获得自己的公共定位,当国家在政府公共权力端点上获得其公共定位时,国家治理的公共定位则彰显出一种人民性界面,不断实现人民对美好生活的向往成为现代国家治理的价值旨归。站在人民性界面上解读现代国家治理的公共定位,社会"公共善"是国家治理现代化的根本价值属性和价值动力,国家治理以社会"公共善"为根本导向和实践诉求,国家治理现代化遵循社会"公共善"的原则,以实现社会公共利益为担当,规制了国家治理现代化的根本方向和实践路径。同时,国家治理制度体系是属于人民、为了人民、依靠人民的国家治理制度体系,人民至上的价值属性深嵌于国家治理制度体系之中,国家治理现代化更加注重以法理形式来确证和保障多元治理主体的利益诉求和权利诉求,人民性是贯穿于国家治理制度体系的一根红线,在人民性的制度框架中实现国家善治是推进国家治理体系和治理能力现代化的内在要求,国家治理制度安排与设计的根本价值取向是以人民利益为基轴和象限,国家治理制度体系能更加促使政府公权力朝着实现个体善与"公共善"的正向方向运行,能更加对不同主体的利益诉求作出一种快速与有效的回应与行动,为社会成员提供更多更优的公共产品与公共服务,最终实现国家治理中的政府公权力之善,现代国家治理也就在政府公权力的端点上获得自己的公共定位。

公众参与是建设共建共治共享的社会治理制度的重要基础,扩大和实现公民的有序参与是现代国家治理的内在诉求,是创新社会治理体系的突破点之一,"公民社团,正是由于自己的局部性,才会支持国家而不是挑战国家的存在。"①为此,推进国家治理现代化离不开公民的有序参与和公民精神的有效培育,现代国家治理也正是在公民个体有效参与的美德赋权即私人权利的端点上获得其公共定位。德里克·希特曾意味深长地指出:"公民身份是人类尊严和世俗道德的基石。失去了这些价值,人类将蜕化到暴政与狂妄。"②当国家治理在私人权利即公民身份权利端点获得其公共定位时,国家治理的社会性界面予以彰显,公民美德赋权成为现代国家治理中的一个最基本的展露。在现代社会中,公民身份应是法律维度与道德维度(精神气质或生活方式)的统一,常被定义为"爱国主义和热心公益的精神,即置公共利益于个人或家庭利益之上的崇高意愿"③。当然,毋庸置疑,在政治学语境中,"美德"更强调的是公民热衷参与社会共同体的公共事务、献身社会共同体的公共利益的品质和能力。为此,公民美德的赋权能对推进国家治理体系和治理能力现代化起到一种重要的维系作用,因为公民美德是一种献身于公共利益的品德,正如美国学者戈登·伍德所言:"古典共和主义所鼓励赞许的贤德是指公共美德……公共美德是指为了社会利益牺牲个人的私欲和物质利益的那种美

---

① [美]乔尔·S.米格代尔、阿图尔·柯里、维维恩·苏主编:《国家权力与社会势力:第三世界的统治与变革》,郭为桂、曹武龙、林娜译,江苏人民出版社2017年版,第328页。

② [英]德里克·希特:《公民身份:世界史、政治学与教育学中的公民理想》,郭台辉、余慧元译,吉林出版集团2010年版,第495页。

③ [英]戴维·米勒、韦农·波格丹诺主编:《布莱克维尔政治学百科全书》,邓正来译,中国政法大学出版社2002年版,第699页。

德,全心全意为公共福利服务的品德。"①亚里士多德亦曾指出"人是天生的政治动物",现代国家治理是多元主体参与的协同治理,离不开社会各方力量和公民个体的有效参与。因此,都把公民美德视为推进国家治理体系和治理能力现代化的重要支柱,强调参与政治性公共事务和投身于国家治理实践是公民美德的"内容芯片",通过公民美德赋权于国家治理,国家治理也能够在私人权利的端点上获得自己的公共定义,国家治理中的公民美德彰显是现代国家治理之公共轮廓的一个现实展露。

公共领域是国家与社会之间双向互动的接合领域,现代国家治理也是在"私人与国家发生关联之中间地带"即公共领域的端点上获得其公共定位。"公共领域和私人领域之间这些中介渠道对'国家'和'社会'的影响,最终甚至可能比'国家'和'社会'对它们的重塑来得更频繁,也更深远"②。这里所说的"社会"是在"国家—社会"关系,即市民社会与政治共同体的关系中获得其原初意义的。哈贝马斯亦是基于此视域,论证了市民社会与政治共同体之间的关系,在"国家—社会"之间关系视域中阐释了公共领域的结构转型。"国家效能变化的基础在于它们与社会的关联。""在真实的世界中,国家很少是社会唯一的核心主角,也几乎从来不是独立于社会的。""国家的相对有效性是相互交织的国家—社会关系的各种不同形式的体现。"③因此,在现代国家治理实践中,要促进国家、市场与社会之间的协同共治,要实现国家与社会的某些互动,既要在公共权力领域中设计以权力制衡权力的治理体系,也要对社会公共领域中设计以权利制衡权力的治理体系。历史唯物主义则基于国家源于社会、社会决定国家的逻辑向度出发,建构了其市民社会理论,揭示"真

---

①　[美]戈登·伍德:《美国革命的激进主义》,傅国英译,北京大学出版社 1997 年版,第103 页。

②　[美]乔尔·S.米格代尔、阿图尔·柯里、维维恩·苏主编:《国家权力与社会势力:第三世界的统治与变革》,郭为桂、曹武龙、林娜译,江苏人民出版社 2017 年版,第 74 页。

③　[美]乔尔·S.米格代尔、阿图尔·柯里、维维恩·苏主编:《国家权力与社会势力:第三世界的统治与变革》,郭为桂、曹武龙、林娜译,江苏人民出版社 2017 年版,第 3 页。

正的市民社会只是随同资产阶级发展起来的;但是市民社会这一名称始终标志着直接从生产和交往中发展起来的社会组织,这种社会组织在一切时代都构成国家的基础以及任何其他的观念的上层建筑的基础。"①哈贝马斯则在《公共领域的结构转型》一书中把公共领域看作是市民社会的一种建构机制和结构要素之一,并把人民主权原则巧妙镶嵌于现代民主代议制的框架之中,建构了以公共舆论为载体的权利制约权力的社会治理路径,从而使得现代国家治理在国家与社会接合点即公共领域的端点上获得自己的公共定位。

(二)党的领导的制度优势。党的领导制度在中国特色社会主义根本制度、基本制度、重要制度的制度体系中具有统领性作用和地位。中国共产党的领导是中国特色社会主义制度的最大优势,推进国家治理体系和治理能力现代化,发挥好党的领导这个最大的制度优势,确保中国共产党始终成为国家治理的主心骨,实现坚持党的领导、人民当家作主和依法治国的统一,在中国共产党的领导下实现国家、市场和社会的协同共治,这是中国特色社会主义国家治理体系的政治优势。从党的百年奋斗历程可以看到,政党、国家、社会是影响中国特色社会主义国家治理的核心要素,马克思主义"政党—国家—社会"的关系范式影响着中国式现代化道路的基本理论架构和实践运行,形塑了中国式现代化道路的内在特质。在马克思主义"政党—国家—社会"的关系范式中,中国共产党领导是当代中国最大的国情和最大的特色,中国式国家治理以实现五大文明协调发展为核心内容,以实现全体人民共同富裕为价值诉求,不断地推进超越了资本逻辑的以人的全面发展为中心的制度创新,充分体现了中国共产党在国家治理体系中居于领导核心地位的中国特色,彰显了党的领导制度优势是国家治理体系中的根本领导制度的政治优势。因此,推进国家治理体系和治理能力现代化必须坚持中国共产党的领导,必须把完善党的领导制度体系置于至关重要的地位,充分发挥好中国共产党作为执政党的国

---

① 《马克思恩格斯选集》第 1 卷,人民出版社 2012 年版,第 211 页。

家治理功能,确保我国国家治理沿着正确的方向前行,把党的领导制度优势转化为国家治理效能。事实也表明,在中国语境下,谈中国国家治理体系问题,一定要看到党的领导的这个最大的政治优势和最大的中国特色,否则,就是脱离中国实际的、对解决问题无任何益处的一种夸夸其谈,中国的国家治理制度体系一定是中国共产党领导下的一整套紧密相连、相互协调的国家制度体系,并涉及国家治理的各个制度领域,这是中国的特色和优势所在。党的全面领导与国家治理之间是一种辩证统一的关系,作为一个人民利益至上的政党,中国共产党是领导中国人民进行治国理政的政治主体,不仅党的领导制度嵌入国家制度之中,也能将人民的利益诉求输入国家制度之中,从而促进党的领导、人民当家作主和依法治国的现代国家治理体系完善与发展。

"为了尽量减少政治意识和政治参与的扩大酿成政治动荡的可能性,必须在现代化进程的早期就建立现代的政治体制,即政党制。"[①]"穷国之所以穷,不是因为他们缺少资源,而是因为它们缺乏有效的政治制度。"[②]这表明现代政党制度往往影响着国家治理的效能,一个国家治理的成功在很大程度上取决于现代政党制度的有效建构。中国共产党不是西方意义上的政党,而是一个有着崇高理想和历史使命的政党,中国国家治理实践突破了西方意义上的"国家—社会"的二分法,中国共产党的领导在国家治理体系中发挥着总揽全局、协调各方的至关重要的作用,中国共产党不是位于西方意义上的"国家—社会"二分法下的社会范畴之中,而是内嵌于国家与社会的范畴之中,领导着中国的国家建构和社会建设,党的领导制度在中国国家制度体系中处于"元制度"的核心地位。为此,讨论中国国家治理现代化问题时,不能只讨论国家制度体系建设,也要讨论党的领导制度体系建设,要将党的领导嵌入国家

---

①　[美]塞缪尔·P.亨廷顿:《变化社会中的政治秩序》,王冠华、刘为等译,沈美宗校,上海人民出版社 2008 年版,第 334 页。

②　[美]福山:《政治秩序的起源:从前人类时代到法国大革命》,毛俊杰译,广西师范大学出版社 2012 年版,第 14 页。

制度体系建设之中加以思考与讨论，要充分认识到党的领导嵌入现代国家治理中的内在逻辑，从党的领导中解密中国国家治理成功的逻辑密码，因为中国共产党的领导是中国最大的国情，中国最大的特色就是中国共产党的领导。中国式现代化的成功实践也表明，我国国家制度的显著优势跟党的领导制度优势是密切相关的，我国国家制度的显著优势发挥都离不开党的领导制度优势的发挥，中国式现代化的成功实践离不开党的领导制度体系的巩固与发展，也正是因为党的领导制度体系不断得到有效建构，中国国家治理现代化才有了正确的政治方向、根本的价值引领、稳定的社会环境和宏伟的磅礴之力。

坚持和完善党的领导制度体系建设是推进国家治理体系和治理能力现代化的根本保证，坚持和完善党的领导制度体系建设在推进国家治理现代化中具有统帅性意义，是新时代做好党和国家各项事业工作的核心要义，是新时代推进中国国家治理现代化的现实要求与重要抓手。党的十九大报告描绘了全面建设社会主义现代化国家的宏伟蓝图，提出了全面建设社会主义现代化国家的阶段性目标和远景性目标，这不仅深化了中国共产党对社会主义现代化国家建设规律的认识，也体现了开启全面建设社会主义现代化国家新征程是合目的性与合规律性的辩证统一使然，更表明了坚持党的全面领导，推进国家治理现代化是全面建设社会主义现代化国家所需要把握的核心要义。当然，坚持和完善党的领导制度体系建设不是一句抽象的口号和空洞的言语，而是要把带领人民创造美好生活贯穿于坚持和完善党的领导制度体系的实践之中，要把顺应人民对美好生活的向往作为坚持和完善党的领导制度体系的力量源泉，这是坚持和完善党的领导制度体系的根本和关键，我国党的领导制度体系的坚持与完善也正是因为把握了人民利益至上这个根本和关键，才能在中国特色社会主义制度体系中起统领性作用，中国式国家治理实践才焕发出前所未有的生机和活力，人民的美好生活需要才在国家治理实践中落到实处。"中国之治"与"西方之乱"的对比也证明了坚守人民至上的价值立场，不断满足人民对美好生活的向往,这不仅为坚持和完善党的领导制度体系提供了强大的政治能量,为党的领导嵌入国家制度体系中提供势不可当的磅礴力量,也勾勒了党的领导制度体系建设的人民性价值基轴与象限,定义了新时代坚持和完善党的领导制度体系建设要以满足人民美好生活向往为其出发点和落脚点,这是研究新时代中国国家治理现代化问题的一个理论坚守、方向把握和逻辑定位。

（三）国家与社会的互构谐变。国家与社会的关系问题是研究中国式现代化问题时所必须把握的一个理论与实践问题,需要澄明的是,这里所说的"社会"既不是指与自然界相对的"大社会"的概念,也不是与"政府组织—市场组织—社会组织"的三分法中的"小社会"的概念,而是与国家相对而言的涵括市场组织与社会组织在内的"中社会"的概念。国家与社会在人类实践中是一对关系系统,而非一个简单的二元对立、因果互变,国家与社会之间正是通过互构谐变来重塑关系与特征。在现代国家治理实践中,由于多元治理主体的参与行动逻辑具有模糊性与不确定性,国家与社会之间的互构关系呈现出一种流变性,这就需要在研究现代国家治理问题时,从国家与社会的互构谐变的视角去考察中国国家治理现代化的理论与现实图景。事实表明,在真实的世界中,国家独立于社会或作为社会唯一的主角,这是很鲜见的事实,无论是国家中心论抑或是社会中心论,在背后均是对这个事实的一种反证。因为国家建构是动态的,国家建构是在与社会的不间断接触中得以动态前进的。同理,社会对国家目标建构的参与,也会表达自己的诉求,甚或给出自己的答案,进而改变国家建构的社会基础。所以,在真实的世界中,国家与社会之间的冲突并不是一种简单的零和博弈,在很大程度上是相互赋权、相互强化的,离开国家理解社会或离开社会理解国家都是立不住脚的,国家在塑造社会的同时也往往被社会所塑造,"现实世界的政治斗争很少是被叫作国家的大集体与被叫作社会的大集体之间的对垒……国家组成部分与社会组成部分的某些互动,可能都增加了双方的权力。当然,也有一些互动导致强化一方而削弱另一方的结果,有些则互相削弱。"①因此,分析和考察国家治理问题时,不能简单地套用或误用"国家—社会"的二元分析框架,而是要正确认识到国家与社会之间的互构谐变,在社会互构论视野中反思与定位国家与社会的相互赋权关系。

　　国家与社会之间的良性互构是以"公共意志"为其价值基点的,在真实的世界中,即是国家以规章制度、法律的形式与名义向社会作出公共利益上的承诺,以政府权力公共性捍卫和保障全体社会成员的根本利益和长远利益的实现,从而使得国家的公共性在全体社会成员的普遍利益中得到体现,国家权力的正当性与合法性也在全体社会成员的普遍利益实现中得到确证,国家建构社会的效能基础就在于国家是否以实现全体社会成员的公共意志为其行动的实践依托,社会参与国家的建构也是以公共意志的实现为其集体行动的基础,二者之间良性互构的有效性正是在公共意志的各种不同实现形式中得到体现的。然而,现实世界的复杂性告诉我们,社会中的不同治理主体是有其自身特殊利益并体现为特殊意志的,当他们的特殊意志与公共意志相一致时,这种特殊意志就会得到国家的承认和被纳入国家对社会的制度建构之中,国家与社会之间的互构也会是一种正向互构;当他们的特殊意志与公共意志不一致甚或背反时,国家需要合理的制度设计与安排使这种特殊意志服从于公共意志,并在公共意志的基轴与象限中对特殊意志进行协调,以使特殊意志更加接近或趋同于公共意志,进而实现全体社会成员的根本利益和长远利益,这是实现国家与社会良性建构的一个总体坚守,国家与社会在二者互构中各自起何种作用也必须在这个总体坚守中给予限定,从而既保证国家建构社会的有效性,也保证社会建构国家的合理性,既不将国家置于社会的对立面,也不将国家看作社会的一部分,而是要清醒认识到国家与社会互构谐变的特质所在,在二者互构的理论视角中观察和分析现代国家治理的具体实践。

---

　　① [美]乔尔·S.米格代尔、阿图尔·柯里、维维恩·苏主编:《国家权力与社会势力:第三世界的统治与变革》,郭为桂、曹武龙、林娜译,江苏人民出版社2017年版,第4—5页。

　　自黑格尔称中国是一个没有社会的国家以来,中国国家与社会之间的关系问题就成为困扰学术界的一大难题。改革开放以来,随着市场经济和民主法制问题的深入及其实践的发展,如何对中国国家与社会的关系问题进行规范性的论证是理论界探讨的一个重要议题。目前,在这个问题的规范性论证上,那种取自西方的国家与社会互构谐变的论证遵循模式,并不适合运用到文化和历史完全不同于西方的中国,但是作为一种启发性工具,在某种程度上,可以开拓我们进一步思考中国国家与社会互构谐变的空间,结合中国的历史与现实,寻求分析国家与社会互构的新突破口,以破解中国国家与社会如何有效互构这一难题,但一定要警惕简单地拿西方问题来裁剪中国现实,或以中国现实嫁接西方理论,这注定是要失败的。考察中国国家与社会的互构历程,其既遵循着唯物史观揭示的国家与社会关系演进的一般性规律,也具有自身的特殊性,在国家与社会互构中还存在着起作用的第三方力量,如封建帝国时期的家族力量、清末至民国时期的家族力量、政党力量或地方军阀力量、新中国成立以来的政党力量和市场力量。其中,新中国成立至改革开放前,由于我国实行高度集中的计划经济体制和高度集权的政治体制,市场力量阙如,在国家与社会的互构中起作用的第三方力量是政党,党国同构代替了以前的家国同构,国家与社会的互构是党国同构下的互构,直接导致了党与国家的一体化,出现了党国同构框架下的国家与社会关系的严重失衡。改革开放以后,随着我国市场经济的发展和民主政治体制的健全,党政分开、政企分开、政社分开等获得了明显成效和进展,国家与社会的良性互构在中国共产党的领导下得到了明显的进步,国家与社会的关系迈入了中国共产党领导下的良性互构谐变时期,正在形成一个越来越凸显政府、市场与社会三者之间相得益彰的互构和谐状态,作为推进国家治理现代化的一个重要行动主体,中国共产党越来越发挥其统揽全局、协调各方的领导核心作用,这是研究新时代中国国家治理实践中必须把握的一个根本立场。因为在当代中国,是先有中国共产党,再有中华人民共和国,中国共产党成为执政党之后,党的领导制度体系内嵌于国家制度与社会制度之中,既不能简单地把中国共产党归入现代西方政治所说的社会范畴来看待,也不能简单地把中国共产党纳入现代西方政治所说的国家范畴来看待,而是要从中国共产党领导国家与社会的角度来看待其核心地位和作用。

二、研究的基本观点

以往研究多是一种"过程—事件"分析思路,侧重从政府治理、社区治理、公司治理、城市治理、乡村治理等具体案例中分析我国公共治理程序、策略、行为与结果,且主要以个案分析法为主。揆诸现有研究成果,立足新时代中国现实命题,采用"制度—结构"分析思路,从制度化视角探讨公共治理的相关论证、解释与结论的内在贯通性,尚有进一步深化研究的空间。为此,本研究以马克思主义国家治理理论为指导,立足于中国共产党领导下政府、市场与社会的三者协同治理实践,运用马克思主义"政党—国家—社会"的分析范式,探讨了公共治理制度化的马克思主义理论基础和新时代中国实践进路,对中国社会公共治理制度化问题进行新阐述、新思考、新论证,探求推进公共治理制度化建设的正确之道,在学术思想和学术观点上都具有一定的研究特色。

学术思想往往决定着学术观点。本研究以历史唯物主义理论为指导,正确把握化解新时代社会主要矛盾与公共治理目标的内在契合性,形成符合马克思主义社会发展理论的以下基本观点。

1. 公共治理是多元主体在介于国家与社会之间的公共领域中确证与超越自我利益、建构与拓展公共利益的公共行动。政府治理、市场治理与社会治理是公共治理的有机统一体;公共治理制度化是政府治理、市场治理与社会治理之间有机统一的规范化、有序化的变迁过程。新时代我国公共治理模式拓展应为中国共产党领导下国家、市场和社会的协同共治模式,体现了有为政府、有效市场和有机社会三者之间的相得益彰。

2. 新时代推进公共治理制度化的基本方略及实践要求,决定了既要在中国共产党领导下遵循公共治理的制度逻辑和行动逻辑来规范政府公共权力运行,提高政府治理的主导能力;同时也要加强中国共产党对社会组织工作的领导,创新社会组织管理制度,培育发展社区社会组织,促进社会组织健康有序发展,构建和谐共进的国家、市场与社会关系,实现中国共产党领导下国家与社会的良性互构。

3. 良法善治是人民美好生活的重要组成部分,解决好新时代社会主要矛盾是推进公共治理制度化的旨趣所在。公共治理制度化的中国成功实践,不仅彰显了新时代中国特色社会主义制度的强大生命力和优越性,也为世界其他国家破解公共治理能力不平衡、机制不协调等问题提供了中国智慧,为丰富马克思主义国家治理观增添了新内容和新思想。

4. 资本主义价值预设与制度根基,决定了资本主义社会公共治理的价值基点是以资本逻辑为其轴心和象限的,捍卫的是资本的利益,直接导致了资本主义社会公共治理具有不可克服的内在矛盾和制度弊端;社会主义价值预设与制度根基决定了中国特色社会主义社会公共治理的价值基点是超越了资本逻辑的以人的发展逻辑为其轴心和象限的,捍卫的是人民的利益,直接为中国特色社会主义公共治理提供以人民为中心的制度优势和制度保证。置于全球化时空中审视中国特色社会主义公共治理制度化建设问题,既有中国特色社会主义制度优越性的时代固基,也面临着不可忽视的共同的时代挑战,需要在清醒认识自我制度优势中以一种全球化的时代视野去应对这些挑战。

5. 新时代推进公共治理制度化既要发挥中国共产党总揽全局、协调各方的领导核心作用,预防和化解社会矛盾,正确处理人民内部矛盾;同时也要构建系统完备、科学规范、运行有效的人民当家作主的制度体系,充分发挥中国特色社会主义制度优越性,加强社区治理体系建设,重视深层次的源头治理和协同治理。

第三节　研究思路与框架

推进国家治理体系和治理能力现代化已经成为党和国家的政治主张，也成为许多学者孜孜以求的学术建构。但是，考察与研究新时代中国社会公共治理制度化问题，不能简单地以某些预定的价值为前提，而是建构起适应解决中国实现问题的逻辑进路，既要在理论上提出符合事物发展一般原则与形式的规范性论证，也要在实践中提出具有可操作性的现实方案，从而使得中国社会公共治理制度化问题更加合度、合宜与合道。

一、研究的基本思路

本研究植根于马克思主义国家治理观，立足于全面建设社会主义现代化国家的新征程，运用马克思主义"政党—国家—社会"分析范式，在吸收与借鉴学术现有研究成果的基础上，分别以经典马克思主义理论、中国化马克思主义理论、国外马克思主义理论为本研究的学科立论基础、学科延伸基础和学科资源借鉴，以认识新时代中国社会主要矛盾转化对公共治理制度化提出的新任务与新要求为研究起点，以探求新时代中国社会公共治理制度化的内在规律和成功经验为研究视角，以揭示新时代中国社会公共治理制度化的理论、实践与价值为研究层面，以健全新时代中国社会公共治理制度化的理论框架和实践机制为研究重点，以实现新时代中国社会公共治理制度化的成功推进为研究主线，以探索推进新时代中国社会公共治理制度化的中国方案为研究导向，以提出推进新时代中国社会公共治理制度化的具体措施为研究落脚点，着眼于新时代中国社会公共治理制度化的继承性、创新性与实践性研究，在思考理论问题中观照实际，在解决现实问题中创新理论，进而建构一种符合马克思主义国家治理理论的解释框架，探求推进公共治理制度化建设的正确之道。

二、研究的结构布局

本研究坚持规律探寻与现实观照的统一、规范分析与实证分析的统一、问题导向与对策路向的统一,尝试构建推进新时代中国社会公共治理制度化的科学方案。首先,通过学理分析,正确解答公共治理制度化的概念范畴、内在逻辑和结构要素;其次,通过历史分析,系统归纳总结中国社会公共治理制度化的结构变迁、运行轨迹和历史规律;再次,通过实证分析,客观审视中国社会公共治理制度化的主要成效、现实困境及其问题原因;复次,通过放眼世界,从全球视野考察中国社会公共治理制度化的时代优势、时代挑战和时代编码;最后,通过逻辑分析,立足中国实践,从战略高度深刻把握推进公共治理制度化的方向坐标、基本原则和具体举措。因此,本研究在结构上除了绪论和结语之外,共分为五章,各章研究的思路和重点内容如下。

第一章,公共治理制度化的理论界说。本部分的研究是从理论层面上展开的一种基础性研究,重点是基于马克思"国家—社会"结构理论,在辨析公共治理与共同治理、集体治理、社会治理、政府治理等概念的交集与区别的基础上解析公共治理的概念与内涵;从国家层面的制度性规则、民间层面的惯习性规约、国家与社会之间的公共性契约,解析公共治理的制度化基础;从政府主导逻辑、市场自律逻辑、社会自治逻辑,解析公共治理的制度化逻辑;进而为解答新时代中国社会公共治理制度化问题提供符合马克思主义理论的学理规范。

第二章,新时代中国社会公共治理制度化的生成考察。本部分的研究是从历史层面上展开的一种前提性研究,重点是结合公共治理制度化的相关变量,从政府与公民关系向度,考察公共治理制度化历经权力建构——权利建构——责任建构的变迁历程;从国家与社会结构向度,考察公共治理制度化历经国家化植入——社会化运行——合理化确证的变迁历程;从国家治理模式向度,考察公共治理制度化历经塔状结构——环状结构——网状结构的变迁历程;总结中国社会公共治理制度化的历史规律,进而为解答新时代中国社会公共治理制度化问题提供符合中国社会变迁规律的历史智慧。

第三章,新时代中国社会公共治理制度化的现状审视。本部分的研究是从现实层面上展开的一种关键性研究,重点是从结构性制度创新、运行性制度创新、保障性制度创新,审视中国社会公共治理制度化的主要成效;从制度累积效应、主体认知局限、社会结构转型,审视中国社会公共治理制度化的现实困境;从国家—市场—社会的结构失调、私人领域与公共领域的界限模糊、个体行动与集体行动的偏好循环,审视中国社会公共治理制度化的问题成因,进而为解答新时代中国社会公共治理制度化问题提供符合当下中国社会客观事实的现实参照。

第四章,新时代中国社会公共治理制度化的时代观照。本部分的研究是置于国际视野层面上展开的一种核心性研究,重点是从制度根基、制度力量、制度逻辑,观照中国社会公共治理制度化进程中的时代优势;从多元治理主体势差、集体行动逻辑悖论、阶层利益固化藩篱,论证中国社会公共治理制度化进程中的时代挑战;从顶层设计与基层实践的守正创新、民主激励与效率激励的动态均衡、个体理性与公共理性的相得益彰、自我文化与他者文化的交流互鉴,观照中国社会公共治理制度化进程中的时代编码,进而为解答新时代中国社会公共治理制度化问题提供符合人类文明发展规律的时代坐标。

第五章,新时代中国社会公共治理制度化的战略推进。本部分的研究是从实际操作层面展开的一种归宿性研究,重点是从强有力领导与公意性达致、合作性博弈与合法化参与、人民性立场与差异化定位,前瞻中国社会公共治理制度化的基本向度;从治理体系的现代完善、治理共同体的大构建、治理水平的四化互动,前瞻新时代中国社会公共治理制度化推进的逻辑框架;从优化治理路径、拓展公共领域、培育公共精神、推进价值正义,前瞻推进中国社会公共治理制度化的具体举措,进而为解答新时代中国社会公共治理制度化问题提供符合事物未来发展趋势的对策建议。

三、研究的方法运用

本研究对象是一个跨学科的命题,并非简单考察公共治理体制创新及其策略构建,而要科学揭示新时代公共治理制度化的马克思主义理论基础与中国实践进路。本课题在马克思主义世界观与方法论框架下,综合运用哲学、政治学、历史学、管理学、社会学等其他学科理论与方法,凸显多学科方法的交叉渗透与融合,形成适合本研究的方法论,实现研究方法在马克思主义方法论框架下的跨学科互动,是一种跨多学科研究方法的新尝试与运用,力图推进马克思主义方法论在本研究领域的纵深发展,具体运用以下研究方法。

(一)文献解读与政策解读结合法。通过梳理马克思主义经典文献、党和国家重要文献,解读以公共治理制度化为主题的有关论述与政策主张,寻求本研究的学科理论资源与现实政策依据,最大限度地丰富本研究的相关理论知识,为本研究提供坚实的学理支撑。

(二)规范分析与实证分析结合法。运用马克思主义立场、原则与方法,通过问卷调查、数据采集、案例分析等探求公共治理制度化是否可能与何以可能的问题,揭示其社会基础;实证剖析不同地区、领域的公共治理制度化的主要成效、成功经验及问题成因。

(三)历史分析与逻辑分析结合法。运用马克思主义"政党—国家—社会"分析范式,揭示公共治理制度化的历史轨迹、特点与规律,考察公共治理制度化的历史演进逻辑;剖析新时代推进公共治理制度化的中国实践进路。

(四)比较分析与综合分析结合法。以历史唯物主义理论为指导,在全球史观与大历史观的视野中管窥公共治理制度化的中国优势;综合历史与现实,探索新时代推进公共治理制度化的中国方案。

四、研究的视角选取

问题是时代的声音,问题导向是研究过程中所要坚持的一个价值立场,认识问题、分析问题和解决问题,既要将问题置于历史、现实与未来的时间纵轴中去进行考察,也要将问题置于国际与国内的空间横轴中进行考察,这样才能对问题有着更加接近真相的正确认识。为此,本研究的视角选取主要体现在以下四个方面。

(一)理论和实际的相结合。本研究运用马克思主义立场、观点和方法,科学回答中国社会公共治理制度化问题中的"理论先行"与"实践第一"的双向互动的张力关系,在解决时代重大问题的理论探索、推动社会进步发展的现实实践中,论证中国式国家治理是一种多元主体以建构社会公共利益为旨归的彰显公共性意蕴的协同共治,在思考理论问题中观照实际,在解决现实问题中创新理论,在研究视角上坚持理论和实际相结合。

(二)历史和现实的相贯通。本研究运用历史思维贯通过去、现在和未来,运用"政党—国家—社会"的理论分析范式,对中国社会公共治理制度化问题作出与时俱进的新阐述、新思考、新论证,为正确认识中国式国家治理从传统到现代的不断转化的历史必然性提供学理支持,有利于牢牢把握中国式国家治理演进的主题主线和主流本质,在研究视角上坚持历史和现实相贯通。

(三)国际和国内的相关联。本研究站在人类社会发展的历史长河中,在人类文明发展的时代大势中观照推进中国社会公共治理制度化的时代坐标和实践进路,站在人类社会发展的时代大势中清醒认识中国式国家治理的制度优势和实然挑战,在研究中呈现出一种开放包容的学术态度和时代情怀的学术担当,在研究视角上坚持国际和国内相关联。

(四)真理与价值的相统一。本研究坚持马克思主义国家治理理论的真理性与价值性的辩证统一,运用马克思主义国家治理理论来分析中国社会公共治理制度化问题,既注重党的领导在中国式国家治理中的价值分析,也充分认识到中国式国家治理是符合马克思主义国家治理理论的事实分析,在把握中国式国家治理的基本属性、内在特质和根本优势的整体框架中深化中国社会公共治理制度化问题的认识,在研究视角上坚持真理与价值相统一。

第一章 公共治理制度化的理论界说

"制度更加成熟更加定型是一个动态过程,治理能力现代化也是一个动态过程,不可能一蹴而就,也不可能一劳永逸。"①国家治理体系和治理能力现代化的推进是一个系统工程,覆盖各个领域各个层次,推进公共治理制度化是国家治理体系和治理能力现代化的题中之义。在新时代,科学认识公共治理制度化的概念内涵、内在逻辑、内生基础,对于正确认识公共治理制度化何以可能与如何可能具有前提性价值,亦是公共治理制度化问题研究的前提性基础。

第一节 公共治理的概念与内涵

概念清晰是研究的前提与基础,20世纪90年代以来,治理问题研究呈现上升趋势,然而,不同语境不同时域下治理的指谓亦呈现差异。基于马克思"国家—社会"结构理论,从新时代社会主要矛盾转化对国家发展战略方略的规定意义等视域,揭示公共治理制度化的概念界定、内涵要素、内在特征是本研究深入开展的重要基础。

① 《习近平谈治国理政》第三卷,外文出版社2020年版,第127页。

一、公共治理的概念辨析

审视当前围绕治理的认知与探讨,大体有公共治理、私人治理、共同治理、集体治理、政府治理、社会治理等不同侧重,这些概念之间既有交集、又有区别,由此,首先需要辨析公共治理与共同治理、集体治理、政府治理、社会治理等概念的交集与区别。

(一)公共治理与共同治理

公共治理与共同治理是两个常常相互替代的概念,也是两个容易混淆的概念,其有交集的一面,主要体现在两个方面:一是治理主体的交集。公共治理与共同治理均呈现治理主体的多元化。以法治方式实行多元主体的共同治理,是共同治理的一个重要特征,也表明了共同治理是多元主体的共同治理,主体的多元化是公共治理与共同治理的一个共同特征,政府组织、市场主体、社会组织、公民自组织、公民个体等都是共同治理的参与主体。公共治理的多元主体包括政府、市场、社会组织等各个层面。二是治理方式的交集。治理方式是治理何以实现的手段与载体,公共治理与共同治理主体多元化的共性,在一定程度上也预设了其治理方式的交集,公共治理与共同治理内在均需要对话、合作的治理方式与治理机制,以协商的形式达成共识。尽管在多元主体的共同治理中会有竞争、妥协甚或冲突,但多元主体共同治理的最重要机制,最终需要指向共同利益才可能实现共同治理。因此,公共治理中的多元主体同样需要合作,可见,多元主体的合作是公共治理与共同治理在治理方式层面的交集。

尽管公共治理与共同治理有交集,但两个概念仍有区别,体现在两个方面:一是治理场域的区别。公共治理是多元主体在介于国家与社会之间的公共领域中的治理,公共领域是公共治理依托的运行场域。共同治理是多元主体的合作治理,从空间场域考察,它既可能是在国家和地区之间的共同治理,也可能是跨地区、跨部门之间的共同治理,都是依据共同治理的旨归与要求的差异,依据具体的情况在相应的场域展开的共同治理。可见,公共治理与共同治理在治理场域上存在区别。二是治理偏重的区别。公共治理是指向最大"公共善"的治理过程与治理集合,共同治理是多主体的共同治理,但共同治理不等于"公共善"的实现,它可能既代表"公"利,也代表"私"利,或是代表"公"利与"私"利多方利益的组织与个人的参与,最终寻求的是互相协商或讨论的"共识",但不一定指向"公共善"。可见,公共治理与共同治理在治理偏重上也存在区别。

(二)公共治理与集体治理

公共治理与集体治理,在具体的运用上仍然有可能造成混淆,辨析公共治理与集体治理的交集与区别亦尤为重要。公共治理与集体治理的交集具体体现在以下两个方面:一是治理指向的交集。集体治理是相对于私人治理而言,集体治理旨在跳出集体行动的困境,以提升利用各种有效的社会资源进行社会治理的能力。"囚徒困境""公地悲剧"等诠释了集体行动困境,为破解集体行动困境,既有基于理性化的设计路线,又有情感化的解答方案。集体治理亦是旨在提升治理能力,破解集体行动困境的重要方案。公共治理是提升治理能力的重要向度,亦内蕴提升治理能力的内在指向,可见,公共治理与集体治理具有治理指向的交集。二是治理力量的交集。集体治理与公共治理均是一种"复数型"治理,"对于民主国家来说,结社是一种最为基础也最根本的知识,其他一切知识的进展都取决于对结社这种知识的理解与运用。"①集体治理源于共同需求,在制度规范的框架中实现集体治理,它依托的往往是社会组织。社会组织同样是公共治理的重要力量,可见,公共治理与集体治理具有治理力量的交集。

---

① ［法］托克维尔:《论美国的民主》,张晓明编译,北京出版社2012年版,第141页。

公共治理与集体治理虽然具有交集之处,但仍存在区别,具体区别主要体现在以下两个方面:一是治理参与的区别。公共治理的参与方式可能是自上而下的,也可能是自下而上的,或是平行的、协商的,不论哪种参与方式,公共治理的参与方式呈现积极型、主动型参与。然而集体治理的参与者更多是被动型参与,集体治理中一般是有相应的核心或主导者,其他的参与者更多呈现的是附和或被动性。可见,公共治理与集体治理存在治理参与的区别。二是治理动机的区别。公共治理是指向"公共善"的治理,寻求"公共善"是公共治理的最终旨归。集体治理是指向某一集体集合利益的治理,它可能与"公共善"相谋合,也可能与"公共善"相背离,公共治理与集体治理同样是一种主体复数型治理,但集体治理的主体复数是指向某一特定利益的集体,并不一定与"最大多数人"主体复数利益相吻合。可见,公共治理与集体治理存在治理动机的区别。

（三）公共治理与政府治理

公共治理是政府主导、市场自律与社会自治三者有机统一的协同治理,公共治理与政府治理具有紧密的内在联系,但两者同样不可混淆,既有交集,又有区别。交集主要体现在以下两个方面:一是治理效力的交集。治理效力是对治理效果的一种判定与要求。政府治理在不同历史时期,呈现不同的变迁历程,从传统的全能型政府治理,逐步走向效能型政府治理。伴随市场经济的深化,国家与社会从传统的同构一体走向了有限分离,政府治理在此过程中推进权力与权利的良性互动,推进治理效力的提升。公共治理本质上是提升治理效力的重要手段与方式,亨廷顿曾提出"政治参与÷政治制度化＝政治动乱"①,公共治理是一种拓展政治参与的治理,公共治理在一定程度上有利于促进社会民主化进程,推进政府治理效力提升。可见,公共治理与政府治理存

----

① ［美］塞缪尔·P.亨廷顿:《变化社会中的政治秩序》,王冠华、刘为等译,沈美宗校,上海人民出版社 2008 年版,第 42 页。

在治理效力的交集。二是治理模式的交集。治理模式是围绕治理目标设计与运用的方式与手段。政府治理与公共治理的推进均需要遵循民主化、科学化、法治化的治理模式。传统政府治理更多是一种自上而下的管制,现代政府治理要求推行民主化的治理模式,即既有自上而下的顶层设计,亦需要倾听各个层面不同群体的呼声。"如果政府缺乏倾听人民呼声的机制,那么它们就不会对人民的利益,尤其是少数民族和穷人的利益作出有利的反应。"①科学化、法治化同样是公共治理与政府治理的内在要求。可见,公共治理与政府治理存在治理模式的交集。

公共治理与政府治理亦存在区别,主要体现在以下两个方面:一是治理主体的区别。政府治理的主体是政府,公共治理的主体是多元化的主体,不仅包括政府,还包括市场、社会组织等不同的治理主体。因治理主体的不同,在具体的治理路径与治理方案制定中亦会呈现差异。公共治理是一个更加多元化、协商化式的治理,政府在公共治理中起着一个主导地位,但政府不是公共治理的全部,它是一个具有更广泛主体参与的一种治理。可见,公共治理与政府治理存在治理主体的区别。二是治理侧重的区别。政府治理与公共治理在治理关注点上无疑具有相通性,它们也都旨在推进"公共善",旨在维护最广大人民的根本利益,但政府治理与公共治理仍然具有侧重点的不同。政府治理是依托于政府机构,侧重于政府相关领域的各项事务,公共治理则依托于国家与社会之间的公共领域,侧重于国家与社会之间的公共事务。可见,公共治理与政府治理存在治理侧重的区别。

（四）公共治理与社会治理

公共治理与社会治理这对概念同样存在交集与区别。交集主要体现在以下两个方面:一是治理样态的交集。打造共建共治共享的社会治理格局,不仅

---

① 世界银行《1997年世界发展报告》编写组编著:《1997年世界发展报告:变革世界中的政府》,蔡秋生等译,中国财政经济出版社1997年版,第10页。

是党和国家的政治主张,也指明了公共性是社会治理的题中之义。公共性主要指涉社会公共性问题,意味着人们从私人领域迈向公共领域,实施以社会公共利益为旨归的公共行动。可见,公共性是社会治理的存在样态,公共性无疑亦是公共治理的存在样态,从该角度审视,公共治理与社会治理存在治理样态的交集。二是治理载体的交集。社会组织指为了实现特定目标而组合的社会群体,社会组织是社会治理的重要载体,社会组织有利于推进社会治理的常态化与有序化,可以说,社会组织的生长状况直接影响社会治理生态,它与社会治理息息相关。公共治理是国家与社会之间的协同治理,其载体主要是以社会组织为主体,换言之,社会组织同样是公共治理的重要载体,可见,公共治理与政府治理存在治理载体的交集。

公共治理与社会治理两者同样存在区别,主要体现在:一是治理范围的区别。社会治理主要是着眼于国家与社会相对而言的"社会"的治理,公共治理主要是着眼于国家与社会之间的公共领域,两者在着力点与治理范围上仍有一定的区别。诚然,在治理实践中,治理范围仍可能有交集,治理范围也从来不是清晰的界分,但由于着眼点的差异,公共治理与社会治理仍然存在治理范围的区别。二是概念视界的区别。公共性是公共治理与社会治理共同指向的内在属性,公共精神亦是公共治理与社会治理所需要的内在价值,然而,公共治理与社会治理在概念视界上是存在区别的,公共治理的概念视界并不是在国家层面,也不是在社会层面,而是在国家与社会之间。可见,公共治理与政府治理存在概念视界的区别。总之,辨析相近概念是明晰概念的前提与基础,审视公共治理与共同治理、集体治理、政府治理、社会治理等概念的交集与区别,是明晰公共治理概念的重要铺垫。

二、公共治理的内涵解析

"治理"一词自20世纪90年代引至中国以来就被广泛运用,"治理可以指很多事情,它可以是一个流行词汇,一种时尚,一种框架设计,一个联结各学科的、伞状的、描述性的并且模糊的概念,一个空洞的符号……"①;它"可以指很多事情",也导致治理概念在具体运用上存在概念模糊、窄化或泛化的现象。为避免研究中治理概念运用的混淆与泛化,运用马克思"国家—社会"关系理论,将公共治理定义为:多元主体在介于国家与社会之间的公共领域中确证与超越自我利益,建构与拓展公共利益的公共行动。具体解析公共治理的概念内涵,可以从公共治理的主体、公共治理的时域、公共治理的场域、公共治理的保障、公共治理的旨归等方面进行考察与探究。

(一)公共治理的主体

公共治理的主体是多元的,可以是政府,但又不局限于政府,它包括政府、企业、社会组织,还可以是私人机构等。公共治理是一个以政府为主导,多种主体并存的一种治理生态,可能是政府与企业合作的治理,也可能是公共机构与私人结构合作的治理。公共治理不同于政府治理,在公共治理中政府是治理的主导,但政府不是唯一的主体,甚至在某些事务中,政府是一个支持者或合作者的角色。公共治理的主体多元化一定程度上也决定了权力的多中心化。公共治理的实现与分权往往是如影随形的,它要求多元主体的"大合唱",而不是任一主体的"独奏"。公共治理既需要政府主导,也需要公共机构、私人机构的广泛参与,需要国际、国内不同时空的合作与对话。孟德斯鸠曾将权力喻为脱缰的野马,指明了权力的僭越性,为规避权力的僭越性,多中心化的治理亦有直接的帮助,由此,公共治理隐喻了其中的重要职责与功能,即规避权力垄断的风险,力图在权力与权利的良性互动中走向"公共善"。明晰主体,即明晰"谁的公共治理"是清晰界定与研究公共治理的前提与基础,公共治理界定中开宗明义指出,它是多元主体的参与,公共治理的主体是多元化的,也正是公共治理主体的多元化,使其与传统的"管理""统治"有根本不

---

① David Levi-Faur, "*From Big Government to Big Governance*", Working Paper, No.35(July, 2011),p.2.

同。传统的治理更多地与"管理""统治"同义,现代治理突出体现在治理主体的多元化,它既是公共治理的主体澄明,也是公共治理何以可能的重要支撑。可见,公共治理概念需要明晰"谁的公共治理",公共治理在界定中要指明公共治理是多元主体的公共治理。

(二)公共治理的时域

"任务本身,只有在解决它的物质条件已经存在或者至少是在生成过程中的时候,才会产生。"①公共治理作为一种治理方式,其所承载的社会物质在存在条件没有成熟以前,是不会出现的。公共治理是国家与社会分化后的产物,脱离国家与社会的分化,公共治理无从可能。审视国家与社会变迁的历程,传统的国家与社会是同构一体的存在生态,即"家即是国""国即是家",国家与社会是完全同一的,在国家与社会同构一体的生态中,治理等同于"统治",治理的主体亦是一元化的。公共治理的出现是一定社会阶段的产物,它的时域即是国家与社会的分化。伴随着市场的出现,国家与社会的分化具备了可能,这种分化使治理主体多元化具有了可能。古希腊常常被誉为民主的圣地、文明的先河,那里的城邦生活似乎是一种"善治"生态,然而,古希腊时期特定的社会生活条件并不能形成真实的"治理"。事实上,古希腊的民主仅限于城邦公民的民主,而城邦公民仅占古希腊人口极小的比例,奴隶与公民之间有鲜明的等级界分,被视为"非神即兽",可以说,在没有相应的物质生活条件之前,现代公共治理是不可能出现的,它是国家与社会分化后,生产社会化的时代产物。可见,公共治理概念需要明晰它是一定社会发展阶段的产物,公共治理界定中指明公共治理是国家与社会分化后的产物。

(三)公共治理的场域

公共治理需要在一定的场域中开展,公共领域是公共治理的场域,国家与

---

① 《马克思恩格斯选集》第 2 卷,人民出版社 2012 年版,第 3 页。

社会分化是公共领域产生的条件。"公共领域原则上向所有公民开放。公共领域的一部分由各种对话构成,在这些对话中,作为私人的人们来到一起,形成了公众。"①公共领域是指向公共参与的领域,依托哈贝马斯的解读,公共领域以国家与社会的分化为轴承,国家与社会的互动性越好,国家对公共空间的支持越大。公共领域是界定国家与社会之间的领域,它具有规避"权力之恶"与"资本之恶"的双重功能。众所周知,权力具有天然僭越的本性,在天然僭越性扩张的冲动下,权力易走向专制或集权化的风险。资本具有天然逐利的本性,在天然逐利刺激的促动下,资本易走向"见利就要"的风险。此外,"权力之恶"与"资本之恶"的媾和,甚至可能走向权力资本化与资本权力化的风险。"权力之恶"与"资本之恶"无疑均背离公共利益,均背离公共性的指向目标,公共场域的培育有利于规避"权力之恶"与"资本之恶"。可见,公共治理概念需要明晰公共治理的场域,公共治理界定中指明公共治理依托于国家与社会之间的公共领域。

(四)公共治理的保障

公共治理是指向公共利益的公共行动,公共行动的公共性何以可能,是公共治理界定中需要回答的问题,公共治理的保障实则就是一种确证与超越自我利益的公共行动。"公"与"私"一直是人类发展史上不可回避的命题,既有"大公灭私"的时代,即只讲"公"、完全不肯定"私"的时代,也有"兴私抑公"的时代,即光顾"私"、对"公"漠视甚至远离的时代。然而,事实证明,不论是"大公灭私"或是"兴私抑公",均非社会发展的良性生态。"'思想'一旦离开'利益',就一定会使自己出丑"。②"大公灭私"否定全部的"私",在现实的生态中必然使"伪道士"盛行,即满口道义,实际上即是各种"私"的狂妄。"兴私

---

① [德]哈贝马斯:《公共领域》,汪晖译,载汪晖、陈燕谷主编:《文化与公共性》,生活·读书·新知三联书店 2005 年版,第 125 页。
② 《马克思恩格斯全集》第 2 卷,人民出版社 1957 年版,第 103 页。

抑公"同样在社会发展中无法延续,"人的本质是一切社会关系的总和"。当每个个体只谈"私",社会必然陷入霍布斯所言的"狼对狼"的丛林生态,最终走向的是社会的混乱甚或消亡。公共治理是在正视"私"的基础上的公共行动,它是一种确证与超越自我利益的公共行动。公共治理既不否定"私"的正当,也不主张"私"的狂妄,它要求"正私兴公"。在此背景下,多元主体的协商管理与互动合作建立了可能,一种确证与超越自我利益的公共行动不是一种自上而下的行政命令,而是在互相协商与合作基础上的互动与共促。可见,公共治理概念需要明晰"公共治理何以可能",公共治理界定中指明公共治理的保障在于一种确证与超越自我利益的公共行动。

(五)公共治理的旨归

公共治理向何处去是公共治理概念中需要明晰的命题,不知向何处去,必然导向模糊或是被任意裁剪。公共治理归根结底在于建构与拓展公共利益。公共治理打破了传统的公与私二元划分,在公共与私人之间形成一种合作与互动关系,在公共与私人、政府与社会之间强调参与、合作、协商。公共治理归根结底在于其彰显人民性与法治化。公共治理是维护与实现最广大人民根本利益的治理,同样也是吸纳广大人民积极参与的治理,它彰显的人民性是一种实质性的人民性,它通过公共场域中的公共行动确保广大人民群众的参与,保证人民的选举权、监督权、管理权与决策权,同时在保证人民权利的基础上切实维护与实现最广大人民的根本利益。基于人民性参与的公共治理,有利于规避打着"为大家好"的私益寻租,在人民价值立场的彰显中建构与拓展公共利益。另一方面则是法治化。公共治理强调在宪法与法律框架下的多元主体治理,宪法与法律框架是公共治理的基本要求,脱离法治框架,多元主体参与可能在"众声喧哗"中走向"多数人的暴政"。公共治理归根结底是在人民性价值立场上,法治化的框架下建构与拓展公共利益。可见,公共治理概念需要明晰"公共治理为何",公共治理界定中指明公共治理的旨归是建构与拓展公共利益。总之,公共治理是多元主体在介于国家与社会之间的公共领域中确证与超越自我利益,建构与拓展公共利益的公共行动。这一界定从公共治理的主体、公共治理的时域、公共治理的场域、公共治理的保障、公共治理的旨归等层面对公共治理进行了清晰界定。它符合恩格斯在《〈反杜林论〉的准备材料》中对概念界定的要求,公共治理的明确界定有利于避免公共治理概念运用的窄化或泛化。

三、公共治理的特征分析

公共治理有别于政府治理、社会治理、集体治理、共同治理,它具有独特的审视公共治理的特征,可以得出,公共治理具有治理主体的多元性、治理模式的合作性、治理内核的公共性等特征。

(一)治理主体的多元性

公共治理是政府主导、市场自律与社会自治三者有机统一的协同治理,治理主体多元性是公共治理的首要特质。公共治理旨在通过政府、市场、社会三者的良性互动中实现最大"公共善"。政府、市场、社会不同领域的主体本身亦是公共性的承担者与践行者。公共治理不同于政府治理,不是政府单方面的全面供给,而是在社会公共服务、公共产品、公共事务参与等方面由政府、市场、社会组织或第三部门的共同参与与推进。诚然,治理主体的多元性,并不是指多主体的平均分割或是多主体的平均分工,在不同领域、不同事务中不同主体起到的作用有所不同。在公共产品的供给层面,政府需要合理界分政府提供与政府生产,在传统的治理实践中,政府既是"生产者",也是"提供者",也在有些领域既是"运动员",又是"裁判员",公共治理要求政府在公共产品领域更多地承担一个"掌舵者"的角色。具体的公共产品的生产与提供应该由市场担任主要角色,政府应在此过程中做好"监督员"与"规划者",在宏观层面、制度层面、规则层面做好顶层设计。第三部门则应发挥其自身的优势,在政府、市场与社会的合作互动中应对公共事务,解答公共问题。通过政府、市场、社会多元主体的互动合作,跳出"公地悲剧"的困境。同时第三部门需要依据不同的时空环境、不同的社会发展要求,使不同的甚至是对立的各方在行动中寻求"最大同心圆",促进不同利益方的互动合作。需要指出,政府、市场、社会各方多元主体的治理,不是一种控制式或支配式,而是一种协调式;不是一种强制性或命令式,而是一种互动式,不是一种死板的僵硬式,而是一种变通的灵活式。政府、市场、社会各方多元主体的治理,要求各方都成为公共性的承担者,政府要引入相应的市场与社会组织管理体制,要突出其公共职能。马克思曾指出:"在东方,由于文明程度太低,幅员太大,不能产生自愿的联合,因而需要中央集权的政府进行干预。所以亚洲的一切政府都不能不执行一种经济职能,即举办公共工程的职能。"①政府在多元主体的互动合作中要承担主导性的角色,强化公共职能,真正发挥在公共利益推进中的主导功能。市场是公共性的具体实现者,市场的运行具有自身的规律性,在其自身的运行过程中也会暴露出局限性与狭隘性,但市场并非私人领域独有的方式手段,市场同样具有内在的公共职能,市场在多元主体的互动合作中要起到一种自律性的要求,在自由竞争中导向社会效益的正向提升。社会组织是公共性的参与者,社会组织在提供公共产品、公共服务,参与公共事务中具有特殊的优越性,正如黑格尔所说:"这种普遍物不是现代国家所能经常提供他的,但他可以在同业公会找到"②。同业公会实际上是社会组织的早期形式,它指明了在"普遍物"中社会组织的独特功能。总之,治理主体的多元性是公共治理的一大特征,公共治理是政府主导、市场自律与社会自治三者有机统一的协同治理。

（二）治理模式的合作性

治理模式的合作性主要指公共治理是一种政府、市场与社会的合作型治

---

① 《马克思恩格斯选集》第 1 卷,人民出版社 2012 年版,第 850—851 页。
② ［德］黑格尔:《法哲学原理》,范扬、张企泰译,商务印书馆 2011 年版,第 313 页。

理。政府、市场与社会的合作之所以能够实现,关键在于三者实质上是共生共在的,它们的共生共在主要体现在三个维度:第一个维度是从起点上看,三者体现出一种共生特质。依据公共治理要求,公共治理从生发上就要求它突破市场一维的"唯利性",也要突破国家一维的"权力性",它是不同领域、不同层级的组织与个人、超国家与次国家、权力机构与非权力机构形成的一种治理模式。在这一治理模式下,要求政府、市场、社会是一种合作的关系,这种合作既可能是国家与社会之间的合作,也有超国家与次国家的合作,更有权力机构与非权力机构的合作,政府、市场、社会从整体上审视,它就是一种共生共在。由此,从起点上看,它们就具备一种共生特质,它是治理模式的合作何以可能的前提与基础。第二个维度是从过程上看,三者也体现出一种共生特质。公共治理是一个持续互动的过程,它不是一个一经形成就僵化定型的治理,而是需要在不断互动中,在不同的环境中作出不同反应与应对的治理,在此过程中,要求政府、市场与社会形成一种持续互动与持续合作。为保障政府、市场与社会在过程中的持续互动,它实际上便要求政府不再是一种"权力的傲慢"或是带有传统的强制色彩,而是要求在公共事务的具有保障中实现政府、市场与社会的合作互动。为保障三者在过程中的持续互动,它实际上也要求政府不再是一种"权力的任性"或是带有传统的命令色彩,而是要求在公共事务的具有保障中实现政府、市场与社会的上下互动。由此,从过程上看,它们就具备一种共生特质,这种特质是治理模式的合作何以可能的关键链接。第三个维度是从结果上看,三者也体现出一种共生特质。政府、市场与社会的互动均指向公共利益的最大化,而公共利益的最大化实际上亦有利于三者的正常运转。围绕公共利益最大化的共同目标,要求政府、市场与社会在不同的领域,以一种相互联动的纽带各司其职,形成一种互动与合作。由此,从结果上看,它们也具备一种共生特质,即治理模式的合作何以可能的旨归旨趣。总之,治理模式的合作性是公共治理的特征之一,政府、市场与社会从起点、过程、结果指向上看的共生特质与共在取向,决定了其采取的是合作型的治理模式。

(三)治理内核的公共性

公共性表征着特定时空中多元主体围绕公共利益而展开的一种交互性的社会关系。公共性源于"公共",依据汉娜·阿伦特的观点,"公共"一词指涉公开、共同。审视公共治理的内核,公共性是公共治理的内核。公共治理具有一种公开性,"其他能够看见我们所看见的东西、听见我们所听见的东西的人的在场向我们保证了世界和我们自己的现实性。"①在公开的情境中,公共治理有利于规避传统官僚体制下的僵化或权力僭越,也有利于规避市场自治体制下的唯利或利益冲动,它保障在公开情境中的公平与公正。治理内核的公共性最根本的体现在于公共治理的共享特质。共享即发展成果的共享,治理成果的共享,即面向公众的共时性共享与历时性共享。公共治理在于在公共领域中实现的公共利益的最大化,公共利益的最大化本质在于推进利益共享,使发展的成果惠及每个个体。公共治理本身也有利于政府、市场与社会的更好运转与发展。如公共性的保障,使政府在合法性或认同度上得到了提升,提升了公众对公共权力的遵从与信任,市场在公共性的维护中增强了自身资源配置的能力,克服自身的盲目性与局限性。社会组织在公共性的践行中,也实现了自身的特定利益,并在社会发展的环境中获得成长,可见,公共治理在互动合作中实现了一种对政府、市场与社会均有益的一种利益共享。此外,公共治理的共享特质还要求它是一种历时性共享,历时性共享主要是从历史传统与生命的延续视角提出,公共治理要求其不仅惠及当代人,还要求从人类发展的角度惠及后代人,具有一种可持续发展的战略与要求。阿伦特曾说:"正是公共领域的公共性才能够吸纳人们想从时间的自然废墟中拯救出来的任何东

---

① [德]汉娜·阿伦特:《公共领域和私人领域》,载汪晖、陈燕谷主编:《文化与公共性》,生活·读书·新知三联书店 2005 年版,第 81 页。

西,并使之历经数百年而依然光辉照人。"①总之,治理内核的公共性是公共治理的重要特征,它指明了公共治理的指向,也指明了公共治理的基质,公共治理本身就是一种公共性的展开,治理内核的公共性要求治理具有共享特质。识别公共治理的特性是理解何为公共治理的重要部分,基于公共治理的特征分析,得出治理主体的多元性、治理模式的合作性、治理内核的公共性是公共治理的具体特征。

第二节　公共治理的制度化基础

党的十九届四中全会指出,中国特色社会主义制度是党和人民在长期实践探索中形成的科学制度体系。公共治理建基于中国特色社会主义制度基础之上,国家层面的制度性规则、民间层面的惯习性规约、国家与社会之间的公共性契约是公共治理的制度化基础,公共治理的制度化基础亦是公共治理制度化研究的前提性铺垫,由此,梳理公共治理的制度化基础是进一步研究的重要前提。

一、公共治理的制度性规则

"所谓公共,就是在国家与社会之间,既规范国家公共权力,又保证公民权利不受侵害,更使国家与社会之间的张力关联性地得以呈现的特殊领域。"②"从国家建构的视角而言,政治制度的选择体现为国家权力的归属和配置,公共生活的展开表现为国家权力的运作和规范。"③为此,国家与社会之间的张力和流变使现代国家治理在公共权力的端点上获得其公共性定位时,中

---

① ［德］汉娜·阿伦特:《公共领域和私人领域》,载汪晖、陈燕谷主编:《文化与公共性》,生活·读书·新知三联书店 2005 年版,第 86 页。

② 任剑涛:《公共与公共性:一个概念辨析》,《马克思主义与现实》2011 年第 6 期。

③ 夏志强:《国家治理现代化的逻辑转换》,《中国社会科学》2020 年第 5 期。

国社会公共治理实践中的制度性规则传动凸显。

公共权力层面的制度性规则是考察公共治理制度化问题的首要层面,现代国家的制度建设直接影响治理成本与治理水平。审视我国国家治理的发展变迁,不同时期国家制度建设水平直接影响国家治理的成本与空间。如在中国传统社会"家国天下"的社会格局,政治权力主导经济、政治、文化、社会等各个层面,从某种程度而言,它形成了一种"君权至上"的治理模式,"普天之下、莫非王土"诠释了君权的傲慢与任性,"奉天承运"诠释了君权借由"神秘旨意"获得天然的不可动摇的合法性。在此背景下,治理绩效很大程度上取决于"君德","圣君""明君"成为治理绩效的主要标尺。虽然,士绅阶层在传统中国的基层社会治理中扮演着重要角色,在政府与民间社会之间发挥着桥梁作用,但总体而言,中国封建社会以维护民众权利为核心的国家制度建设式微并且处于边缘化地位,诸多治理职能更多是由基层社会习俗与惯例加以承担,基层社会治理缺乏相应的制度化保障。新中国成立初期,城乡分割的户籍管理制度、城市的单位制度和农村的人民公社制度等成为规定中国社会结构的主要制度,国家与社会形成一种同构一体的模式,国家对社会的整合和渗透有了新变化,但由于社会管理法律制度体系尚未完全建立健全,法律和制度在诸多领域还存在"空白",人们法治意识和法治观念较为薄弱,国家治理体系和治理能力还存在诸多不足。改革开放的开启,社会主义市场经济获得了快速发展,各类市场制度的建立健全为社会发展带来了更加多元的空间,人们的现代契约意识不断增强,国家与社会从同构一体逐步走向有限分离,公共治理的制度化提升获得了良好成长空间。改革开放以来,市场经济下的自由竞争氛围趋于浓厚,人们的自主意识、参与意识、法治意识都在自由竞争氛围中得到发展与生长,各种社会自治组织也在此过程中得以培育与生长,社会自治组织、市场经济下的企业主体等多主体的发展,为公共治理的治理主体多元化提供了可能。总之,治理主体的多元化是公共治理的一大特征,也是国家治理体系与治理能力现代化的体现。在社会主义市场经济不断深入的发展过程中,现代国家制度建设亦在不断趋于推进与完善,如国家与市场的关系、政府与市场的关系、国家与社会的关系等均在不断完善与优化。

福山认为一个秩序良好的社会必须具备三个要素且顺序要合理,即"强大的政府、法治、民主问责制",并认为"西方之乱"是因为"强大的政府、法治、民主问责制"三者顺序出了问题,"中国之治"是由于"强大的政府、法治、民主问责制"三者顺序是正确的。福山对中国政治建设顺序的肯定,进一步表明了"中国之治"不是一种不合乎现代人类社会治理规律的治理,反而最符合人类社会治理规律,也表明在中国共产党领导下发挥政府主导作用的治理道路和方向是正确的,政府主导性既是中国国家治理的重要发展趋势,也是中国国家治理有别于西方国家治理的重要特征,追求在中国共产党领导下公共权力与公民权利的良性互动既是中国国家治理的本色所在,也是中国国家治理的特色彰显。中国特色社会主义新时代,由于社会主要矛盾的转化,人们对治理能力与治理体系提出了更高的要求,面对当前新形势、新机遇、新矛盾、新挑战,国家层面的制度化基础已有不断完善,中国特色社会主义的制度优势也在不断彰显,如何将制度优势转化为治理效能亦是治理能力与治理体系现代化的重要命题。总体而言,新中国成立以来,中国共产党不断推进党政关系的规范化,在党的领导和执政的制度化水平中不断提升,我国已初步形成了比较完整的现代国家制度体系。现代国家制度体系是国家良好运行的制度基础,亦是公共治理制度化不可或缺的制度化规则。

考察中国社会公共治理的制度化传动,它从党与国家、根本政治制度与基本政治制度、政府与市场、民主与集中、法治与德治、协商与自治等角度奠定了制度化基础。一是党与国家层面。国家制度建设和党与国家的关系有紧密的关系,党与国家的关系与一国的经济制度有紧密的关系。纵览世界各国,以私有制为基础建立的国家,其国家制度始终为少数人的"特权利益"服务,国家是政党产生的基础与前提。然而,以公有制为基础而建立的国家,是革命阶级组织政党取得胜利后再进行相应的国家建设,其中政党领导是国家产生的基础与前提。可见,两种不同的路径,党与国家的关系将呈现不同的方式与形式。中国是以公有制为主体的国家,国家建设离不开强有力的中国共产党的领导,中国共产党的领导是中国特色社会主义的最大优势,也是中国国家制度体系的根本保障。二是根本政治制度与基本政治制度层面。中国是人民当家作主的国家,人民是国家的主人,这决定了中国民主不是通过"三权分立"或是"竞争型政党"的方式进行,中国政治制度的根本安排是建立在人民当家作主基础上的,并在此基础上处理好根本制度与基本制度的关系。基于此,人民代表大会制度是中国的根本政治制度,通过人民权力的有效行使,保障人民的根本权力。中国根本政治制度奠定了人民当家作主的地位,并在此基础上保障了中国共产党领导的多党合作与政治协商制度、民族区域自治制度、基层群众自治制度等基本政治制度,根本政治制度与基本政治制度在全过程人民民主的基础上属于一种自洽的制度体系,它亦奠定了公共治理制度化的基础。三是政府与市场层面。从现代化进程视角审视,政府与市场的关系直接关系到制度化建构与制度化基础。审视中西方政府与市场关系架构,可以看到,西方主要是市场主导逻辑,维护的是资本的利益;我国则是政府主导逻辑,捍卫的是人民的利益。在社会主义市场经济发展中,我国治理制度体系需要认识到中西方在政府与市场关系上的差异。尽管市场在资源配置中要发挥决定性作用,但需要注意,与此同步的是更好地发挥政府作用,倘若政府作用发挥不足或是发挥不到位,则可能出现"唯利化导向",进而损害市场本身。由此,在政府与市场层面,需要始终坚持中国特色社会主义市场经济制度,以保证其"社会主义规定性"。政府与市场关系的理解亦是公共治理制度化规则的重要面向。四是民主与集中层面。民主与集中的关系涉及制度的组织原则,任何共同体的存续与发展,都需要正确处理好这两者关系。关于民主与集中,存在更强调集中或是更强调民主的不同声音。从制度的组织原则来看,民主与集中两者均不可偏废,缺失其中之一,另一方亦无所依附或是难以持续。我国制度架构在民主与集中的关系中注重民主与集中的相互支持与相互补充,它亦是公共治理制度化中需要坚持的组织原则。公共治理制度化探究在组织原则中亦需要遵循民主与集中相互支持、相互补充的原则。五是法治与德治层面。在法治与德治层面，中国传统社会更注重的是德治，而现代国家建设需要法治的健全。法治与德治的关系，同样曾经出现一些误区，如抱住德治传统不放，忽略了法治的建设，低估了其在现代国家建设中的作用，或是强调法治建设，忽略了我国德治的传统效应，导致法治建设成效不足。由此，在法治与德治层面，需要看到，应结合我国国情，既要注重挖掘道德资源在法治国家建设中的重要作用，也要认识到"德"是作为"治"而存在，"德"是通过相应的治理效用辅助法治。公共治理同样涉及法治与德治的命题，法治与德治的制度化规则无疑亦构筑了公共治理的制度化基础。六是协商与自治层面。协商与自治是如何保证人民当家作主的重要命题，人民当家作主需要从根本上反映人民意志，但从根本上反映人民意志，并不等于反映每个个体的意志，它是在协商基础上的"最大公约数"，由此，全过程人民民主实践是在协商基础上的民主。协商民主体现在全过程人民民主的真正价值。同时，全过程人民民主实践可体现在基层群众自治，它通过基层群众自治的形式，保证权力为民所用，为民负责，充分发挥人民的自我教育与自我管理的权力。可见，协商与自治均是中国共产党领导人民实现全过程人民民主的制度化资源，亦是公共治理制度化可借鉴的重要制度形式。总之，如马克思所述，"在生产、交换和消费发展的一定阶段上，就会有相应的社会制度形式、相应的家庭、等级或阶级组织，一句话，就会有相应的市民社会"①。当前我国公共治理的制度化规则是适应当前生产、交换、消费发展的一定阶段的产物，在社会主义公有制基础上，我国公共治理制度化具有相应的制度优势，它正确处理了党与国家、根本制度与基本制度、政府与市场、民主与集中、法治与德治、协商与自治等关系，与公共治理"公共善"的旨归相契合。诚然，现代国家制度并非一经形成，不再变更的，

---

① 《马克思恩格斯选集》第 4 卷，人民出版社 2012 年版，第 408 页。

它也将随着生产、交换、消费发展进行相应的优化与调整。当前,中国特色社会主义制度体系是公共治理的制度化规则,亦是公共治理制度化传动的基础力量。

二、公共治理的惯习性规约

英国学者德里克·希特曾意味深长地指出:"公民身份是人类尊严和世俗道德的基石。失去了这些价值,人类将蜕化到暴政与狂妄。因此,至关重要的一点在于,公民身份的光芒,唯有通过其多棱镜的耀眼照射,才能驱散这些邪恶的黑暗。"①当国家与社会之间的张力和流变使现代国家治理在公民权利的端点上获得其公共性定位时,中国社会公共治理实践中的惯习性规约传动凸显。

"传统价值及其外在制度形式构成了一个在任何一个时刻社会结构必须要适应的历史框架。"②制度既有正式制度,也有非正式制度,正式制度一般是带有强制力保障的法律法规、规章政策等规则的总和,非正式制度一般是获得社会认可的行为规范和内心准则等规则的总和,二者分别从不同层面上规制行为主体的各种行为。从国家视角来看,正式制度的运行并不能完全消弭非正式制度的运行空间;从社会视角来看,非正式制度对正式制度具有延展或修正意义;从"国家—社会"互动视角来看,现代国家治理需要正式制度与非正式制度的深度融合和相互建构。事实表明,在社会有效运行中,非正式制度并非可有可无,相反,它对社会运行起到重要作用,是对正式制度的重要补充与拓展。从效力上来看,正式制度主要是依据法律强制力等硬约束以保障实施,非正式制度则主要是依靠伦理道德规范等软约束以保障实施。为此,公共治

---

① [英]德里克·希特:《公民身份:世界史、政治学与教育学中的公民理想》,郭台辉、余慧元译,吉林出版集团 2010 年版,第 495 页。

② [美]彼得·M.布劳:《社会生活中的交换与权力》,李国武译,商务印书馆 2012 年版,第 399 页。

理的制度基础既要依托于正式制度,也要依托于非正式制度,惯习性规约即属于非正式制度。作为公共治理制度化的传动力量,相较而言,惯习性规约具有如下特征:一是从效力作用上看,惯习性规约具备一定的效力,但它的效力不是依托公共权力以保障的。惯习性规约能够发挥对社会运行的规范作用,但是惯习性规约并非依据公共权力保障,它不是经国家层层审定后制定的制度或规范,而是在民间经个体的交往互动达成的有效规约。二是从适用范围上看,惯习性规约一般来说限定于一定的民间个体互动之间。从惯习性规约影响范围的角度上看,它是依靠生活于某一地域中的社会舆论、道德习俗形成的规约,它在具体的适用上有一定的地域性,超越该地域,惯习性规约一般不再适用。三是从表现形式上看,惯习性规约的表现形式是可以多种多样。惯习性规约并不拘泥于固定的章节或条目,也不拘泥于各种成文规范的规则,它既可以是成文的规则,也可以是口头的约定或是长期以来形成的风俗习惯等。四是从生成模式上看,惯习性规约的生成模式也是呈现多样化的。惯习性规约的生成模式既可能是民间个体在互动中自发生成的,也可以是基于生活习惯与生活环境预设制定的,在生成模式上呈现自发型与预设型的不同样态。五是从本质上来看,惯习性规约主要是以道德为根本。相较之正式制度的以法治为根本,它是在一定范围内凭借伦理道德而对人们产生约束的规范总和。总之,惯习性规约具有与正式制度不同的特质,同样是公共治理制度化的重要力量。因为公共权力独立于公民权利或公民权利独立于公共权力,在现实世界中极为鲜见,无论是国家中心论抑或社会中心论,在背后均是对这个事实的一种反证。"不论是新的权力结构,还是新的政府职能配置与职能结构,都决定了今天中国的治理,一定是多方参与、多元治理主体共同治理的格局。"①

中国特色社会主义公共治理是中国共产党领导下政府治理、市场治理、社会治理的多元主体协同治理,在多元主体协同治理结构中,惯习性规约在公共

---

① 林尚立:《当代中国政治:基础与发展》,中国大百科全书出版社 2017 年版,第 369—370 页。

治理制度化传动中具有不可替代和不可或缺的重要地位,主要体现在:一是惯习性规约能够独立于正式制度而存在。正式制度主要是规约社会运行必须法定调节的领域,然而,在社会运行中,还存在较多正式制度尚未触及的领域,惯习性规约是其社会运行规范的主要依托。另外,从产生的时间先后顺序而言,往往是惯习性规约先于正式制度存在,如契约先于契约法,在契约法出现以前,契约已成为人们之间共同生活的重要规范规则。二是惯习性规约能够独立于正式制度而发挥作用。在社会具体的运行中,法不禁止则通行,然而,在纷繁交织的社会关系中,仅靠法律的底线显然是远远不够的,还需要惯习性规约的自觉遵守。"所以在共同世界的社会关系中,每一方都是以理念型来理解另一方的,每一方都觉察到这种相互理解,并且都期待他人的诠释基模和自己的相一致。"①在社会运行的诸多领域,法律的规约作用与其对人们的心理规约并不完全重合,往往惯习性规约起到重要作用。三是惯习性规约在中国具有深厚的生长土壤。回溯中国发展历程,在中国传统社会时期,德治传统一直优于法治传统,导致法治传统与法治观念在中国传统社会并不彰显。考察中国传统社会时期的民间规约,不难发现,在中国传统社会蕴含着大量的惯习性规约,如"君君,臣臣,父父,子子"的伦理规约是中国传统社会人们行为处事的重要准则。诚然,伴随着中国式现代化进程的推进,法治意识、法治观念较之传统社会时期已有极大提升,然而,作为一种社会规范体系,惯习性规约在社会有效运行中仍然起着重要作用。此外,由于惯习性规约具有一定的稳定性,一经形成,它能够在一个相对长的时间内发挥作用,在公共治理实践中,仍然不可忽视惯习性规约所具有的制度规范意义。

基于惯习性规约特征及其功能的阐述,惯习性规约在公共治理中具有不可或缺的地位与价值,能为公共治理制度化传动提供重要力量。主要体现在:一是惯习性规约为正式制度的效力运用提供了支持与拓展。正式制度多是基

---

① [奥]阿尔弗雷德·舒茨:《社会世界的意义构成》,游淙祺译,商务印书馆2012年版,译者导论,第xxxix页。

于公共生活中的伦理规约,按照社会发展要求制度具有强制力保障的规范规则。正式制度在具体的制定与运用中,不能与伦理道德相违背,相反,它的有效实施及合理性证成还需要惯习性规约的支持。惯习性规约是人们在社会公共生活中形成的普遍认同的规范总和,它具有相应的群众基础。正式制度多是自上而下得以推进,需要相应的链接或是群众认可,惯习性规约往往能够具备相应的功能,使正式制度更好地"落地"或"遵守"。费孝通曾指出:"法治秩序的建立,不能单靠制定若干法律条文和设立若干法庭,重要的是得看人民怎样去应用这些设备。在社会结构和思想观念尚未改革的情况下,只是片面地把法律和法庭推行下乡,结果法治秩序的好处未得,而破坏礼治秩序的弊病却已发生了。"① 费孝通的阐述,经典地诠释了惯习性规约为正式制度的效力运用提供了支持与拓展的功能。二是惯习性规约能够在一定程度上克服正式制度中的弊端与局限。从立法的本意来看,法律是为社会有效运行服务的。然而,在"大变革"快速流动的时代,社会关系面临极大的不确定性,社会关系也呈现从未有过的复杂性与偶然性,正式制度的相应制度较之社会的快速流动,具有明显的滞后性。当正式制度在一定时效内无法跟进社会的变动或变革时,惯习性规约在其中具有补漏洞的重要功能。此外,正式制度较之惯习性规约,具有较强的专业性,往往是书面形式表达的语言,普通群众基于有限的认知能力、时间精力、兴趣偏好等,对正式制度的认知与理解往往有天然的距离感,惯习性规约则能够克服相应的弊端与局限,使其更易被民众认可与遵循。三是惯习性规约直接守护与推进社会秩序的规范化运行。惯习性规约较之正式制度,具有一定的自发性,它与正式制度要求的法治秩序具有内在的契合性。在现代社会,伴随着社会的复杂性变化,传统社会关系的松动,惯习性规约较之传统的地域性空间下的价值体现,似乎面临着新的挑战。然而,考察当前惯习性规约的价值,它不但未降低重要性,反而以更广泛的方式发挥效用,

---

① 费孝通:《乡土中国·生育制度》,北京大学出版社 1998 年版,第 58 页。

在纷繁复杂的社会现实面前,惯习性规约以其特定力量在维护社会秩序中发挥着不可否认的价值。如科塞指出:"在结构抑制敌对情绪的表达和宣泄的时候,就要以某种机制来代替人们所希望的这种情绪宣泄。"①面对社会系统内运行的压力,作为一种重要的疏导机制,惯习性规约亦显得尤为重要,它对来自破坏系统的压力能够产生释放或缓解效用。"人是社会关系的总和","原子式"个人不可能始终存在,社会交往是每个人生存与发展中不可或缺的必要条件,社会舆论、道德规范、良心谴责在其中具有重要作用,它们正是惯习性规约的重要机制。总之,从历史与现实的视角审视,作为非正式制度的惯习性规约与正式制度具有同等的作用与功能,公共治理是一个多领域、多主体的协同治理,公共治理的惯习性规约是公共治理制度化传动所不可或缺的重要力量。

三、公共治理的公共性契约

哈贝马斯认为现代社会是由与私人领域有关的市民社会、与公共权力相关的政治国家和介于市民社会和政治国家之间的公共领域所共同构成。"公共领域是介于国家与社会之间进行调节的一个领域"②。"国家与社会的分离是一条基本路线,它同样也使公共领域和私人领域区别了开来"③。其中,公共领域是私人与国家发生关联的中间地带,国家与社会的二元分化是公共领域产生的前提与基础。国家与社会在人类实践中是一对关系系统,而非一个简单的二元对立、因果互变,国家与社会之间正是通过互构谐变来重塑二者之间的交互关系与特征。

在现代民主政治体制中,多元治理主体的合作、监督、支持、约束应是以"公共利益"为其价值基点和行动准则的,最终指向的均是公共利益的增进。

---

① [美]L.科塞:《社会冲突的功能》,孙立平等译,华夏出版社1989年版,第22页。
② [德]哈贝马斯:《公共领域》,汪晖译,载汪晖、陈燕谷主编:《文化与公共性》,生活·读书·新知三联书店2005年版,第126页。
③ [德]哈贝马斯:《公共领域的社会结构》,曹卫东译,载汪晖、陈燕谷主编:《文化与公共性》,生活·读书·新知三联书店2005年版,第137页。

在"公共利益"的规则与引导下,各个治理主体之间既能够形成共识和优势互补,也能够规避一方的封闭性与狭隘性,如社会力量的灵活性能补齐政府机构烦冗庞杂可能造成的滞后性短板,政府的规划性能补齐市场盲目性可能造成的短板等。为此,国家与社会之间的张力和流变使现代国家治理在私人与国家发生关联之中间地带即公共领域的端点上获得其公共性定位时,中国社会公共治理实践中的公共性契约凸显。因为"基于人的经济属性和社会属性之上的公共利益正在被基于更为根本性的人的伦理属性的公共利益所取代,这已经是一个不容怀疑的历史进程"①。

契约精神是公共治理的内在要求,回望契约理论发展历程,最早可追溯至霍布斯,霍布斯认为政府正是在个人基于契约进行权利让渡而形成的:"把大家所有的权利和力量托付给一个人或者一个能通过多数意见把大家的意见化为一个意志的多人组成的集体。"②可见,政府是基于社会成员契约基础上形成的,霍布斯的论述中指明了契约在社会形成与发展中的作用。此外,洛克、卢梭也从不同的自然状态想象中探讨了契约在社会形成中的作用与价值。当前伴随着社会发展中的纷繁复杂,契约日益成为治理的一种工具,作为一种协同治理,公共治理的制度化传动同样离不开公共性契约。公共治理的公共性契约主要是指在介于市民社会和政治国家之间的公共领域中所达成以公益利益为价值基轴的重叠共识。当前在各项治理领域中,都可看到作为治理工具的契约的价值运用。何以选择契约,公共治理的公共性契约在何种范围、何种领域下适用,如何运用公共治理中的公共性契约,是公共治理制度化传动中所需要探讨的问题。相较之正式制度性规则、惯习性规约,公共性契约在公共治理的一些领域中具有独特的价值与功能。主要体现在:一是公共治理的公共性契约运用在一定程度上有利于提升治理效率,降低治理成本。治理效能内

---

① 张康之、张乾友:《公共生活的发生》,高等教育出版社2010年版,第343—344页。

② [法]霍布斯:《利维坦》,黎思复、黎廷弼译,杨昌裕校,商务印书馆2009年版,第131页。

蕴治理效率的要求,公共治理的公共性契约运用在治理效率的提升中具有一定的正向作用。如传统治理主要是自上而下的科层制,科层制依托的是臃肿的行政机构,它往往带来的是低下的治理效率,如韦伯就曾对科层制进行过批判性思考,提出应区别官僚机构与公共企业,"公共企业则主要管理公共部门中不能交由市场机制来完成的经济行为"①。韦伯的论证已隐喻了契约机制的引入有利于治理效率的提升。在快速变革的现代社会,传统的科层制弊端日益凸显,不同领域、不同事务以不同方式的多元治理日益被接纳并采用。作为公共治理的工具,公共性契约可以为政府、市场与社会三者的协同治理注入活力,协调政府、市场与社会的高效运转,已成为公共治理制度化传动的重要力量。当前,在一些公共事业领域,公共性契约已成为我国社会治理中的一种重要工具,如公共交通、公共医疗、公共服务等领域,通过引入公共性契约,可以克服传统科层制完全依据行政化的管理方式,实现一定的竞争与自由,及时主动地回应公众需求,以权利与义务的方式对多元治理主体加以规约,有效提升了公共治理的效率,降低公共治理成本。二是公共治理的公共性契约运用在一定程度上有利于提升治理有效性,达到治理优化。治理有效性与治理效率并不完全等同,有效性更强调通过一定的方式实现相应的治理目标,以最优化的方式获得治理效能。与强制、处罚、行政命令等方式不同,公共性契约更强调主体间的"公共意志",更注重尊重不同主体的多元诉求,公共事务治理亦是在不同主体之间的"公共意志"达成下加以推进,在不同部门间的合作、协商、互动过程中,公共性契约是其顺利实现的桥梁,在此背景下,多元主体往往具有较好的公共性自觉,进而更有利于提升治理有效性,达到治理优化,实现治理目标。三是公共治理的公共性契约运用在一定程度上有利于提升行政效率,推进行政体制改革。政治是经济的集中体现,当经济浪潮滚滚向前时,政治体制必然要求进行相应改革与调整。当前,伴随着政治体制改革的推进,

①　[英]简·莱恩:《新公共管理》,赵成根等译,中国青年出版社 2004 年版,第 27 页。

公共性契约运用的范围越来越广。如在传统的涉及一些可通过社会组织提供服务的领域,以往是由政府负担,如今通过契约方式引入社会组织参与,既可以降低政府负担,也可以促进多元化治理的真正实现。诚然,在引入的领域、引入的范围、引入的对象、引入的方式等方面需要因事制宜,公共性契约运用在本质上需要围绕促进最大化"公共善"的推进,围绕该目标注意挖掘公共性契约作为一种治理工具的功能,进一步推进简政放权,提升行政效率,推进行政体制改革。

公共性契约是国家与社会之间良性互动的产物,作为公共治理制度化传动的重要力量,公共性契约既非万能,也非无条件运用,需要正确认识与把握其适用条件与适用范围。具体而言:一是公共性契约主要适合公共领域中的运用。作为推进公共治理制度化的重要力量,公共性契约并非适用于社会运行的所有领域,而更多是适用于国家与社会之间的公共领域。公共性契约不能替代公共权力领域的强制力保障型的制度性规则,也不能僭越私人生活领域的私人偏好或倾向习惯。如外交、军事等领域,不能运用公共性契约,而必须是具有强制力保障的制度性规则。审视国家与社会间的公共领域运用,大体上可以分为非强制性的秩序领域、公共服务领域、市场化领域。其中,非强制性的秩序领域可通过契约化方式来减缓行政领域的强制性以提升治理能力,如治安巡逻等;公共服务领域可通过契约化方式来提升公共服务水平以提高治理效率,如社会养老服务等;市场化领域可采取契约化方式提升治理水平,减少行政干预,体现不同主体间的"公共意志"。二是公共性契约的运用需要以保障公民权利为前提。公共性契约的运用不能有损于公民权利,而应是以保障公民权利为其前提与基础,在一些涉及公民基本权利的领域,如涉及人身自由、人身安全、隐私权等基本权利的领域,不宜以公共性契约的方式推进治理。在具体选择治理方式中,应考量其对公民权利的影响情况,如涉及损害公民权利,契约作为一种治理工具则不宜采用。公共性契约本质上是通过契约的方式捍卫人民的根本利益和长远利益,公民权利是否受到保障亦是公共性契约运用的重要考量标尺。三是公共性契约的运用应考察其成本与收益的情况。公共性契约相较制度性规则、惯习性规约，更强调通过协商、商谈的方式形成，以提升治理效率。在公共性契约的准备、商谈甚或达成的过程中，需要耗费较高的成本，成本大于收益时，公共性契约运用的价值则不彰显，不宜过度采用。当公共性契约的运用能够有效地降低治理成本，收益大于成本时，则适合引入公共性契约，如在国家与社会间的某些公共事务领域，交往主体间能够通过商谈、协商、对话达成契约，并按契约化方式应对公共事务，公共性契约的优势则得到彰显，具有较强的应用价值。四是公共性契约的运用应考察其专业化认知与水平的情况。相较惯习性规约，公共性契约的运用需要涉及一定的专业化因素，离不开对公共事务特定领域的专业化认知和判断，脱离了相应的专业化认知和判断，交往主体间也难以实现价值上的重叠共识。不同主体间达成的公共性契约实则上也是各方在具有相应理解与认知基础上的一种公共意志的达致，如在社区日常生活的公共事务处理中引入公共性契约，不仅仅是浮于表层的商谈，还需要对相应领域的专业化了解，需要对处理的具体公共事务有一定的专业化认知和判断。综上，公共性契约也是推进公共治理制度化的重要力量，但它的运用具有相应的适用条件与适用范围，它适用于介于国家与社会之间的公共领域，需要以公民权利的保障为前提，需要考察相应的成本收益，需要涉及相应的专业化因素，应在考量多种因素的基础上，有效发挥公共性契约作为公共治理工具的重要价值。

第三节　公共治理的制度化逻辑

"制度化包含着使社会生活的组织原则一代一代永久存在下去的形式化的程序"。[①] 公共治理制度化是政府治理、市场治理与社会治理之间有机统一

---

① ［美］彼得·M.布劳：《社会生活中的交换与权力》，李国武译，商务印书馆2012年版，第394页。

的规范化、有序化的变迁过程,政府治理、市场治理与社会治理是公共治理的有机统一体。剖析公共治理的制度化逻辑,不难得出,在中国共产党领导下,在国家、市场和社会共同建构而成的"正三棱锥"模式下,公共治理的政府主导逻辑、市场自律逻辑、社会自治逻辑是公共治理的制度化逻辑。

一、公共治理的政府主导逻辑

公共治理是一种多元主体的协同治理,但多元主体协同治理不等于平均治理,也不等于等同治理。我国学者自 20 世纪 90 年代引介治理理论以来,关于治理理论是否适用于中国具有一定的争议,部分学者认为,治理理论属于西方本土理论,不适用于中国。面对争议,突出地体现了走一条符合中国国情治理道路的必要性与迫切性。结合我国国情,政府应在其中担当主导地位,遵循公共治理的政府主导逻辑。治理方式作为一种社会秩序有效运转的工具,它应结合国家具体的政治、经济、文化、社会等具体历史传统与实际情况,公共治理的政府主导逻辑,在我国具有相应的生长土壤,具有符合我国国情的适应性。具体而言,一是公共治理的政府主导逻辑符合现代治理要求与理念。回溯人类治理实践的发展历程,可以看到,人类治理实践大体经历了强制型、管理型、协商型等不同的治理模式。强制型治理模式侧重自上而下的强权命令,它主要是依靠强制型命令的方式获得治理的效力。管理型治理模式侧重竞争与协作、契约与服务,它主要是通过一种契约式的管理获得治理的效力。协商型治理模式侧重服务合作、平等对话,它主要是通过权力与权利的互动获得治理的效力。协商型治理模式从传统的一元化治理主体向多中心治理主体发展,在不同主体间的互动合作中推进治理现代化。公共治理的政府主导逻辑也是在权力与权利互动中形成服务、合作、对话、协商的治理机制,指向治理的公共性,符合现代治理要求与理念。二是公共治理的政府主导逻辑符合中国当前的社会状况。当代中国处于改革开放的"深水期",利益格局面临大变革大调整,民众需求的多样性、利益主体的多元化要求公共治理坚持政府主导。

与此同时,在改革开放进程中,人民的民主意识增强,社会组织获得了极大发展,传统的人民被动参与模式需要得到改进,公共治理的政府主导逻辑既坚持政府主导,又注重政府与社会、政府与市场、政府与公民等不同维度的互动,它符合中国当前的社会状况。三是公共治理的政府主导逻辑符合中国社会发展的进程。治理模式既不能是西方模式的翻版,也不能是传统模式的旧版,它必须符合中国实际、体现中国发展进程的本土现代版。公共治理的政府主导逻辑既结合了我国国情,即强调政府一直是我国的治理传统,也是我国治理优势发挥的重要方式,又结合了中国发展进程,即民众有一定参与意识与参与能力,但参与意识与参与能力有待提高。总体而言,公共治理的政府主导逻辑符合现代治理要求与理念、符合中国当前的社会状况、符合中国社会发展的进程,体现了符合我国国情的适应性。

公共治理的政府主导逻辑符合我国国情,然而,受传统政府中心主义、现实社会组织发展不足等影响,公共治理的政府主导逻辑要力求注重克服以下几点。一是政府主导逻辑不等于政府中心主义,公共治理的政府主导逻辑要克服公共治理的政府中心主义。公共治理的政府中心主义模式实际上是政府单向模式,即政府成为公共治理的唯一治理主体,对社会事务的方方面面实行大包揽、大指挥,政府在此背景下成为一个既是裁判员、又是运动员的全能政府。公共治理的政府中心主义模式容易导致以政治逻辑应对公共性问题,公共治理是国家与社会间公共领域的协同治理,政府中心主义思维会使其在对待公共性问题上只应用政治逻辑,在具体的操作上,重"堵"轻"疏",未能真正发挥相应的民主性与对话性,进而可能造成问题解决的不顺利甚至引发一定的不满与冲突。此外,公共治理的政府中心主义模式还可能导致注重显性政绩,忽视民生隐性需求的困境。政府中心主义强调以 GDP 业绩谋求显性政绩,对一些隐性的民生需求可能会轻视甚至忽略,可见,公共治理的政府主导逻辑首要在于克服公共治理的政府中心主义。二是政府主导逻辑需要提升行政文化,公共治理的政府主导逻辑要克服行政文化中的"官本位"观念。在中国传统行政文化中,存在一定的"官本位"思想,"官本位"思想实际上脱离了为民服务。权力来源于人民,行政人员本质上是为民服务的工作者,应具备相应的服务意识、民众意识、责任意识、民主意识。然而,传统文化中的"官本位"思想,使其淡化了相应的服务意识、民众意识、责任意识、民主意识,进而导致公共治理中的政治主导逻辑走向政府的"一言堂"现象。可见,政府主导逻辑需要提升行政文化,公共治理的政府主导逻辑要克服行政文化中的"官本位"观念。三是政府主导逻辑需要相应的社会组织支撑与公民参与能力,公共治理的政府主导逻辑要注重社会组织成长与公民参与能力培育。公共治理政府主导逻辑的良性运行需要相应的社会组织支持,社会组织能力不足会导致政府与社会互动不足或是不充分。当前我国社会组织获得了极大的发展,但社会组织中有一部分是半官方组织,也有一些由于过高的登记门槛未能真正"合法化",处于一种"地下"或者草根状态。社会组织的发育不足显然难以与政府形成良性互动,进而影响公共治理中的政府主导模式有效运转。与此同时,随着我国民众民主意识的增强,公民参与意识有所增强,但参与范围、参与能力、参与热情、参与制度化、参与责任化等方面都存在一定的局限。公共参与能力的提升应与公共精神培育相匹配,当前公民参与意识仍需要提升,可见,政府主导逻辑需要相应的社会组织支撑与公民参与能力,公共治理的政府主导逻辑要注重社会组织成长与公民参与能力培育。总之,公共治理的政府主导逻辑需要克服一些不利因素,同时培育一些积极因素以保证政府主导逻辑的有效运转,当前克服公共治理的政府中心主义、克服行政文化中的"官本位"观念、注重社会组织成长与公民参与能力培育是公共治理的政府主导逻辑的内在必须。

公共治理的政府主导逻辑作为公共治理制度化逻辑之一,具体来说,其蕴含的逻辑理路包括以下几个方面:一是公共治理的政府主导逻辑应以公共性的坚守为内在遵循。"公共性"指代一种人民本位的价值取向,公共治理中的政府主导逻辑首要在于对公共性的坚守。面对个人利益和社会利益、短期利益和长期利益、局部利益和整体利益,"公共性"的坚守能够清晰立足社会利益、长期利益、整体利益,始终以人民的根本利益为本位,以公共性的坚守为内在遵循应是公共治理政府主导的首要要素。二是公共治理的政府主导逻辑应以治理共同体建构为方向准则。公共治理是一种多主体的协同治理,其中政府处于主导地位,但政府应以治理共同体建构为方向准则,在治理共同体中发挥"元治理"作用,在某种程度上表征着要以一种国家中的社会研究视角去理解和思考公共治理的途径与方式,要对"国家—社会"互动的相关性和有效性给予更多的关照,对"国家—社会"之间相互赋权的关系特质保持持续的敏感性。"元治理"理论是由杰索普提出,它表明了政府在治理共同体中的定位与功能。结合我国国情,政府在治理共同体中要充分发挥主导作用,在多元主体的治理进程中,尽管不同主体均能发挥一定的作用与价值,但政府仍要保留自己对治理机制的主导权。美国学者弗朗西斯·福山也表达了类似的观点。诚然,政治在发挥主导作用中要注意转变政府职能,强化公共服务功能,推进政府、市场与社会等之间的良性互动。三是公共治理的政府主导逻辑应以相互认同与信任为规则要求。公共治理的政府主导逻辑应以相互认同与信任为规则要求,其中的相互认同,主要是政府、社会组织、企业、公民等主体间的相互支持、相互认同。政府把握好相应的权力边界,激发社会组织、公民的参与意识,形成一种政治意义上的相互认同;其中的相互承认,主要是政府、社会组织、企业、公民等主体间形成一种相互的信任关系,它是一种伦理意义上的支持与信赖。简单来说,在政府主导下不同主体间的相互认同与信任是公共治理有序运转的重要来源,具体而言,它需要不同主体间的权责明确。权责明确包含政府、社会组织、企业、公民等不同主体各自的权责明确,在科学的定位中,政府、社会组织、企业、公民等不同主体能够守好"各自责任田",政府更好地发挥主导作用,同时也为社会组织、公民更好地发挥积极主动的参与作用提供支持。总之,公共治理的政府主导逻辑是公共治理制度化逻辑的重要内容,公共治理中坚持政府主导符合我国国情,能够发挥我国治理优势,在具体的逻辑理路中应注重以公共性的坚守为内在遵循、以治理共同体建构为方向准则、以相互认同与信任为规则要求。

二、公共治理的市场自律逻辑

伴随着社会主义市场经济的推进,党的十八届三中全会指出,要使市场在资源配置中起决定性作用。公共治理,在一定程度上是伴随着市场培育后产生的,它是在国家与社会之间形成的一种治理模式。从市场定位角度,公共治理应遵循市场自律逻辑,它是公共治理制度化逻辑的重要组成部分,旨在激活市场活力,使市场各层面有效运转。公共治理制度化是基于一定的制度环境生成的治理模式,考察公共治理的市场自律逻辑,同样需要首先考察市场在公共治理中呈现的相应的制度环境。总体来看,市场在公共治理中呈现的相应的制度环境既有有利的制度环境,也面临一定的风险。具体来说,主要是以下三个方面:一是在市场转型中相应的法律制度仍然不够完善的现状。市场运行有一定的自发性与盲目性,它的有效推进需要一定的法律制度以支撑,当前在社会转型背景下,市场同样面临一定的转型。审视市场各领域的转型,相应的法律制度并未完全跟上。众所周知,改革开放以来,我国从计划经济体制转向市场经济体制,伴随着经济体制的改革,我国的治理模式也从计划型转向了互动型,从"强政府—弱社会"向"强政府—强社会"转变。在市场经济的具体运行中,为避免相应的盲目性与自发性,相应的法律制度尤为必要,然而,总体而言,当前制度建设的进程相应地落后于市场发展的要求,在具体的领域中,市场发展与法律保障存在相应的不平衡现象。当市场转型与法律制度的支撑存在一定的内在矛盾时,可能出现市场运行漏洞或是市场自律不足的现象。如当前市场交易规模日益扩大,传统的以熟人社会为基质的信任体系已不复存在或是影响甚少,而相应的规则制度运行又未完全建立,相应呈现的现象即是以人与人之间的熟人型的信任式的治理机制效力不足或是效力消失,而新的规范化、制度化的治理机制尚未健全,在此背景下,必然容易存在公共治理中市场缺位或是运转不充分现象。二是地方政府的双重困境对市场规范运行的不同影响。地方政府在经济、政治不同领域面对不同的压力,如在经济领域,地方政府更多考量的是经济的快速增长,在政治领域,更多考量的是政治风险约束,在不同的领域面临不同的任务,地方政府容易陷入一种两难困境。如遵循经济治理的目标,地方政府可能会对市场进行一些积极介入,遵循政治治理的目标,则可能减少对市场的介入,以降低相应的风险。在地方政府面临的两难困境中,可能对公共治理的市场自律逻辑形成一定的影响及风险。如在受到一定激励制度影响下,地方政府与市场主体形成一种较为紧密的联系,容易存在政府既是裁判员又是运动员的现象,这是不利于市场自律形成的。如在受到一定约束制度束缚下,地方政府可能因敏感进而相应地规避,但可能造成一种"不作为"现象。总之,政府与市场的边界直接影响公共治理中的市场自律,地方政府的双重困境可能影响市场相应的制度环境。三是契约原则与熟人观念的并存影响公共治理中的市场自律。契约原则是在现代社会发展进程中孕育的一种文化样态,熟人观念是中国传统社会中典型的一种文化样态。在社会转型过程中,契约原则与熟人观念两种文化样态都一定程度存在,同时影响着不同群体或是同一群体的不同事件中,当契约原则与熟人观念碰撞,它们可能对市场自律形成一定的风险冲击。市场自律应遵循相应的契约原则或是相应的法律规则,然而,中国传统的熟人观念仍有一定的影响,在熟人观念的影响下,公共治理中的市场角色可能裹挟一定的"人情"因素,进而影响其应有的制度运行。总之,公共治理制度化是基于一定的制度环境生成的治理模式,市场在公共治理中呈现的相应的制度环境既有有利的制度环境,也面临一定的风险。在市场转型中相应的法律制度仍然不够完善的现状、地方政府的双重困境对市场规范运行的不同影响、契约原则与熟人观念的并存都对公共治理中的市场自律产生一定影响,也是公共治理市场自律中可能出现的风险转化。

基于公共治理中市场自律逻辑的可能风险,从公共治理制度化逻辑着眼,公共治理中市场自律应遵循以下规则:一是遵循相关的法律规范与契约精神。市场交换从本质上而言,即是市场主体在自由平等基础上按照相应的合约进行的交换与合作。在市场交换中相应的合约具有相应的法律约束与保护,市场主体依据相应的合约承担相应的责任与义务。当市场主体的权益受到损害时,可以通过一定的法律途径维护自身的权益,在法律体系逐渐健全完善过程中,市场领域相应的法律规范也在不断地完备。从法律完备健全的角度审视,尽管仍然存在一定的不完备之处或是尚在完备之中,但相关的法律规范与契约精神已成为公共治理中市场自律遵循的重要原则。二是遵循相应的社会规范与社会要求。市场主体总体而言,仍然处于一定的社会关系之中,遵循相应的社会规范与社会要求是市场主体的内在要求。当市场主体在具体的市场活动中违背社会规范或社会要求,也应受到相应的风险承担或是责任承载。总体而言,在市场经济的深入推进中,市场在资源配置上起决定性作用,公共治理是政府治理、市场治理、社会治理的协同统一,市场治理在其中具有重要作用。市场治理主要应扮演一个市场自律的角色,在公共治理中遵循市场自律逻辑,具体到“政府—市场—社会”的互动关系中,应要注意处理好几个关系:一是政府与市场的关系。政府与市场有一定的边界,更好地发挥了政府主导作用与市场在资源配置中的决定性作用,指明了政府与市场的各自功能与互动关系。在政府与市场的互动中,影响其相互关系的主要有三种机制,包括政府介入市场的积极机制、市场将政府介入的主动机制、政府选择介入市场以维持稳定的应对机制。三种机制是政府与市场在不同情境下选择的不同模式,它们均影响着政府与市场的边界,在不同的相互作用中影响政府在市场中的角色及市场是否能有效自律。如政府介入市场的积极机制,这种机制主要是地方政府以地方政绩为优先选择介入市场的运作机制,该种机制模式下政府拥有相应的主导权,政府成为政府与市场边界界定的划定者。市场将政府介入的主动机制,这种机制主要是市场为将自身风险降低而将政府介入的相应机制,它将政府变成相应责任与风险的共担者与承担者,进而影响政府与市场边界的相应界定与定位。政府选择介入市场以维持稳定的应对机制,这种机制主要是政府针对市场中可能存在的较高的风险或市场中需要干预的面向,选择介入市场以期保持社会稳定,使政府与市场处于一种良性互动状态,在此背景下,政府与市场的边界即有所调整或变化。二是市场与社会的关系。关于市场与社会的关系,不同学者有不同观点,如波兰尼主张市场与社会的关系是市场嵌入社会的一种观念,即市场是嵌入于社会的,在嵌入社会中获得相应的活力与资源,他指出:"从人类的本质来看,在打破这种商品神话之后而重新建立的都是在社会领域之方向中。事实上,由于这种单一性市场经济的瓦解,现在已经产生出许多不同形式的新社会。此外,市场社会的终结,也不意味着市场的终结。"①与波兰尼观点不一样,另一具代表性的是格兰诺的观点,他认为市场与社会不是无法相脱嵌的,认为市场有其自身的内核,它并不是嵌入社会之中,在社会之外,它具有一定的独立性,市场自身即能够依据相应的独立内核而存在。相较于波兰尼、格兰诺从嵌入这一视角理解市场与社会,帕森斯提出市场与社会具有互动的关系,它们之间是互相渗透的,市场中有社会的角色、社会中也有市场的要素,市场与社会在不同系统中能够相应地有机互动。与市场与社会关系的理解相对应,波兰尼提出应由相应的社会制度规制市场的理念,因市场是嵌入于社会的,市场如何有序运转同样依靠社会的相应规制,一定程度上市场是一种社会制度规则型市场;格兰诺则侧重市场能够有自身的独立性,市场能够基于自身的独立运用而进行相应的独立运作与机制运行。帕森斯从市场与社会的互动理解出发,提出市场既受社会各要素的影响,同时也以一种力量存在影响社会的运转。综观以上学者的不同观点,它们均为市场与社会关系定位提供了理论借鉴与资源拓展,当前处理市场与社会的关系要注重两者的有效互动,推进市场与社会的互利共生。

① [英]卡尔·波兰尼:《巨变——当代政治与经济的起源》,黄树民译,社会科学文献出版社 2013 年版,第 415 页。

三、公共治理的社会自治逻辑

在公共治理的推进中,社会自治是其中的重要部分,社会自治并非从来就有的,它是社会发展到一定阶段的产物。回溯我国历史发展进程,社会自治发生于国家权威主导的社会变迁过程中。在"家国同构"的格局中,我国一直被视为一种"总体性社会","总体性社会"实际上类同国家权威主导的社会,社会自治空间尚未发育成熟。在国家与社会的张力互动中,社会对国家是一种依附,社会主体性并未真正生长,二者实际上并未形成真正的互动。改革开放以后,随着国家与社会出现了一定的分离,人们从传统的"单位制"和"人民公社制"挣脱出来,代之以城市的居委会、乡村的自治组织,逐步形成了国家与社会互动意义上的社会组织的条件与保障。但总体而言,社会自治在当前发展并未足够成熟,仍然呈现一定的行政化与集权化的弊端,处于一个渐进发展过程中。在社会自组织的快速发展过程中,社会自治相较于以往时期,它具备的有利条件及正向效应主要体现在:一是"社会"总体处于一个发展的过程中。改革开放以来,中国总体上逐渐从一个"总体性社会",即国家与社会同构一体的社会,转向一个"多样性社会",在国家与社会的同构一体中出现了一定的分离,社会呈现一种多样化的发展趋势,人们也在多样的生活变化形式中出现多样化的联系与多样化的变动。在从总体性社会向多样化社会变迁过程中,它总体上为社会自治的发展提升空间与可能。具体而言,政府与民众从原有的通过"单位制""人民公社制"的较为严格的束缚,转向了较为宽松的互动,民众获得更多的自主性,社会自治在此过程中获得一定的成长。社会自组织的成长,相伴的是社会自治领域的不断扩大,即社会自治领域在国家与社会的互动中不断获得培育与确认。二是市场化的推动有利于社会自治的培育。在市场不断深入推进过程中,社会成员进行了进一步的分工与调整,与社会分工的分化相应的是利益群体的分化,在利益群体的分化过程中,基于自愿基础上形成的新的社会融合具有了一定的可能。个体在此过程中也具备了更强的权利意识,不同利益群体对政治的参与意识有所增强,在此背景下,总体上为社会自治的权利要求与实践培育提供了一定的经济基础。三是公共领域的进一步培育与生长。社会自治是在公共权力领域与私人领域间的公共领域中获得生长的,在社会自治的发展过程中,公权与私权、公共领域与私人领域相应的边界清晰、规范运行是社会自治发展的重要条件。当前国家层面,为社会管理提供了较好的政策环境,社会层面,各类社会自组织发展提供了相应的组织基础。综合可见,在市场化改革不断推进与调整的进程中,社会在此过程中获得了有利的发展条件,呈现更为积极的发展态势。

在社会呈现更为积极的发展态势中,社会自治也存在一定的问题与瓶颈,社会自治在当前实则仍未获得真正的自主性,它更多处于一种"半官方性质"或是"政府的附属品"。具体而言,一是基层群众自治的"自主性"发育尚不成熟。基层群众自治是社会自治的重要形式,当前基层群众自治中仍然存在一定的行政化趋向,在具体的运行过程中,基层群众自治组织表征的并不是完全的自主性主体,它的"自主性"发育尚不成熟。基层群众自治组织相应的治理中呈现的"自主性薄弱",在很大程度上意味着基层群众自治组织是基层政府在基层社会中的一种行政代理人。二是在各类社会自组织的发展中存在一定的不平衡,传统的"半官方性质"的社会自组织得到更为快速的发展。改革开放以来,我国社会自组织获得了极大的发展,其数量也呈现几何数级的增长。然而,各类社会自组织的发展呈现一定的不平衡性,一般而言,原有的传统的"半官方性质"的社会自组织得到更为快速的发展,如共青团、工会、妇联等,该类社会组织的发展,一定程度上其自主性仍然不足,更多是一种代政府的治理职能与作用。相应的其他一些社会自组织发展较为缓慢,甚至由于各类审批制度、审批程序问题,有些社会自组织处于"非法"状态。三是体制外的社会自组织存在较强的管控。如在一些自治的社会组织中介入相应严格的管理,它们的自主性仍然受到一定的限制,体制外的社会自组织未能呈现较强的自主性。需要指出,社会自治不等于政府放任,社会自治是社会自组织自我管理、自我监督、自我服务的一种治理生态,它仍然需要相应的管理与监督,当前社会自组织的发育不足,主要在于相应的"自主性"有待提升。

审视公共治理中社会自治的价值与不足,公共治理的社会自治逻辑需要注重社会自组织的生长与培育,同时在其中同样需要注意把握政府、市场、社会等之间的关系。社会组织是社会自治的载体,是参与现代国家治理的重要力量和不可或缺的主体之一,推进国家治理体系和治理能力现代化同样需要加快社会组织体系建设,构建良好的社会组织生态系统,提高社会组织的自治能力,发挥社会组织的桥梁作用:一是打造基层社会治理新格局。社会自组织的发展与基层社会治理有紧密的关系,基层社会治理要注意尽量规避过强的集权化或行政化趋向,在基层社会治理中,应为社会自组织的生长与发展提升一定的制度条件与支持,以期促进社会自组织的健康发展,更好发挥社会自组织在基层社会治理中的作用。二是提升基层群众性自治组织能力。基层群众性自治组织是与群众直接联系的自我管理、自我服务、自我教育的组织,能为社会自组织的发展提供一定的条件与基础,当前社会自组织的生长与发展,同样需要基层群众性自治组织得到相应发展,需要提升基层群众性自治组织的整体能力,从而为社会自组织发展提供支持。三是发挥新经济组织的社会治理主体作用。随着中国特色社会主义市场经济的发展,我国经济组织形式多样化发展,根据所有制性质的不同,既有非公有制的经济组织形式,也有混合所有制的经济组织形式,需要以多元化市场主体增强社会自治活力,探寻新经济组织参与社会治理的新模式,充分发挥其在社会治理中的主体作用。四是提升社会组织的自主性。自主性社会组织已获得了极大发展,分布于社会生活的各个领域,但自主性社会组织发展并不等于完全实现了社会自治,在依法依规对其进行管理与监督的同时,也需要进一步提升其参与社会治理的自主性、责任感和公信力。

总之,社会自治涉及各个领域,不仅仅是社会单向度的建构,当前公共治理的社会自治逻辑审视,还需要考察政府、市场与社会多向度的关系。一是强化政府自身的公共服务功能。政府在社会自治中起到重要作用,社会自治需要政府的相应支持与依托。强化政府自身的公共服务功能,主要是使政府为社会自治提升更好的政策环境,为社会自治提供一定的监督与规范,使不同的社会自组织能够在规范化的治理机制中对话与合作,政府在现代国家治理中具有举足轻重的地位和作用,"但民族国家政府的统治地位一经确立,就成为国家公共供给的最终责任承担者,并在此过程中强化自身的合法性地位"①。简言之,政府具有相应的公共服务功能,强化政府自身的公共服务功能是公共治理中社会自治良性运转的重要条件。二是正确处理好政府与市场的关系。在政府与市场关系中,在市场资源配置中让市场真正起到决定性作用,在市场领域中,使行业协会、商会等成为其中的治理主体。在此背景下,企业担当起自身的责任与义务,在市场治理优化中为社会自组织的发展提升相应的政策环境与制度支持。简言之,政府与市场关系也是社会自治培育的重要环境,在政府与市场关系中既要有相应的政府作用,也要有市场能够形成有效治理。三是正确处理好政府与社会的关系。在政府与社会的关系中,政府应发挥相应的公共服务职能,社会则发挥相应的自主性功能。政府与社会形成一种良性互动关系,相互支持与互为保障。总之,政府治理、市场治理与社会治理是公共治理的有机组成部分,公共治理制度化是政府治理、市场治理与社会治理之间有机统一的规范化、有序化的变迁过程。在中国共产党领导下国家、市场和社会共同建构而成的一种合作共治模式下,公共治理的政府主导逻辑、市场自律逻辑、社会自治逻辑是公共治理的制度化逻辑。

---

① 杨宇立:《公共供给与国家治理》,上海社会科学院出版社 2016 年版,第 91 页。

第二章　新时代中国社会公共治理
制度化的生成考察

"历史从哪里开始,思想进程也应当从哪里开始,而思想进程的进一步发展不过是历史过程在抽象的、理论上前后一贯的形式上的反映"①。公共治理是历史发展到一定阶段的产物,从历史维度考察公共治理制度化的历史进程,是开展公共治理制度化理论探究的重要前提与基础。结合公共治理制度化的相关变量,从政府与公民关系向度、国家与社会结构向度、国家治理模式向度考察新时代中国公共治理制度化的历史脉络,具有重要意义与价值。

第一节　公共治理制度化的政府与
公民关系向度考察

公共治理是一种多主体的协同治理,"展望后工业社会的到来,'主体间性'将成为重塑政府与公民价值双向互动关系的必然诉求"。② 从政府与公民关系向度考察公共治理制度化,不难得出,其中,在政府与公民的单向服从维

---

① 《马克思恩格斯选集》第 2 卷,人民出版社 2012 年版,第 14 页。
② 高振扬:《政府与公民关系的历史逻辑》,《南京工业大学学报》(社会科学版)2008 年第 1 期,第 10 页。

度中,公共治理制度化呈现权力建构表征;在政府与公民的服务导向维度中,公共治理制度化呈现权利建构表征;在政府与公民的双向互动维度中,公共治理制度化呈现责任建构表征。总体而言,从政府与公民关系向度考察,公共治理制度化历经权力建构——权利建构——责任建构的发展历程。

一、政府与公民的单向服从:公共治理制度化的权力建构

政府与公民关系直接关切公共治理制度化的表征与形式,权力与权利的关系是政府与公民关系的内在隐喻。回望古希腊和中世纪时期,东方传统社会公权力处于一种总体驾驭的状态,私权利并未生长,即公民对政府处于一种单向服从状态,与此相应的则是在政府与公民单向服从状态下,公共治理制度化的权力建构表征。需要指出的是,西方社会与东方社会没有严格的划定,在此运用的大体上是近代以来学者公认指明的相应的一些西方国家与东方国家。

古希腊时期被誉为西方文明的先河,然而,不难发现,作为西方民主的雏形,仅仅是在极小范围内的民主表达。在古希腊,是按城邦的方式进行相应的民众治理。在城邦中,民众的身份并非以公民为尺度的平等一致,而是被划分为"公民"和"奴隶"。"公民"和"奴隶"的背后是天然的身份等级分割,也是权力获得单向服从的重要利器。在古希腊城邦获得公民资格是每一个民众的梦想,为获得公民资格,首先需要服从政府。可见,古希腊时期的平等仅仅是一小部分人的平等,它的民主也仅仅是一小部分人的民主。古希腊时期的城邦治理实则是权力单向导引下的强制治理,是现代公共治理的一种虚幻变形镜像,它的解体是人们对古希腊憧憬的破灭,它并没有真正关怀"人"本身,人与人的普遍平等、人与人的普遍自由、人与人的普遍民主更只是一种"幻想"。当人们在将古希腊的梦想一次次提起与怀念时,对古希腊时期的政府与公民关系要有清晰的认识。当古希腊解体,这片土地进入了古罗马时代,它与古希腊并称为"姐妹"文明。古罗马最具标志性的文明成果,即《古罗马法》的颁布

与应用。作为一部古法典,具有璀璨的法律思想,在法学史上有重要的历史意义。然而,古罗马严格的社会等级划分下,使《古罗马法》未改变公民对政府单向服从的实然生态,民众的私权利并未获得真正的生长。当古罗马帝国覆灭,西方世界进入了漫长的中世纪,即被后人所谓"黑暗时期",这一时期人们不仅受到王权的控制,也受到教权的控制。在教权、王权的双重控制下,人们的精神生活、世俗生活均遭禁锢。综合,古希腊时期、古罗马时期直至漫长的中世纪,公民的私权利并未得到保障,现代意义上的"公民"实际上并未形成,它仅是"奴隶""贵族"等严格划分的不同等级,政府的公权力具有天然的扩张性,能够触及民众的各个方面,在这里的"政府"也与现代意义上的政府有所不同,在它的背后,是相应的王权或是神权。

与古希腊罗马文明相对应,东方社会也出现了早期的东方文明,与之相应的时期称之为传统社会时期,由于特定的地理条件与生活环境,这一时期主要表现为农耕文明。农耕文明下,人们生活模式为日出而作、日落而息,生活区域围绕着土地相对稳定。它不同于游牧文明的迁徙,更多是一种寻求稳定、在土地周边固定的区域生活。在这样的模式下,形成了"家"文化,"血缘和地缘关系,构成了农民生活世界的坐标。"①在以血缘、地缘关系构筑的生活坐标中,血缘、地缘是一种个体性不足的表征。在传统社会,血缘、地缘构筑坐标进一步扩展到"国家","家国同构"的格局基本形成。"家国同构"模式下,对"家"的孝演化为对"国"的忠,即移孝作忠在这一时期具有天然的合理性与正当性,由此,对"国"的忠在这一时期并非一种理性确证下的忠,更多是一种由"孝"的情感推演下的"忠"。君主化身为"国"的代表,民众对君主的服从成为一种天然命令,即民从君是一种天然法则。君主也在"国"获得的天然性与正当性中获得一种至上的光环,君主背后所附着的公权力往往具有一种天然的傲慢,如"君要臣死、臣不得不死"便是明证,君主是否能够继续稳固自身的

---

① 廖申白:《交往生活的公共性转变》,北京师范大学出版社 2007 年版,第 33—34 页。

地位或谁为君主,这一类命题主要依靠基于血缘基础上的"承袭论",并非臣民的意愿或拥护。诚然,当君主违背民意,大部分民众起而反抗,君主则可能面临倒台的风险。但即便如此,在以血缘为依据的"承袭论"背景下,君主的权力建构更多是一种天然的合法性与正当性。在此背景下,公民与政府,实则更多是臣民与君主,它们之间呈现的是一种单向服从关系。

政府与公民是公共治理的主体,权力与权利的互动关系是公共治理的隐喻逻辑。政府与公民的单向服从关系下,公共治理制度化呈现一种权力为主导的建构模式。具体来说,主要表现在:一是公共治理制度化建构的盲从性。公共治理归根结底是以"人民为中心"的治理,人民本位是公共治理的本质旨归,"公共善"的旨归偏向归根结底就是最广大人民的根本利益。"人民为中心"的治理中,人民应具有一定的主体性与参与感。然而,在公民的单向服从关系下,公民的主体性被遮蔽,权力处于公共治理的中心地位,公民处于一种被矮化的境遇。以权力为主导的公共治理,公共治理制度化偏好更多的是一种权力主导的制度化偏好,即权力在制度化中起到重要作用,甚至是决定性作用,而个体则成为一种"附属物"或是"旁观者"。回望西方古希腊时期,公民与奴隶的分野,古罗马时期,贵族与底层民众的分化,东方传统社会时期,君君,臣臣,父父,子子的束缚,普通民众更多是处于一种被动服从的状态或是一种臣服奴役的境况,在此背景下,公民的主体性消融于权力编织的治理网中,公共治理制度化建构中公民的主体性实际上处于遮蔽状态,呈现一种盲从性。二是公共治理制度化建构的单向性。公共治理是一个自上而下与自下而上的互动过程,然而,在这一时期政府与公民的单向服从下,公共治理更多只有自上而下的单向建构,因此,严格意义上这一时期并不存在公共治理,公共治理是在国家与社会形成一定分化、政府与公民形成一定互动下的产物。管窥这一时期的治理,它主要是一种自上而下的单向建构,公共治理制度化建构同样呈现一种单向性。公共治理制度化建构不再是自上而下与自下而上的商讨、协调、互动的过程,而是一种自上而下的"命令式"建构。公共治理制度化的根基主要并不在于民众的"同意",更多的是基于"权力的专断"或是"权力的专制"。这一时期,权力何以获得至高无上的正当性与合法性,主要与民众的主体性意识有较大关联,在"君权神授"或是"上帝旨意"的绝对命令下,权力随即获得了绝对的正当性与合法性。当民众对君权、王权或神权置以一定的否定或是质疑时,则会直接被认定为违背天意或是违背上帝旨意。在此背景下,民众对公权更多是一种服从甚至是盲从,公共治理制度化建构呈现自上而下的单向性。三是公共治理制度化建构的强制性。在政府与公民的单向服从下,公共治理制度化并非在协商基础上的建构,其背后的运行法则实际上是一种强制性的建构。关于何为权力,国内外学者有多种解读,尽管解读视角不一,但强制性是权力背后的共同密码,强制性构筑了权力何以成为权力的重要因素。公民对政府呈现一种单向服从时,公共治理的制度化建构主要是一种以权力为主导的强制性建构,即是在权力的指挥棒下的"硬性"要求或是"刚性"建构,而非在协商、互动、讨论、商谈的协商建构。简言之,在政府与公民的单向服从下,公共治理制度化建构的盲从性、单向性、强制性,形塑了公共治理制度化的权力建构表征。

二、政府与公民的服务导向:公共治理制度化的权利建构

当人的主体性逐步张扬,政府与公民呈现一种服务导向,个体渐渐对政府服务发出了"最强音"。然而,权利与义务是统一的,没有无权利的义务,也没有无义务的权利,权利与义务从来都是一个辩证的统一体。当只要权利,不谈义务的私权利张扬上演时,公共治理制度化呈现一种权利建构状态。需要指出,权力作为具有强制力保障的一种能力,在政府与公民的服务导向下,并非指权力已退隐或是权力被遮蔽。政府与公民的服务导向下公共治理制度化的权利建构,更多的是相对于政府与公民的服从导向时,公共治理制度化的权力建构而言,这一时期伴随着个人主体性张扬,呈现一种权利伸张的生态。考察世界各国,政府与公民的服务导向下公共治理制度化的权利建构,在近现代的

东西方同样均有一定程度的显现。

　　审视走出漫长的中世纪的西方，它是在轰轰烈烈地打破教权、王权的宗教改革下走出的。在打破禁锢人们的教权、王权下，主体开启了"人的复归"，从"主体性的黄昏"迈向"主体性的黎明"，人的主体性在这一时期渐渐得到确证与肯定，尤其是历经文艺复兴、启蒙运动后，人的思想进一步获得解放，人的权利意识得到了前所未有的生长。西方在走出中世纪后，伴随着资产阶级在与各阶级的斗争中获得领导地位，通过各种资本积累的方式，资本主义生产方式在西方得以确立。资本主义生产方式的本质较之以往任何时期带来了极大的生产力发展，也导致了人与人的关系只余下赤裸裸的金钱关系。马克思、恩格斯在《共产党宣言》中就极为睿智地写道："资产阶级撕下了罩在家庭关系上的温情脉脉的面纱，把这种关系变成了纯粹的金钱关系。"①在赤裸裸、冷漠的金钱关系下，利益、效率渐渐成为衡量各个领域的通用标尺。效率至上、利益至上成为人们毫无避讳的口号，"消费狂欢""享乐至上"则是与之相伴生的价值取向。在"生产—分配—交换—消费"的一般意义上言说的"消费"行为发生了转变，"消费"在某种程度上转化为一种符号层面上的意义，成为人的一种身份符号和地位象征，人们更加注重的是体现消费者身份、地位和财富的消费物品的符号性追求，而非消费物品本身所具有的实用价值和功能需求。消费已不仅仅是与生产意义相对的消费，它是一种"为消费而消费"的"消费狂欢"，消费往往不是因生产而促动，而是因消费所指代的符号而消费。符号指代的是一种身份符号、一种价值选择、一种认同归属，当消费与符号相连，消费背后即可能引发相应的价值判断与价值选择。"消费狂欢""享乐至上"的价值取向，在面对个体与他者关系时，肆意地喊出"自我为中心"的傲慢法则，由此催生的则是一种只讲权利、不谈责任的权利导向。在具体的"我之为我"的宣扬中，政府与公民形成一种服务导向，即要求政府对公民兑现"服务"。需

---

　　① 《马克思恩格斯选集》第1卷，人民出版社2012年版，第403页。

要指出,只讲权利、不谈责任、义务的导向,最终的走向一定是权利的虚无,甚至可能陷入一种人类世界的"丛林法则",即"弱肉强食",强者占有,弱者淘汰。人的主体性在此境遇中一方面是主体性的张扬,但与之相伴的另一方面则是主体性的式微。真实的主体性是权利与责任的统一体,权利与义务的统一体,当每个个体均强调自我利益至上、效率效益至上,每个个体最终必然无法形塑真正的主体性。由此,西方学者面对近现代,尤其是现代化进程中暴露出来的弊端,发出了"单向度的人""现代性的隐忧""现代性的五大面孔"等不同程度的担忧与警惕。

考察东方社会,在从传统社会迈向现代化的进程中,既有基于东方社会固有发展基础上的发展特色,也有在追赶西方现代化进程中留下西方烙印。在和传统旧有模式的突破中,市场化渐渐成为发展的必然趋势。马克思也曾颇有远见地预料:"过去那种地方的和民族的自给自足和闭关自守状态,被各民族的各方面的互相往来和各方面的互相依赖所代替了。"①"资产阶级,由于开拓了世界市场,使一切国家的生产和消费都成为世界性的了。"②世界市场的开拓,既使所有国家的生产和消费均被赋予了世界性性质,也使原有的相对闭关的、自给自足的东方社会融入世界发展的进程,即全球化进程。在此过程中,市场经济的浪潮成为东方社会追赶现代化进程的鲜明印迹。根据生产力与生产关系、经济基础与上层建筑相互作用的原理,在市场经济的浪潮中个体跳出了原有的土地或是狭隘的血缘为基础的生活境遇,在生活坐标层面不再是原有的地缘、血缘构筑的生活坐标。在此背景下,人们原有的"集体主义"的意识呈现式微之势,个体与传统的联结也在一定程度上松绑。从传统的血缘与地缘跳出的个体,一方面感受到前所未有的自由,另一方面在自由的口号要求权利的最大化。曾经的"君权""王权""权威"等在自由的标榜中不再有一种绝对的强制性、神秘性,"传统"也不再附着一种力量,个体似乎迎来"自

---

① 《马克思恩格斯选集》第 1 卷,人民出版社 2012 年版,第 404 页。
② 《马克思恩格斯选集》第 1 卷,人民出版社 2012 年版,第 404 页。

我的狂欢"。"我消费故我在"的价值观念一定程度上也对东方社会有所影响,公民也在"消费的狂欢"中更加强调"为我的服务"。在政府与公民的关系中,也出现了一种服务导向,政府是人民的政府,政府服务为人民是一个根本要求,然而,政府对人民的服务是建立在人民遵循相应的责任与义务基础上。在此指明的政府与公民的服务导向,更多指的是个体过度要求一种服务,而不考虑责任或是不履行义务,与之相应的则是形塑了一种"原子化的个人"或是"单向度的个人"。原子化的个人既奉行自恋式的新教伦理,又对责任与担当抱一种冷漠或是逃避的姿态。在此背景下,公共治理制度化也呈现过分强调权利意识的建构取向。可见,近现代的东方也呈现某种政府与公民的服务导向下的公共治理制度化的权利建构。总之,政府与公民的服务导向相对于政府与公民的服从导向,是一个历史的进步,它更为尊重"人"本身,强调人作为人自身的价值所在,但只强调一方的服务,而规避自身的责任,显然也是无法持续发展,由此,这一时期的公共治理制度化建构仍然存在一定的不完善或是局限性。

政府与公民的服务导向下,公共治理制度化呈现一种以权利为主导的建构模式。具体来说,主要表现在:一是公共治理制度化建构的私密性。公共治理是以"公共善"导向的治理,然而,在强调政府单向地服务公民时,公共治理制度化建构亦呈现一种私密性。公共治理归根结底是要寻求最大的"公共善",然而,当每个个体均诉诸自身的利益,最大的"公共善"亦无法达成。最大的"公共善"是在每个个体诉诸自身的正当利益,同时考虑他人利益的环境中获得的一种彼此关照,并达致的包容各自利益的一个最大同心圆。当个体冲破传统的束缚,在众神狂欢中往往陷入一种"虚无"或是极致的个人主义。公共治理制度化建构的私密性,实则是每个个体过度诉诸个体利益,进而在制度化建构中呈现对公共性一定程度的侵蚀。二是公共治理制度化建构的不确定性。从传统社会中走出的个体,一方面在拥抱前所未有的自由,另一方面亦陷入最大程度的不确定性。政府与公民的服务导向模式下,公民一方面在极力伸张个体的权利,另一方面对"我是谁""我要到哪里去"等问题又处于一种模糊不解的境地。在此境遇中,个体对自身的需求与方向实则是一种不确定状态,在公共治理制度化建构中同样面临陷入不确定性。"我们生活在一个不确定的世界中,在这样的世界中,我们变得日益自由,然而问题是,我们不再有安全感,一切变得琢磨不定,难以预测。"①这是鲍曼对现代化社会发出的一种慨叹。三是公共治理制度化建构的委托性。当个体在堆积的"消费"中沉迷时,个体对公共事务、公共参与、公共生活呈现一种冷漠性,在公共治理制度化建构中呈现一种以委托替代真实参与的境况。个体一方面诉诸个体的权利,另一方面对于公共参与等相关的事务亦表现出一种冷淡,甚至视之为个体义务的承担。由此,在政府与公民服务导向模式下,公共治理制度化建构呈现委托性。需要指出,公共治理制度化的权利建构较之于公共治理制度化的权力建构具有历史进步性,它为走向权利与权力的互动奠定了基础。同时需要认识到,公共治理制度化的权利建构并不表明权力在其中作用缺失甚至消失,仅仅是表明在公民单向强调政府服务、规避相应的责任义务导向下,公共治理制度化建构呈现一种权利为主导的模式。简言之,在政府与公民的服务导向下,公共治理制度化建构的私密性、不确定性、委托性,形塑了公共治理制度化的权利建构表征。

三、政府与公民的双向互动:公共治理制度化的责任建构

从应然视角考察,政府与公民的单向服从关系下公民的主体性发挥不足,政治与公民的服务导向下公民的责任担当不充分,政府与公民的双向互动既有利于公民的主体性发挥,也内在要求公民的责任担当。从权力与权利关系的隐秘视角考察,政府与公民的双向互动关系实际上表征为权力与权利的互动机理,即公权力受到相应的制衡、私权利呈现权利与责任相统一的正当。在

①　[英]齐格蒙·鲍曼:《后现代性及其缺憾》,郁建立、李静韬译,学林出版社2002年版,中译本序第4页。

此背景下,政府与公民形成一种有机的互动,形成一种正向的互补效应,推进公共治理制度化走向责任建构。

政府是国家权力的行使者,国家权力依据权力的具体运用指向,可分为"专断性权力和基础性权力"①。依据美国学者迈克尔·曼的观点,专断性权力具有极强的强制性,它主要是不经具体的协商和沟通而直接由政府行使的权力。基础性权力则与此不同,基础性权力主要是在国家与社会层面或是在社会领域层面,经协商、沟通、讨论而由政府行使的权力。专断性权力、基础性权力都是国家权力的重要组成部分,但两种权力的不同运用指向要求国家权力在行使中应依据不同情况行使不同性质的国家权力,同时要求在不同历史时期,依据不同社会状况,优化专断性权力和基础性权力的组合及相关比重。权力与权利关系的命题,一直是学界关注的重点问题,也是各学派始终探讨的重点议题。围绕权力与权利的内在关系,学界大体有自由主义、共和主义、社群主义、国家主义等不同观点。自由主义更倾向于个人权利最大化,强调个人权利至上,以个人自由为最高价值目标,强调个人权利的意义与价值。共和主义也强调权利的保障与伸张,但它侧重于通过在集体中协商、讨论的方式保障相应的个体权利与价值。社群主义强调社群的力量,强调人与人之间社会规约协调权力与权利的关系。国家主义则注重权力对于保障私权利的重要性,强调权力的强制性有利于私权利的维护。透过以上对不同学派的解读,不难看出,不同学派虽然侧重点有所不同,但均强调权力与权利的内在互动。审视权力与权利的特性,权力与权利的关系处理,直接影响政府与公民的相互关系。考虑权力的特性,如孟德斯鸠所指出的权力具有天然的僭越性,它曾将权力比喻为一匹野马,以此形象地表达权力的一种扩张性,从应然视角审视,权力与权利的有机互动,则要求对权力有一定的制衡。权力在与权利的互动中,不能过度扩张,具体到专断性权力与基础性权力的占比中,应有相应的基础性

① 〔英〕迈克尔·曼:《国家的自主权:起源、机制与结果》,王永香译,载郭忠华、郭台辉主编:《当代国家理论:基础与前沿》,广东人民出版社2017年版,第49页。

权力的比重,在社会良性发展的时期,基础性权力应增加相应的比重。考察权利的特性,权利亦有一定的私密性,权利的伸张中天然指向个体的权利获得与保障。从应然视角审视,权利应获得相应的保障,但权利的伸张应具有相应的正当性。权利在与权力的互动中,不宜过度强调个体的私利,在公共的权利诉求与个体的权利诉求中应增强公共的权利诉求的比重,以保证权利的正当。总之,权力与权利的关系是政府与公民关系的隐秘主题,政府与公民的互动关系背后是权力与权利的良性互动,权力与权利的互动中为公共治理制度化的责任建构奠定重要基础。

权力与权利是否可能走向有机互动、权力与权利如何可能走向有机互动,是政府与公民互动关系呈现需要回答的问题。应该看到,当前我国政府与公民已呈现良性的互动关系,诚然,在具体的一些领域与一些环节,可能还存在一定的权力僭越或是权利过当诉求的境况,但总体而言,政府与公民已呈现良性互动生态。权力与权利的互动关系何以建构,政府与公民何以呈现良性的互动生态,这其中有诸多可探寻的原因,由于篇幅所限,在此主要探讨三点原因:一是权力受相应制衡与权利受相应保障的机制基本形成;权力的扩张本能具有相应的制衡机制,当前公权力内部各要素、法律、社会、个体权利等均能对权利形成一定的制衡,进而形成一定的制衡机制。权力受相应制衡不等于要贬抑权力本身,是指针对权力的扩张本能,通过公权力内部各要素、法律、社会、个体权利等制衡其可能的非正当行使,以保证权力的正当行使,使权力真正为民所用。权利的相应保障机制,主要是在公民身份的确定中、公共利益的维护下、公共参与的秩序中,个体权利得到相应的保障。个体作为公民,即具备相应的权利,权利的行使要求具有相应的保障机制。权利受相应保障不等于要无限伸张权利,是指针对权利可能受到的侵蚀,通过身份识别、公共利益维护、公共参与等,保证权利的保障性与正当性。二是政治输入与政治输出的平衡机制基本形成。美国学者伊斯顿曾将政治各环节比喻为一个"系统","系统"的有效运转,有相应的输入与输出,且系统的输入与输出应保持一种平衡状态。当系统中的输入过大，系统可能无法承载，当系统中的输出过大，系统则可能出现亏空。当前伴随着法治化、民主化等进程的顺利推进，政治输入与政治输出的平衡机制基本形成。政治输入与政治输出的平衡机制为"系统"形成一种良性运转奠定根本的前提与基础，它可以有效规避系统承载过重或规避系统亏空。三是国家与社会之间内在的互动机制基本形成。国家与社会的互动机制是政府与公民形成良性互动关系的重要基础。在市场经济的推进进程中，国家与社会之间从同构一体到有限分离，渐渐形成了一种良好互动机制，与此同时，在权威与自治层面也呈现一种适度匹配与内在呼应的良性机制。总之，当前政府与公民已呈现一定的互动关系，尽管在具体的一些领域与一些环节，还存在一定的权力僭越或是权利过当诉求的境况。政府与公民互动关系生态的建构，得益于诸多的原因，其中至少包括权力受相应制衡与权利受相应保障的机制基本形成、政治输入与政治输出的平衡机制基本形成、国家与社会之间内在的互动机制基本形成等机制的完善与形塑。

公共治理制度化是公共治理走向规范化、秩序化的一种表征，公共治理制度化的权力建构，更多的是权力一维的强势；公共治理制度化的权利建构，呈现更多的则是权利一维的伸张或是一定程度上的过度伸张。在政府与公民的互动关系中，公共治理制度化呈现一种责任建构，它是一种权力与权利有机互动下的建构。具体而言，主要体现在：一是公共治理制度化建构主体明晰权利与义务。政府与公民互动关系下，不再是政治权力一维的强势，或是权利一维的过度伸张，而是权力与权利有机统一的责任建构。在权力与权利有机统一的建构中，主体明晰自身的权利与义务，从一个"原子式的个人"或是"功利式的个人"走向责任化主体，跳出了权力偏胜下主体自主性缺失的盲众性主体人格，或是权利偏胜下主体自主性过度张扬的自负型主体人格，呈现的是明晰自身权利与义务的责任型主体人格。二是公共治理制度化建构指向的最大"公共善"。"公共善"是公共治理的内在旨归，在权利偏胜或权力偏胜的模式下，公共治理都有脱离"公共善"的风险。政府与公民互动下，政府规避了权力僭越下的"善"的迷失,公民规避了张扬权利下的"善"的式微。在政府与公民互动下,公共治理制度化建构指向最大"公共善",回归公共治理的本质。三是公共治理制度化建构互动机制基本形成。公共治理是一种协同治理,不是某一主体的单一治理。在政府与公民互动下,公共治理制度化建构互动机制基本形成,它是一种政府与公民互动下推进的自上而下与自上而下的互动机制。这一互动机制跳出了传统的强制式或是缺席委托式,更多指向一种内在的有机互动。总之,在政府与公民互动关系下,公共治理制度化建构主体明晰权利与义务、指向的最大"公共善"、互动机制基本形成,形塑了公共治理制度化的责任建构表征。

第二节　公共治理制度化的国家与社会结构向度考察

公共治理是一个现代性产物,它是在国家与社会分化后才真正形成的,由此严格意义上的公共治理,在国家与社会未形成分化前并不存在。可见,国家与社会结构直接影响公共治理的原初及其发展,从历史维度考察公共治理制度化,国家与社会结构向度亦是不可或缺的重要向度,有学者亦从"国家—社会"互动关系的视角,探讨了新中国成立 70 多年以来公共治理研究的演化特征、逻辑与动力。① 从国家与社会结构向度考察公共治理制度化的变迁历程,可以得出,国家与社会历经同构一体、有限分离到有机互动的历程,在此境遇下公共治理制度化呈现国家化植入——社会化运行——合理化确证的不同表征。

一、国家与社会的同构一体:公共治理制度化的国家化植入

"社会"一词是大众较为熟悉且运用高频的术语,然而,在论证之前,有必

---

① 孙斐、叶烽、徐淮智:《中国公共治理 70 年研究的演化特征、逻辑与动力——基于 CNKI(1949—2019)的文献计量分析》,《领导科学论坛》2020 年第 19 期。

要就"社会"作简要的解释。"社会"并非涵盖各个方面的广义的"社会",它是与国家相对应的"社会",以社会组织为其具体组织形态。国家与社会同构一体,简言之,国家与社会并没有严格的界分,而是处于一个相互复合交织的状态。在国家与社会同构一体中,依据历史发展的表征,实则是国家覆盖社会,社会并未真正获得生长的历史形态。国家与社会同构一体的历史形态在东西方社会的发展历程中同样能够找寻到相应模式或是印迹。

在西方要追溯至古希腊文明时期,但古希腊文明仍然属于特定生产方式条件下的文明产物,与现代文明有巨大的区别。古希腊时期,国家是以城邦形式存在,通过城邦形式将人们的公共生活与私人生活统一起来,城邦公民实则也并未将公共生活与私人生活有效地界分,公共生活与私人生活往往是一体的,即公共生活是私人生活,私人生活也是公共生活,关心私人事务往往同参与公共事务结合起来,城邦公民将公共生活的参与视为一种"荣誉"或是一种理想的生活方式,倘若逃离公共生活或是不参与公共生活,反而是一种"耻辱"或是会降到如奴隶般的生活。事实上,这一时期公共生活与私人生活的结合也只属于城邦公民,因为奴隶没有参与公共生活的资格,奴隶也没有独立的人格。可见,古希腊时期国家与社会是一体的,城邦与社会生活是相统一的,但它只针对城邦公民而言,奴隶并不能自足地享受私人生活,至多是一种依附于城邦公民的生活模式。较之古希腊时期,古罗马帝国的疆域大大扩展,在其最鼎盛时期,国土面积差不多相当于欧洲版图的三分之二,庞大版图使其不能再完全沿用古希腊的治理方式,民众与国家的关系也与古希腊时期的关系有所不同。在相对狭隘的地域中,古希腊时期国家与社会是直接同一的,更多是一种直接的管理。古罗马帝国由于地域的扩张,国家与社会相对而言已经有了一定的距离,为了规范社会的管理,古罗马法应运而生。然而,需要指出,古罗马的国家与社会较之古希腊已有一定的"间距",但由于真正的"社会"并未真正形成,古罗马的国家与社会属于同构一体的历史阶段。在西方走向中世纪后,教权与王权的双重宰制进一步将国家与社会牢牢统为一体。

虽然教权与王权分属不同的领域,但作为对社会的控制向度,教权与王权实则是同一种权力,在两种权力的交织下,中世纪国家与社会不但未形成相应的分化或分离,反而形成一种更为紧密的同构一体。"在中世纪,人民的生活和国家的生活是同一的。"①马克思认为教权与王权不等于国家与社会的分野,在这一时期国家与社会实际上是同一的。由此可见,国家与社会的同构一体在西方社会的历史进程中有相应的印迹,与二者同构一体相应,现代意义上的公共治理并未形成,它更多的是一种国家主导下自上而下的"统治"。

在东方社会,最具代表性的要追溯到传统社会时期,这一时期东方孕育了伟大的东方文明,在日出而作、日落而息的农耕文明下,孕育了浓厚的"家"文化,血缘与地缘特征交织的稳固的"家族"式文化成为这一时期典型的文化特征。由"家"推演至"国",形成了一种"家天下"的文化形态,在"家天下"的文化生态中形成了"家国同构"的社会格局。"家国同构"是费孝通先生对中国传统社会时期"家""国"关系的经典概述。"家国同构"即"家""国"处于同一结构体系,"由家至国"不需要转换另外的结构体系或是运行方式,两者处于同一种结构模式中。"由家至国"的结构体系中"国"与"家"形成了紧密的联系,在"国"与"家"之间,"社会"无从生长。在此背景下,国家与社会实则也处于同构一体的状态,从精神义理上看,是一种血缘文化延伸下的国家与社会的同构一体,一定程度上即国家与社会同属于血缘为本位的一种同构文化;从政治权力上看,是一个政治权力笼罩下的国家与社会的同构一体,一定程度上即国家权力覆盖社会的各个范围和各个领域下的同构一体。诚然,由于传统社会时期统治模式自身的局限性,形成了一种"皇权不下县"的实质境况,在这种体制中,一种"乡绅文化"孕育而生。乡绅实则成为一种对基层社会发挥管理和协调作用的力量,因此,有学者依于此判定乡绅社会是传统社会时期"社会"发育的雏形。以现代意义上的"社会"来审视,乡绅社会显然不同于现

---

① 《马克思恩格斯全集》第 1 卷,人民出版社 1956 年版,第 284 页。

代意义上的与国家相对的"社会",故乡绅社会的发育并未改变传统社会时期国家与社会同构一体的社会表征,将其作为"社会"发育的雏形,具有一定的合理性。由此可见,国家与社会的同构一体在东方社会的历史进程中也有相应的印迹,与国家与社会同构一体相应,现代意义上的公共治理也未形成,更多的是一种"家国同构"社会格局下的政治权力的"统治"。

国家与社会同构一体下公共治理制度化呈现国家化植入的表征。具体表征为:一是公共治理制度化建构的主体向度遮蔽。制度化是一个规范化、有序化的过程,但规范化、有序化不是主体性的宰制,相反,它应是有利于主体性的真实展开。正所谓"无规矩不成方圆",在现代公共治理制度化建构下,主体性不应是一种被宰制的状态,而是一种真实的展开。然而,国家与社会同构一体下,从主体向度考察,公共治理制度化建构主体呈现一种遮蔽状态。海德格尔曾对"遮蔽"有过深刻的哲学解读,提出"存在"是一种向"澄明之境"的解蔽,而遮蔽则是与之相反的一种生成状态。国家与社会同构一体下,主体在相应的宗法共同体或是教会共同体、城邦共同体下实际上受到某种神秘旨意或是绝对权力的束缚,"澄明之境"未曾解蔽,而是处于在绝对化权力或神秘化权力的遮蔽状态下,公共治理制度化建构的主体向度相应也处于遮蔽状态,亦是公共治理制度化国家化植入的具体表征。二是公共治理制度化建构的他者向度规约。公共治理是由"自我"与"他者"的协同治理,它不是单主体的单向式治理,而是多主体的互动式治理。从他者向度考察,公共治理制度化建构应是自我与他者之间一种互动治理。然而,国家与社会同构一体下,公共治理制度化建构的他者向度实则处于一种规约状态。"他者"的展开直接影响公共治理制度化建构的互动性,然而,在君权、王权或是教权的绝对命令下,"他者"被严格束缚,难以真实展开。另外,受相应的生产方式水平的影响,"他者"世界往往也被束缚在相应的地缘、血缘、宗教扩展的界域范围中。国家与社会同构一体下,"他者"在相应的君权、王权或是教权的绝对命令下处于一种规约状态,亦是公共治理制度化国家化植入的具体表征。三是公共治理制度化建构的权威强力主导。国家与社会同构一体,究其实质,是社会消融于国家,公权力在其中占据主导地位。国家与社会同构一体下,公共治理制度化建构呈现权威强力主导表征,即公权力在公共治理制度化建构中占据主导地位。从应然视角审视,公共治理制度化应是多主体在互动中推进制度化建构历程,但在国家与社会同构一体下,公共治理制度化建构实质上是权威强力主导,它呈现的更多是一种自上而下的强制性,公共治理制度化同样附着相应的强制性。国家与社会同构一体下,公共治理制度化在权力占据主导地位下具有明显的自上而下的强制性,亦是公共治理制度化国家化植入的具体表征。总之,国家与社会同构一体下公共治理制度化呈现国家化植入的表征,公共治理制度化建构的主体向度遮蔽、他者向度规约、权威强力主导是国家与社会同构一体下公共治理制度化呈现国家化植入的具体表征。

二、国家与社会的有限分离:公共治理制度化的社会化运行

国家与社会的有限分离是针对国家与社会的同构一体而言的,它特指的是国家与社会从历史的同构一体中出现了一定的分化,国家不再完全"吞噬"社会,社会有所培育与生长,国家与社会之间出现了一定的生长空间。关于国家与社会的关系,既有国家高于社会的关系论,也有社会高于国家的关系论,无论是哪种观点,都指明了国家与社会关系已成为学界关注的重要理论问题。伴随着社会的培育与生长,国家与社会出现了有限分离,国家与社会的有限分离在东西方同样有相应的表征与言说。

在西方,伴随着资产阶级的兴起,它挣脱了中世纪教权与王权的束缚,在以思想启蒙的导引下,市场经济的推进中,国家与社会从同构一体走向了有限分离。传统上国家即社会,社会即国家,在近现代西方渐渐走向了两者的有限分离。然而,关于国家与社会,是社会产生于国家亦是国家产生于社会,梳理西方思想史,呈现不同的理论观点。如霍布斯、洛克、卢梭等从"自然状态"出发,考察国家与社会的关系。"自然状态"即最原初的人与人的状态,尽管霍

布斯、洛克、卢梭的理想基点预设的"自然状态"不同,但他们均指向社会先在于国家,即国家产生于社会。原初的社会可能是"厮杀式"的,也可能是"温情式"的,可能是"浪漫情怀式"的,也可能是"战争丛林式"的,无论哪种形态,启蒙思想家们都阐述了社会先在于国家的观点。与霍布斯、洛克、卢梭等启蒙思想家观点不同,黑格尔提出国家高于社会的观点。在黑格尔看来,国家"是绝对自在自为的理性东西"①。黑格尔认为社会具有自身的局限性,社会的成长需要国家相应要素的干预。审视这些观点,可以看出,无论是社会高于国家,还是国家高于社会,它们均有一定的局限性,未能真正辩证地看待国家与社会的关系。在 19 世纪,马克思在资本主义发展状态上,以历史与逻辑相结合的视角,对国家与社会作出了睿智的科学解读。马克思指出:"国家是社会在一定发展阶段上的产物"②。马克思从历史发展的科学视角,指明了国家是由社会中发展而来,然而,国家与社会的关系,马克思认为并不是单一的,或是单向地将其解读为对立的或是斗争的状态,马克思认为两者可以在"公共利益最大化"的旨归下统一于社会。可见,马克思对国家与社会的解读,为理解国家与社会问题及如何看待国家与社会走向提出了深刻的洞见。从历史发展进程来看,国家与社会的有限分离较之国家与社会的同构一体是一种历史的进步,但必须看到,国家与社会的有限分离并不代表已是一种理想状态,事实上,这可能是因为社会的偏胜而造成过于私密化的风险,也可能是因为国家的偏胜而造成再度集中化的风险。对于国家与社会有限分离下可能面临的风险或是正在面临的风险,西方学者哈贝马斯从公共领域的"再封建化"的论证中进行了阐释。公共领域的"再封建化"即公共领域从公共权力领域与私人领域的分离中再度被公共权力领域的境况,实际上是向国家与社会同构一体的倒退,亦是当前西方社会国家与社会有限分离状态需要规避的风险。

　　在东方追赶西方现代化进程中,在从传统的高度集中的经济体制向市场

---

① ［德］黑格尔:《法哲学原理》,范扬、张企泰译,商务印书馆 1961 年版,第 253 页。
② 《马克思恩格斯选集》第 4 卷,人民出版社 2012 年版,第 186 页。

经济体制迈步的进程中,国家与社会也出现了有限分离。较之于国家与社会同构一体,分离是一个历史上的前进。具体来说,主要有:一是政府层面权力进一步下放,简政放权有效推进。国家与社会同构一体时期,公权力具有绝对至上性,政府也如同一个"大管家",无所不包,无所不管,导致在市场领域政府既是裁判员又是运动员的现象。在国家与社会的有限分离下,在市场领域市场的作用逐步提升,国家与社会较之同构一体时期有更好的互动。政府层面能够有效推进简政放权,促进公权力与私权利的有机互动。二是市场在资源分配中从以权力为本位转向以效益为本位。市场轴心,按其有效性来看,应以效益为本位,然而,在国家与社会同构一体时期,由于社会淹没于国家之中,市场并未真正发育,带有浓厚的行政色彩,市场的运行实际上是以权力为本位,以权力为本位显然违背了市场的运转法则。因此,国家与社会同构一体时期市场并未真正发挥作用,在国家与社会有限分离时期市场领域获得了极大的发展。诚然,需要指出,以效益为本位,在利益的指挥棒下有可能出现突破道德底线甚至法律底线,寻求利益的困境或冲突生态,在国家与社会有限分离时期,需要注重将"有形的手"与"无形的手"有机结合。三是社会组织获得极大发展,社会活力得到有效释放。社会组织是社会发展的重要基础,亦是社会发展的重要指标,伴随着国家与社会的有限分离,社会组织获得极大发展。我国作为东方社会主义大国,在这一时期社会组织也体现快速发展的现状。根据民政部网站发布的 2023 年三季度民政统计数据显示,我国有社会团体37.1 万个,民办非企业单位 50.5 万个,基金会 9516 个。社会组织的培育有利于调动社会各方面积极性,并能够起到促进国家与社会走向良好互动的功能。尽管国家与社会有限分离较之国家与社会同构一体具有进步,但其仍存在一定的局限性。按照丹尼尔·贝尔对政府、市场与社会不同领域的轴心原则理解,国家与社会的有限分离时期,政府、市场与社会各领域均有所进步,但政府领域仍可能出现权力僭越的风险、市场领域仍可能出现利益至上的风险、社会领域仍可能出现自治能力较低的风险。可见,伴随着市场经济的推进,在东方国家与社会也已出现了有限分离,但有限分离仍不是最理想的存在样态,国家与社会需要向良性互动进一步推进。

国家与社会有限分离下公共治理制度化呈现社会化运行的表征。公共治理制度化社会化运行,不是指公共治理制度化由社会建构或是按社会运行法则建构,更多的是指向权力一维的相对退隐后,社会化因素、社会化力量在公共治理制度化建构中的作用与功能显现,具体在建构的主体向度、他者向度、权力向度呈现高扬与迷茫共生、延展与异化共在、权威遵从与冷漠共存的表征。表征为:一是公共治理制度化建构的主体向度高扬与迷茫共生。国家与社会有限分离下,主体向度获得了前所未有的主体性生长,人们纷纷从教权、王权、君权等束缚下挣脱出来,高扬人的主体性。然而,在高扬人的主体性背后也伴生了个体的迷茫。公共治理制度化建构在主体性双重生态的影响下,既强调以人为本,又在迷茫中无所适从,又表征为一种社会化力量的生长,又表征出一种社会混沌中的迷茫。二是公共治理制度化建构的他者向度延展与异化共在。他者向度与主体向度是相伴而生的,主体向度的遮蔽,他者向度必然呈现一种矮化或是萎缩。在主体向度高扬与迷茫共生下,他者向度呈现延展与异化的共在。他者向度的延展主要指在"利"被得到肯认后,"他者"获得一种应然的生长。然而,在"利"的充斥下,"利"的伸张又往往冲破其边界,且在以"利"为目的追逐中导致忘记了"人是目的"的本质,进而导致人与人、人与他人、人与社会、人与自然的异化。公共治理制度化建构要求以人为本,这里的"人"既关切个体人,也关切社会人,公共治理制度化建构的他者向度延展与异化共在,使其在社会人的塑造中呈现一种既张扬又虚无的悖论境地。三是公共治理制度化建构的权威遵从与冷漠共存。在国家与社会有限分离下,公共治理制度化获得了权力与权利的对话空间与参与空间,个体在制度化参与中增强了对权威的遵从感,也增加了对公共治理制度化建构的承认与认知。然而,社会发育的不足、私密性关注的增长,也使个体对公共治理制度化建构呈现一种旁观者姿态,即公共治理制度化建构的权威遵从与冷漠共存。总之,国家与社会有限分离下公共治理制度化呈现社会化运行的表征,公共治理制度化建构的主体向度高扬与迷茫共生、他者向度延展与异化共在、权威遵从与冷漠共存是国家与社会同构一体下公共治理制度化呈现社会化运行的具体表征。

三、国家与社会的有机互动:公共治理制度化的合理化确证

从历史发展的进程来看,国家与社会有限分离较之国家与社会同构一体是一次历史的进步。然而,国家与社会有限分离同样有其内在的困境与风险,分离可能导致公共领域"再封建化"下的国家与社会向同构一体的倒退,或是私人领域过度侵蚀下的国家与社会向过度分散的混乱。可见,国家与社会有限分离、国家与社会同构一体均不是国家与社会的最佳模式。国家与社会的最佳模式是两者的有机互动,即国家遵循自身的法理逻辑、社会遵循自身的自治逻辑,两者互为保障、互为一体,形成一种良性互动的生长生态。尽管国家与社会的有机互动,难以以精确的动态图绘制,但两者何以可能与如何可能有机互动的基本原则与定位是可以清晰解读的。基于此,为推进国家与社会有机互动,有必要明晰国家与社会有机互动的基本原则与定位。

国家与社会的分离是现代性发展的产物,国家与社会的互动是规避现代性内在弊端的内在要求。国家与社会何以可能与如何可能有机互动需要遵循三个基本原则:一是国家与社会二者产生分离但不走向对立。国家与社会形成亲和性分离较之同构一体是一个历史的进步,已被历史实践所证明。在国家与社会同构一体下,社会实际上处于依附国家或是消融于国家的状态。但是国家与社会的分离不能走向对立,对立即国家与社会处于一种相互抗衡的生态,即国家对抗社会、社会对抗国家的抗衡生态。毋庸置疑,国家与社会的对立势必形成一种内耗,两者陷入一种国家强社会弱或是国家弱社会强的"你强我弱"或"我强你弱"的零和博弈生态。国家与社会的有机互动指向是两者的分离但不走向对立,社会挣脱国家的束缚获得生长空间,但社会的生长并不是为了与国家形成抗衡,相反,它是为了与国家形成一种互为保障、互为

提升的共进机制。二是国家与社会二者各司其职而不相互僭越。国家与社会的互为共存在于各有其相应的责任与定位,它们应各司其职,国家履行其政治统治与社会管理的双重职能,运用好专制性权力与基础性权力。专制性权力主要指不与市民社会协商、讨论而强制执行的权力;基础性权力主要指与市场社会协商、讨论下运用于各层面的同意性权力。专制性权力与基础性权力同为国家履行职能的重要权力,国家的"在位"就在于运用好两种权力,履行好统治与管理双重职能。社会的"在位"在于激发社会自主创造活力,激活社会主体性,使社会空间形成一种蓬勃发展之势。国家与社会各有其相应的分工,它们的有机互动就内在要求二者各司其职而不相互僭越,国家僭越社会,可能导致走向"僵化";社会僭越国家,则可能导致走向"分散"。三是国家与社会二者全面运转而不片面运转。国家与社会有机互动下的运转是促进经济、政治、文化、社会、生态等各领域的全面运转,国家与社会不是指一个二维空间,指向的是经济、政治、文化、社会、生态的全面发展,而不是经济、政治、文化、社会、生态某一维的发展或是某几个方面的发展。由此,国家与社会有机互动的内在要求应包括二者全面运转而不是片面运转。总之,国家与社会有机互动,不是一个抽象的宏观的愿景,而具有相应的具体基本原则与内在要求,其有机互动需要遵循二者产生分离但不走向对立、二者各司其职而不相互僭越、二者全面运转而不片面运转的基本原则与内在要求。

在现代进程的推进中,国家与社会从同构一体走向有限分离,在有限分离中,尽管存在公共领域"再封建化"下国家与社会向同构一体倒退的风险,但国家与社会也呈现迈向有机互动的积极信号与发展空间。具体而言,当前国家与社会迈向有机互动的积极面向主要表征在三个方面:一是国家与社会有机互动的制度机制逐步健全。国家与社会有机互动的制度机制有赖于权力与权利的良性互动制度。权力来源于权利的赋予,权利需要权力给予相应的保障,同时权力内在扩张的特性与权利有效行使的要求,需要健全权力制约机制与权利行使机制。当前权力制约机制与权利行使机制逐步形成,在权力制约机制层面,从法律对权力的制约、公权力对公权力的制约、权利对公权力的制约等相关机制逐步形成,在法律、公权力、权利等相关的对权力的制约下,权力制约机制基本形成。在权利行使机制层面,当前从政治权利的保障、社会权利的输出、身份权利的确证等层面保障了个体权利的行使。简言之,在权力与权利良性互动制度的推进中,国家与社会有机互动的制度机制逐步健全。二是国家与社会有机互动的系统运行逐步优化。国家与社会有机互动如同一个大系统,大系统的运行涉及相应的输入与输出,当前在输入与输出逐步平衡二者的系统运行逐步优化。国家与社会有机互动的关键在于输入与输出的平衡,输出大于输入容易导致输入亏空,系统"饱和度"不足,输入大于输出容易导致输入过大,系统"饱和度"过大。简言之,在输入与输出日益平衡的推进中,国家与社会有机互动的系统运行逐步优化。三是国家与社会有机互动的相关场域逐步拓展。根据哈贝马斯对社会运行领域理论的分析,社会运行可分为公共权力领域、公共领域、私人领域,其中公共领域是国家与社会有机互动的重要场域。在国家与社会同构一体时期,公共领域基本难以培育,在国家与社会有限分离时期,公共领域获得一定生长。当前,伴随着公共理性的培育、公共精神的生长,公共领域获得了更大的生长空间。简言之,在公共领域的推进中,国家与社会有机互动的相关场域逐步拓展。总之,国家与社会有机互动的制度机制逐步健全、系统运行逐步优化、相关场域逐步拓展是当前二者迈向有机互动的积极面向。

国家与社会有机互动下公共治理制度化呈现合理化确证的表征。一是公共治理制度化建构的主体向度明晰。国家与社会有机互动下,主体既能够从君权、王权、教权等束缚中走出,也能够从过度的物欲或消费的"幻象"中跳出,在对权利与义务、责任与担当的明确认知中,明晰"我是谁"。公共治理制度化建构是一个具有明确旨归的建构历程,主体向度清晰是明晰旨归的前提与基础。无论是政府、企业或是社会组织、个体,作为公共治理制度化的主体,国家与社会的有机互动,能够帮助相关主体明晰自身的权限与边界,明晰自身的定位与要求,相关主体各司其职而不互相僭越,同时相关主体互为保障、互动促进。简言之,国家与社会有机互动下,从主体向度考察公共治理制度化建构,各主体明晰自身权责,形成一种良性的互为保障机制与对话商谈机制。二是公共治理制度化建构的他者向度确证。公共治理是一个多主体寻求最大"公共善"的治理,他者向度是公共治理的内在尺度。在国家与社会同构一体或是国家与社会相互分离时期,他者向度或是受到权力强制下的异化或是受到欲望充斥下的异化,他者的互动与对话难以形成一种良性机制。国家与社会有机互动下,他者向度跳出了权力强制下的异化,也能够摆脱欲望充斥下的异化,多主体能够在"相互承认"基础上形成一种良性的对话机制,进而推进公共治理指向"公共善"旨归。简言之,国家与社会有机互动下,从他者向度考察公共治理制度化建构,他者向度确证,推进各主体形成良性沟通与对话,促进"公共善"推进。三是公共治理制度化建构的权力权威认同。认同是一种认可、赞同。国家与社会同构一体或是有限分离时期,个体对权力权威或是一种强制性下的服从,或是旁观者式的远离或冷漠,国家与社会有机互动下,在对自身的自觉认识与清晰定位中达至对权力权威的认同。公共治理制度化建构的重要基石在于对权力权威的立场与态度,权力权威的认同是制度化建构的重要义理,制度化本身具有一定的权威效应,国家与社会的有机互动使公共治理的各主体主动参与相应的制度化建构,进而推进公共治理制度化建构的权力权威认同。总之,国家与社会有机互动下公共治理制度化呈现合理化确证的表征,公共治理制度化建构的主体向度明晰、他者向度确证和政治认同是国家与社会有机互动下公共治理制度化呈现合理化确证的具体表征。

第三节 公共治理制度化的国家治理模式向度考察

"制度是社会结构的长期存续的那些方面,而社会结构由在整个集体中普遍存在的那些行为模式构成。"①国家治理模式紧系公共治理制度化样态及发展进程,纵向考察公共治理制度化历程,从国家治理模式向度观测公共治理制度化历程同样是一个必要视角。国家治理模式大体上经历了全能管控型、发展绩效型、社会网络型国家治理模式的变迁历程,与此相应,公共治理制度化呈现塔状结构→环状结构→网状结构的变迁历程。

一、全能管控型国家治理模式:公共治理制度化的塔状结构

全能管控型,顾名思义,国家运行的各个方面均在管控之中,国家扮演一个全能型角色,管控的领域触及方方面面。在中国传统社会时期,在君权神授论的旨意下,君权具有至高无上的权力,君权的触及领地表征为一种全能型模式。尽管在传统社会时期有"皇权不下县"的说法,但"皇权不下县"仅就治理能力而言,从管控理念与模式而言,传统社会时期亦属于全能管控型。诚然,需要指出,中国传统社会时期尚未形成现代国家,主要是一种"家天下"格局,但中国传统社会时期的治理模式对新中国成立后的中国国家治理同样有一定的历史印迹。1949年,新中国成立,现代意义上的国家在中华大地建立,人民真正成了国家的主人,民众从传统的"臣民"转换成"人民"。然而,新中国成立后,由于人口多、底子薄,加之多年战乱的影响,新中国是一个"一穷二白"的中国,为在短期内在一个以农业为主的"一穷二白"的国家建立工业化基础,一种高度集中型的经济体制、政治体制就成为一种必然选择。此外,在新中国成立初期,国外封锁一定程度存在,国民党残存势力企图卷土重来,都要求加大国家的管控能力。在内外矛盾交织的现状下,以苏联模式为纲,开启了新中国的建设,一定程度上开启了全能管控型的国家治理模式。20世纪50年代,通过人民公社、单位制、户籍制,用政治方式将社会力量加以整合,充分发挥了集中力量办大事的优势。在这一时期,通过集中优势人力、物力、财力

---

①　[美]彼得·M.布劳:《社会生活中的交换与权力》,李国武译,商务印书馆2012年版,第399页。

重点突破的方式,在"一穷二白"的基础上,中国奠定了早期工业化基础,也保证了人民的基本生活供应,可以说,在特定的历史时期,它起到了正向的推进作用。诚然,伴随着社会的发展,全能管控型国家治理模式的弊端日益凸显,在这种模式下,政府在经济、政治、文化、社会、生态等各领域均充当着指挥者、监督者和实践者的角色,一个全能型角色必然导致精力不足,进而影响效率的提升及可持续发展。具体来说,这一时期的治理模式是自上而下的调控、运动式动员的模式。自上而下的调控即社会各领域的运行是依托政府自上而下的命令以获得运转,具有较强的强制性与权威性。运动式动员即社会各力量的动员主要是一种运动式,无论是宏观层面、中观层面或是微观层面,都是一种疾风暴雨式的运动型,具有较强的广泛性与普遍性。总之,全能管控型国家治理模式是特定历史时期下的一种必然选择,它为我国国家工业化奠定了基础,也充分体现了集中人力、物力、财力进行重点建设的优势,但该模式在社会发展过程中也日益显露其弊端,如行政色彩过浓、各种力量发挥不足、主体性调动不充分、经济效率较低等,在此背景下相应的改革与优化也必然相伴而至。

全能管控型国家治理模式下公共治理制度化,主要呈现塔状结构。塔状结构是一种层级式的单向性的垒塔式,具体来说表现在以下三个方面:一是治理主体单一化。全能管控型国家治理模式中治理主体是单一的,治理主体仅仅是政府,其他的社会角色,如社会组织、企业组织、个体等不是治理主体,治理主体呈现单一化的表征,政府扮演了一个全能型角色,即经济、政治、文化、社会、生态各个领域均是政府唱主角,它处于治理问题应对的制高点,也是治理法则制定的主导者。在各类治理事务中,政府被视为唯一主体,它既导致效率的低下,也会使政府在有些领域既充当裁判员也充当运动员,不利于权力的监督与制约。二是治理程序单向化。全能管控型国家治理模式中治理程序是单向的,即自上而下。塔状结构就是一个逐级递减的"金字塔"型结构。从政治系统的角度审视,治理程序的单向化就是政治系统主要是输出、输入严重不足。输出既包括政策输出,也包括观念输出。政策输出即自上而下地制定相应政策、法规等并要求自上而下地执行。然而,仅仅是自上而下输出的政策制定,往往会存在制度与理解及执行的"间距",进而导致政策实际输出能力不足。观念输出即自上而下地传播主流思想,并要求自上而下地践行。然而,观念本质上是一种交流,自上而下的强制性输出,也会导致民众出现一种本能性排斥现象,进而导致观念实际输出能力不足的困境。三是治理机制刻板化。全能管控型国家治理模式中治理机制是一种僵化的、固定的模式,尽管它在特定时期、特定事件有利于发挥调动各种资源,集中大量人力、物力、财力的优势,但由于灵活性不足,在纷繁多变及不可预测的环境中易出现变通性不足的困境,它无法因特殊事件的发生,进行应急的紧密部署是因为需要通过层层审批。总之,审视全能管控型国家治理模式下的公共治理制度化,可以得出,治理主体单一化、治理程序单向化、治理机制刻板化是公共治理制度化呈现塔状结构的具体表征。

全能管控型国家治理模式下,公共治理制度化呈现的塔状结构的内在弊端表现在:一是公共治理制度化的多主体力量未能发挥。公共治理本质上是一种协同治理,需要多主体力量的共同发挥。在全能管控型国家治理模式下,公共治理实际上是政府治理,政府充当了一个全能型的角色,在各个领域担当主角。在公共治理领域,政府同样是一个全能型角色,公共治理中其他主体的作用亦未能充分发挥。公共治理制度化是政府治理、市场治理与社会治理之间有机统一的规范化、有序化的变迁过程,制度化内在要求规范化、有序化,规范化、有序化内在要求权力与权利的良性互动,然而当其他治理主体作用未能充分发挥时,权力与权利的良性互动便难以实现,进而影响公共治理制度化的推进。二是公共治理制度化的畅通机制未能健全。从协同治理的要求上审视公共治理制度化,表明建立健全公共治理制度化畅通机制是公共治理制度化有效运行的重要指标。然而,在全能管控型国家治理模式下,公共治理制度化的运行机制实际上是一种单向的、单一的治理,只有一个维度,即自上而下,在上与下之间缺乏有效的沟通。在单向的运行机制中,自上而下的指令可能与自下而上的需求或实际会存在不匹配现象,导致"政令执行不足、需求反映不足"的双重困境。三是公共治理制度化的制度绩效未能展现。制度是一系列规范、规章的总和,制度绩效是指制度实施的效应或预期达至的目标。公共治理制度化是提升制度绩效的重要内容与方式,它的推进指向制度绩效的实现。然而,在全能管控型国家治理模式下,公共治理的制度化推进实际上是在科层体制下的层层推进,尽管这种体制具有易集中、专业化的优点,但每层层级的设置往往会导致效率不高,部门之间严格的分工也可能导致沟通不顺。在处理复杂或突发的公共事件时,公共治理的制度化容易略显滞后,难以及时给予合适的规范与引导。简言之,在全能管控型国家治理模式下,公共治理的制度绩效未能展现。总之,全能管控型国家治理模式是特定时期的产物,在特定时期全能管控型国家治理模式有内在合理性,也在特定时期发挥了自身优势,全能管控型国家治理模式下公共治理制度化是一种塔状结构。总体而言,全能管控型国家治理模式下公共治理制度化的塔状结构暴露其内在弊端,公共治理制度化的多主体力量未能发挥、畅通机制未能健全、制度绩效未能展现。

二、发展绩效型国家治理模式:公共治理制度化的环状结构

发展绩效型国家治理模式,相较于全能管控型国家治理模式,更加注重发展、注重绩效。改革开放以来,我国从"以阶级斗争为纲"转向了"以经济建设为中心",将重心集中到发展经济、推动社会发展上来。在"以经济建设为中心"的方针指导下,我国经济大体上经历了从高度集中型的计划经济体制向有计划的市场经济,计划经济为主、市场调节为辅,再到社会主义市场经济的发展历程。市场也在资源配置中从起基础性作用发展到起决定性作用,这一发展历程表明市场在改革开放进程中发生了重要的变革,在此基础上,"国家—市场—社会"的三维模式也初步形成。依据经济基础决定上层建筑的原理,尽管上层建筑与经济基础的改变不完全同步,但上层建筑总会在经济基础发生改变后发生或快或慢的变革。在经济体制从计划经济体制向社会主义市

场经济体制改革的进程中,政治体制也相应地推进改革,即政治体制改革,我国国家治理模式也在此进程中从全能管控型国家治理模式转向发展绩效型国家治理模式。发展绩效型国家治理模式较之全能管控型国家治理模式,政府不再在各个领域均发挥一个"全能型"的作用。如在资源配置领域,注重发挥市场的作用;在社会自治领域,注重发挥社会组织的力量等。发展绩效型国家治理模式较之全能管控型国家治理模式,在国家治理的效能上,更加强调政府绩效,在提升政府绩效的方式上更加多元化,不再简单地以行政手段提升绩效,注重通过经济手段、法律手段、道德手段等多种方式提升政府绩效;提升政府绩效的考核上也更加务实化,不再简单地以模糊的质性指标考核,也注重量化指标,既注重结果性考核,也注重过程性考核。需要指出,发展绩效型国家治理模式,政府并非其中无足轻重,事实上,政府仍然具有主导作用。政府在国家治理模式中的主导作用是符合我国国情需要的,也是保证国家治理在有序轨道上进行的根本保证。我国作为一个后发现代化国家,人口多与资源有限是客观存在的,在现代化进程中面对各种利益冲突、公共问题、全球化议题,均需要强政府做支撑,强政府能够有力地应对发展中出现的各种问题,尤其是在市场经济变革中由于市场经济不完善而导致的各类问题,均需要一个强政府的支撑。改革开放以来,中国的发展实践已证明,强政府在其中发挥主导作用取得了积极的成效,有力地推进了中国社会主义市场经济改革的有序推进及中国特色社会主义的阔步发展。诚然,当前发展绩效型国家治理模式也出现了一些困境与亟待破解的问题,如政府在其中的主导作用,能够保证国家的宏观调控,在宏观调控层面取得较好效果,但仍然会出现"政府越位"的风险,在政府与市场、社会的关系定位上仍然需要进一步优化。总之,发展绩效型国家治理模式较之全能管控型国家治理模式是一个历史的进步,激发了社会活力,推进了国家与社会的亲和性分离,提升了治理效能,但在发展绩效型国家治理模式中仍然存在政府、市场、社会关系进一步优化的内在要求。

发展绩效型国家治理模式下公共治理制度化呈现环状结构。公共治理制度化环状结构较之公共治理制度化塔状结构,不再是单向的自上而下的塔式,而是有一定纵横交错、相互交织的环形相织。具体来说,一是公共治理制度化主体从单一走向多元。伴随着市场经济的推进,国家与社会从同构一体走向有限分离,公共治理制度化主体从原有的政府一维走向政府、市场、社会的多元主体。多元主体是公共治理的基本保证,公共治理本质上就是多元主体的协同治理,主体的单一使公共治理缺乏基本条件,公共治理主体的多元化为公共治理制度化奠定了基础。二是公共治理制度化程序从自上而下走向双向交织。在全能管控型国家治理模式下,公共治理制度化的程序就是自上而下的,公共治理在"命令—服从"的模式下开展,在发展绩效型国家治理模式下,自下而上的输入式程序、主体间的平行协商式程序有所发展,即公共治理制度化的过程不再是"命令—服从",还有"协商—互动""输入—反馈"等模式,增强了公共治理制度化的民主性与协商性。三是公共治理制度化机制从僵化式走向有限互动式。全能管控型国家治理模式下公共治理制度化机制是在政府的"管控"下推进的,灵活性不足,是一个典型的层级式僵化型机制。发展绩效型国家治理模式下公共治理制度化机制在多元主体的共同参与下呈现一定的互动,即"政府—市场—社会"形成了互动。可见,发展绩效型国家治理模式下公共治理制度化环状结构较之全能管控型国家治理模式下公共治理制度化塔式结构,有较大的进步,但由于国家与社会的有效互动不足,发展绩效型国家治理模式下公共治理制度化环状结构也有其不利面向的表征,具体表现在:一是从政府与市场的关系上看,政府的过度干预仍然存在,政府仍然存在运用政策、法律、权力等手段干预市场的运行。一些地方政府通过保护主义措施影响全国统一市场的形成,削减市场活力;一些行业机构通过行政措施形成某种行业垄断,影响市场的公平竞争。二是从政府与社会的关系上看,社会组织的自主培育仍然不足。政府在社会组织的培育上,仍然存在运用行政性手段多、审批性程序复杂等情况,导致社会组织的自主培育存在不足,影响社会组织的健康发展,进而影响社会组织发挥其治理成效。总之,发展绩效型国家治理模式下公共治理制度化环状结构较之全能管控型国家治理模式下公共治理制度化塔式结构,公共治理制度化主体从单一走向多元、公共治理制度化程序从自上而下走向双向交织、公共治理制度化机制从僵化式走向有限互动式,体现较大的历史进步,但从政府与市场的关系、政府与社会的关系上看,政府的过度干预仍然存在、社会组织的自主培育仍然不足,进而制约了公共治理制度化的有序推进。

发展绩效型国家治理模式下公共治理制度化呈现环状结构,公共治理制度化的环状结构由于更多呈现的是单线条的互动,而非错综的网状型互动,仍然具有其内在的弊端,具体表现在:一是公共治理制度化主体间互动不足。发展绩效型国家治理模式下公共治理制度化主体突破了原有的政府全能管控,市场、社会等力量均参与公共治理制度化进程。然而,由于传统的政府职能惯性,加之市场自身发育不足、社会组织培育不充分,政府、市场、社会间的互动仍然不充分。如在政府与市场关系上,既要更好地发挥政府作用,又要使市场在资源配置中起决定性作用。然而,当前在资源配置中仍然存在政府干预现象,影响市场在资源配置中作用的发挥。如在政府与社会关系上,既要发挥政府主导作用,也要发挥社会组织的自主性。然而,当前在社会组织的自主性层面也存在政府干预现象,影响社会组织的作用发挥。可见,公共治理制度化主体间仍然存在某种程度的"强政府悖论",公共治理制度化主体间互动不足。二是公共治理制度化程序畅通性不足。公共治理制度化程序是否畅通直接影响公共治理制度化水平与效率,公共治理制度化的环状结构并未实现多角度的网状式互通,在具体的程序机制中仍然存在输入与输出的不平衡。在当前输入与输出的机制上,仍然存在输出大于输入的现象,进而影响公共治理制度化程序的畅通性。可见,公共治理制度化程序畅通性不足亦是公共治理制度化环状结构中的内在弊端。三是公共治理制度化效能转化不足。将制度优势转化为制度效能是制度优化的内在要求,当前公共治理制度化依托中国特色社会主义政治制度、经济制度、文化制度,具有植根于中国国情的内在优势,然而,公共治理制度化环状结构并未有效发挥其自身效能,公共治理制度化效能转化不足。可见,公共治理制度化效能转化不足是公共治理制度化环状结构中不足的又一表征。总之,发展绩效型国家治理模式是在市场经济推进后呈现的一种国家治理模式,它较之全能管控型国家治理模式,改变了政府全能型的一维管控,极大地激发了多元主体的力量,在多元主体的合力中推进发展绩效,极大地提升了治理效能。发展绩效型国家治理模式是对全能管控型国家治理模式的一个突破,符合历史发展进程要求,是一个伟大进步。发展绩效型国家治理模式下公共治理制度化呈现一种环状结构,它使公共治理制度化主体从单一走向多元、公共治理制度化程序从自上而下走向双向交织、公共治理制度化机制从僵化式走向有限互动式,但发展绩效型国家治理模式公共治理的环状结构仍有其内在的不足,即公共治理制度化主体间互动不足、程序畅通性不足、效能转化不足。

三、社会网络型国家治理模式:公共治理制度化的网状结构

审视全能管控型国家治理模式、发展绩效型国家治理模式,可以看出,全能管控型国家治理模式是特定时期的产物,在特定时期发挥了重要作用,但伴随着社会发展,全能管控型国家治理模式暴露出其内在弊端,如行政色彩过浓、各种力量发挥不足、主体性调动不充分、经济效率较低等。发展绩效型国家治理模式是在全能管控型国家治理模式上的改革与完善,更好地发挥了多主体的力量、提升了经济效率、注重发展绩效、降低了行政色彩,但仍然未能做到"政府—市场—社会"的良性互动,政府的过度干预仍然一定程度存在。发展绩效型国家治理模式的弊端要求国家治理模式进一步优化与完善。进入21世纪,伴随着全球化、信息化、市场化的深入,社会网络型国家治理模式呼之欲出,社会网络型国家治理模式逐渐成为国家治理模式优化与改进的方向。社会网络型国家治理模式注重"政府—市场—社会"的良性互动,在政府维度

强调服务型政府理念。服务型政府要求政府更加注重公平、更加注重民生。当代中国改革开放进入深水区,政府既不能退回传统的"全能型"政府,也不能推崇西方的"小政府",面对各种利益的交织与变革,政府必须是一个强有力的责任担当的政府。诚然,强政府并不代表专制或是完全的集中,其本质上是以为人民服务为旨归,它的"管理"中有"服务","服务"中有"管理",能够有机地将"管理"与"服务"结合起来,使政府既不退回至"全能型"政府,也不缩小至"小政府"或是"代议制"政府。政府既能做好服务,也能在市场领域、社会自治领域,更好地发挥主导作用。在市场维度,市场既能在资源配置中起决定性作用,又能与政府及社会形成良性互动,使政府在其中发挥主导作用,同时使社会在其中发挥相应的能动作用。在社会维度,社会组织发挥其相应的自治功能,同时与政府及市场形成良性互动,使政府在其中发挥主导作用,同时使市场在其中发挥相应的推进作用。总之,社会网络型国家治理模式是在发展绩效型国家治理模式上的完善与优化,它是社会发展到一定阶段的应然要求。社会网络型国家治理模式下"政府—市场—社会"形成有机互动,政府维度,政府是一个服务型政府,同时也能在市场、社会自治领域发挥主导作用;市场维度,市场是一个自律型市场,同时在资源配置中发挥决定性作用;社会维度,社会是一个自治型状态,同时与政府、市场形成有机互动与支持。总体而言,社会网络型国家治理模式是一种"强政府—强社会"的国家治理模式。

社会网络型国家治理模式下公共治理制度化呈现网状结构。网状结构是一个在垂直联系中添加横向联系的互为交织的结构。公共治理制度化的网状结构是多元公共行动主体在共同的时空生态中以捍卫与发展公共利益为旨归的共同合作、共享权限、共治事务的一种结构。公共治理制度化网状结构具有以下特征:一是政府主导下的多主体参与。公共治理制度化网状结构意味着它是由多方力量共同编织形成的一个网状。社会网络型国家治理模式下公共治理制度化具备政府、社会组织、企业、非政府部门、公民个体等多种主体,但多种主体并不意味力量均衡,在整个网状结构中具有一个"核心节点",这个"核心节点"就是政府。政府在公共治理制度化中要承担一个主导作用,在公共治理制度制定前,政府能够发挥主导作用推进公共治理制度的制定;在公共治理制度化推进中,政府能够发挥主导作用推进公共治理制度化的有序运行;在某一项公共治理制度化推进后,政府能够发挥主导作用总结并推进公共治理制度化的优化。二是社会力量的灵活机动。社会力量较之政府具有更强的灵活性,政府由于烦冗的行政机构,往往具有一定的层级性,在公共事务尤其是公共危机应对中,难以及时灵活应对。社会组织、媒体、公众等在一些公共事务尤其是公共危机刚爆发之初,能够发挥一些灵活机动的角色,充当"先行军"进行有效应对,发挥其自身的优势。社会力量有效地与政府之间形成有机互补,进而避免公共治理中因政府某一方反应不足而导致的弊端。三是多主体间的相互监督。多主体的共存既涉及相互间的支持与合作,也涉及相互间的监督与约束。在公共治理制度化网状结构中,有效地推进政府、市场、社会等不同主体相互保障、相互纠错、相互完善,形成强大的相互监督与约束机制,有效地规避某一方的偏见或狭隘导致的公共利益损失或是公共利益偏轨。四是多主体合作中的公共利益增进。公共利益最大化是公共治理的旨归,社会网络型国家治理模式下公共治理制度化间各主体的合作、监督、支持、约束,最终指向的均是公共利益的增进。在公共治理制度化网状结构中,各方能够优势互补,也能够规避一方的封闭性与狭隘性,如社会力量的灵活性补齐政府机构烦冗庞杂可能造成的滞后性的短板,政府的规划性补齐市场盲目性的短板等,多主体合作最终指向公共利益增进。总之,社会网络型国家治理模式下公共治理制度化呈现网状结构,它在政府主导下的多主体参与、社会力量的灵活机动、多主体间的相互监督中指向公共利益的实现与增进。

社会网络型国家治理模式下公共治理制度化网状结构是一种理想的公共治理制度化结构,如何搭建公共治理制度化网状结构,是公共治理制度化建构需要重视的重要命题。公共治理制度化网状结构如何搭建? 总体而言,建立多主体的联通机制、规范多主体的责任机制、健全多主体的沟通机制、强化多主体的约束机制是公共治理制度化网状结构搭建的重要方式。一是建立多主体的联通机制。公共治理制度化网状结构的搭建首要在于各主体的归位。在各主体的联通中,一方面要加强政府外部系统联通,即政府简政放权,将各主体吸纳进大系统,政府在大系统中统一指导,同时协同各主体的力量发挥;另一方面要加强政府内部各部分联通。政府内部的各部门之间要加强沟通,同时建立信息共享机制,推进政府各部门既能各司其职,又能互通共享,真正建立一个系统内与系统外各就其位又沟通互动的联通机制。二是规范多主体的责任机制。公共治理制度化网状结构的搭建内在要求各主体发挥各自的功能价值,政府在其中担当"统筹者",能够统筹"一盘棋",集中各方面的人力、物力、财力;企业在其中担当"推进者",能够发挥市场活力,推进资源优化配置;社会组织在其中担当"集装箱",能够有效整合各类社会力量,推进社会组织的多维参与;公民在其中担当"生力军",能够积极参与公共治理,有序推进公共治理制度化。三是健全多主体的沟通机制。公共治理制度化网状结构的重要节点是畅通的沟通机制,缺乏有效的沟通机制,网状结构就无法有机结合。为健全多主体的沟通机制,政府在积极落实信息公开、市场要增强透明度、社会组织要公正公开的同时搭建民众建言献策的各类平台,健全多主体的沟通机制。四是强化多主体的约束机制。公共治理制度化网状结构需要相应的约束,否则可能造成"网络的无限膨胀"。在公共治理制度化网状结构中形成一个公权力受监督、私权利行使同样受监督的人人皆监督、人人受监督的约束机制,以此保证公共治理制度化的有序推进。总之,公共治理制度化网状结构是公共治理制度化的应然指向,当前建立多主体的联通机制、规范多主体的责任机制、健全多主体的沟通机制、强化多主体的约束机制是公共治理制度化走向网状治理的内在要求。

第三章　新时代中国社会公共治理制度化的现状审视

　　"共同价值通过大型集体和时间扩展了社会过程,后者是制度化的结果。①""制度对社会结构施加了历史限制,社会结构反过来对个体行为施加了结构限制。②"党的十八大以来,我国社会公共治理领域发生深刻变革,尤其是社会公共治理的制度化取得丰硕成果,彰显出中国特色社会主义制度的显著优势,呈现出社会公共治理制度化建设的美好前景,极大提高了人民群众的获得感、幸福感和安全感,为推动中国特色社会主义事业不断向前发展奠定了强大的基础。但是,在看到成绩的同时,也要看到我国社会公共治理中存在一些不容忽视的问题,既在一定程度上影响着公共治理的成效,也影响着社会公共治理制度化推进,降低社会公共治理质量和效率,阻碍着社会公共治理制度化的创新推进。为此,客观审视我国社会公共治理制度化的主要成效、现实困境及其问题原因,不断满足人民群众对美好生活的向往,是推进新时代中国社会公共治理制度化建设的重要命题。

---

　　①　[美]彼得·M.布劳:《社会生活中的交换与权力》,李国武译,商务印书馆 2012 年版,第 31 页。

　　②　[美]彼得·M.布劳:《社会生活中的交换与权力》,李国武译,商务印书馆 2012 年版,第 400 页。

第一节　新时代中国社会公共治理
制度化的主要成效

"社会关系不仅把个体联合为群体,而且将群体联合为社区和社会。个体之间的交往势必被组织成复杂的社会结构,而这些交往常常被制度化,使组织的形式永久存在下去,远远超越了人的一生。"①由此可知,基层社会治理是国家治理的重要组成部分,关系到现代国家治理效能和社会秩序的规范与整合,是推进社会公共治理制度化的重要使命。新时代,我国大力推动社会公共治理创新,社会公共治理在党的全面领导下,从治理结构、运行程序、机制保障等方面进行了有益的探索和实践,取得了令人瞩目的显著成就,形成独具特色的中国特色社会主义公共治理体系,推动了经济社会的高质量发展,起到了社会"稳压器"和"压舱石"的作用,促进了中国特色社会主义事业的发展。

一、结构性制度创新:夯实公共治理的社会基础

公共治理结构对公共治理成效具有决定性的影响作用,是公共治理的主要、基本的主题。公共治理结构关涉着三个方面,即治理主体的公民资格、治理过程的民主协商、治理主体责权利统一。公共治理结构本质上是公共治理主体在公共治理活动中的地位和职责规定,即治理主体之间的权力、义务和功能的划分与界定。党的十八大以来,我国社会公共治理着眼于完善和构建中国特色社会主义治理体系,积极创新社会公共治理理论和实践,构建党委、政府、社会和公民"四位一体"的公共治理结构,推动着公共治理的现代化进程。在这种共治共享结构中,党委居于核心地位,另外三者协同互助且处于支撑地位,各方利益都必须服从于公共利益达成,始终为实现社会公共利益而协同合

---

① ［美］彼得·M.布劳:《社会生活中的交换与权力》,李国武译,商务印书馆2012年版,第50页。

作。"四位一体"的公共治理结构是我国政府与公民共治共享的典型模式,是政治国家和市民社会的新型关系,是中国特色社会主义公共治理的重大理论创新。其中,中国共产党是领导者、政府是行动者、社会是提供者、公众是实践者,凸显党的核心作用、政府的主导作用、社会的主体作用和公众的参与作用是中国特色社会主义公共治理结构的制度化创新,奠定了中国特色社会主义社会治理体系的坚实基础。

党委领导是核心引领。居于宏观层次的根本制度、中观层次的基本制度和重要制度、微观层次的具体制度,共同构成了中国特色社会主义制度体系的层次结构。其中,党的领导制度作为一种根本领导制度,在中国特色社会主义制度体系中居于统领地位,在制度建设中发挥着统领性作用。"领导制度是社会主义制度的内在要求,而领导制度的质量直接决定着社会主义制度运行的成效、甚至是成败。"①中国共产党的领导是中国特色社会主义的最本质特征,是中国特色社会主义制度的最大优势。理所当然,中国共产党的领导也是中国社会公共治理的最本质特征,也是中国特色社会主义治理体系的根本所在,已经成为中国社会公共治理的制度性安排。在公共治理活动中,中国共产党的领导既确保公共治理的正确政治方向,又为公共治理协调各方力量,更维护着公共利益的正当性和人民性,确保公共治理符合人民意愿、满足人民需要。无论是政治治理、基层治理、贫困治理、生态治理,还是危机治理、治安治理、秩序治理、环境治理等,党的领导都是公共治理的核心领导力量和正确航向,是中国特色社会主义治理体系的引领力量,是社会公共治理中当仁不让的核心主体。中国共产党对中国社会公共治理的领导,为公共事务性问题的解决提供了平台、空间和载体,推动了社会治理的专业化、法治化、科学化和信息化。同时,中国共产党审时度势的战略眼光、敏锐非凡的政治洞察力、无与伦比的组织动员力、超级强大的民心凝聚力,都是中国特色社会主义公共治理走

---

① 林尚立:《当代中国政治:基础与发展》,中国大百科全书出版社 2017 年版,第 363 页。

向"善治"不可或缺的要素,中国共产党理所当然成为社会公共治理的"舵手",与西方资本主义国家的社会公共治理有着本质的区别。我国社会公共治理则属于"国家—社会"之间有机互动的良性演进,彰显出中国特色社会主义的制度安排。实践证明,在脱贫攻坚、疫情防控、抗洪抢险、污染防治等重大公共治理活动中,党的领导发挥出定方向、稳民心、促效率、保稳定的核心作用,体现出党的集中统一领导的显著制度优势,彰显出新时代社会公共治理的本质特色,为推进中国特色社会主义公共治理现代化奠定了良好的基础。因此,党的集中统一领导的制度优势是中国特色社会主义公共治理体系的最重要制度成果,是社会公共治理制度化的重大创新。

政府主导是规范监管。"政府公共供给的范围和水平是国家治理能力的函数。"①现代国家治理关涉诸多领域、诸多维度的制度性安排,党的十九届四中全会聚焦国家治理现代化的这一重大题域,系统总结了推进我国国家治理体系和治理能力现代化的 13 个方面的显著制度优势,反映了要以中国特色社会主义制度优势应对我国国家治理的新要求、新形势、新变化和新矛盾。新时代,我国社会公共治理要发挥政府的主导作用,这是新时代对推进中国社会公共治理现代化所作出的新的制度安排。将之前的"政府负责"改为"政府主导",尽管只有一词之差,但体现出的社会公共治理的理念和职能已经发生重大变化,为实现政府"善治"目标而提出更加明确的要求和指向。我国政府从"全能型政府""管制型政府"开始向"服务型政府"进行转变,政府的边界意识开始觉醒和边界权利开始明确,从而开始致力于创造良好发展环境、提供优质基础服务、维护社会公共利益、保证供给公平正义,不断增强政府治理的效能化、服务力和公信度,建设人民满意的服务型政府。面对新时代我国社会公共治理的新要求和新任务,我国政府主导作用的重点体现在制定公共治理的规划、规则、政策和标准上,提供社会公共治理的基础设施和公共产品,依法行

---

① 　杨宇立:《公共供给与国家治理》,上海社会科学院出版社 2016 年版,第 103 页。

政、依法服务和依法监督,着力保障政治安全、社会秩序、公共安全和基础民生等方面,从而切实增强社会公共治理的广度、深度和效度。我国政府在社会公共治理领域的职能定位转变,从根本上是社会公共治理理念的转变、方式的转变和模式的转变,进一步巩固和优化了党委、政府、市场、社会的"四位一体"的治理结构,特别是我国各级政府创新公共服务形式和载体,通过合同、委托、准入等多元化形式购买公共服务产品,将公共治理的权限向社会开放、内容向市场开放、过程向群众开放,为人民群众提供更丰富、更便捷和更高效的公共服务产品。同时,各级政府也越来越将更多的精力聚焦在规划设计、供给评估、服务监管、关注需求等宏观治理领域,着力提高社会治理的水平和成效。实践证明,在教育、文化、卫生等领域的公共治理中,各级政府充分发挥出强大的规范和监管作用,为推动我国社会公共治理科学化、规范化和制度化提供了强大的动力。因此,政府主导成为新时代中国社会公共治理的极其重要的制度建设成果。

社会组织是多元自治。积极发挥企事业单位、工青妇等群众组织、基层群众性自治组织、其他各类社会组织参与社会治理,努力实现公共事务的多方共同参与治理,是中国社会公共治理制度化的显著特点。激发社会组织活力和动力,是推进社会公共治理多元化和高效化的重要措施,也是弥补党和政府治理缺陷的重要力量。社会组织是现代治理体系中不可或缺的重要组成部分,是推进社会公共治理现代化的重要力量,也是增强公共治理活力和效率的重要手段。党的十八大制定了"五位一体"总体战略布局,将社会建设作为国家战略推进的重要内容,这为发挥社会组织在公共治理中的主体作用提供了根本遵循。调动和发挥各类社会组织的桥梁纽带作用,推进各级政府、社会组织和人民群众的合作共治,成为新时代中国社会公共治理迈向现代化和制度化的科学路径。党的十八大以来,在中国共产党的坚强领导下,通过规范各级政府和社会组织的权利边界,规范市场运行体制,理顺社会组织发展体系,健全社会组织体制机制,改革社会组织管理制度,明确社会组织权责范围,优化社会组织准入门槛,基本实现了权责明晰、依法自治的发展格局,为社会公共治理提供了强大动力和重要保障。同时,加快社会组织的法治建设,营造和优化良好的社会生态,构建开放型的社会组织系统,在政府与社会组织、社会组织与社会组织、社会组织与普通公众之间,形成一种基于社会公共利益的广泛而平等的协作关系,发挥市场组织和社会组织在公共治理中的灵活性、高效性和多元性优势,极大促进中国特色社会主义公共治理体系和治理能力的现代化。实践证明,无论是应急救援、疫情防控、化解风险、国家安全等领域,还是基层社区治理、公共产品供给、公共设施建设、社区养老服务等方面,市场组织和社会组织都发挥出灵活而高效的鲜明特点,推动了我国社会公共治理的高质量发展,为公共治理提供了无限的活力和动力。因此,社会组织规范化参与成为新时代中国社会公共治理的显著制度建设成果。

二、运行性制度创新:提升公共治理的主体效能

完善共建共治共享的社会治理制度,建设人人有责、人人尽责、人人享有的社会治理共同体,这既是优化和完善我国社会治理体系的再拓展和再升华,也是对党的十八大以来中国共产党带领全国人民进行社会治理探索的经验总结和创新发展,体现了中国共产党对社会治理规律认识的进一步升华,为推进新时代中国特色社会主义公共治理机制的有效运行指明了方向。共建共治共享的社会治理运行制度安排,一方面,有利于推进社会公共治理规范化、制度化和有序化,奠定了推动国家治理体系和治理能力现代化的良好基础,为促进我国社会主要矛盾转化、防范化解重大风险、推进改革开放事业蓬勃发展起到了巨大作用,切实增强了人民群众的幸福感、安全感和获得感,凝聚起党和国家建设发展的磅礴力量。另一方面,从根本上体现出以人民为中心的发展理念,本质上是对全体人民公共意志的尊重、对全体人民公共参与的期盼、对全体人民公共利益的敬畏,体现出中国特色社会主义公共治理的价值导向。同时,这种社会公共治理运行制度的创新,体现出多元主体在社会建设任务、社

会治理职责、社会治理成果等方面的协同合作关系,对充分发挥多元化治理主体的效能具有非常重要的激励作用,也有利于推动多元主体依法依规参与社会公共治理过程。简而言之,中国共产党、各级政府、社会组织、普通公众等多元化治理主体,按照共建共治共享的基本制度原则,遵守社会公共治理的基本规章制度,各自发挥其相应作用,形成社会公共治理的强大合力,最大限度提升公共治理的成效,造福广大人民群众,维护着社会和谐稳定。

共建就是共同参与社会建设,属于基础性要求。社会建设是中国特色社会主义"五位一体"总体布局的重要组成部分,覆盖教育、医疗、卫生、就业、收入分配、社会保障、减贫脱贫、社会治理等重要民生领域。社会共建体现在社会治理主体的多元化,其实就是在党委的领导下,通过政府和社会合作,经过制度和政策安排,最大限度发挥市场主体和社会各方力量在教育、文化、卫生、医疗、就业、社保等领域的能动性作用,为人民群众提供更优质的公共服务,满足人民群众对美好生活的需要,不断提高人民群众的幸福指数。参与社会建设的过程,本质上就是社会公共治理的过程,党委、政府和社会三者之间在政策法规范围框架内,围绕社会建设的总体目标和公共利益,采取多元主体分工合作的模式,通过制度供给和产品供给,实现社会建设的基本目标。如武汉百步亭的"六步议事"、杭州西湖区社区网络化治理体系等都体现出多方协调互动、多元化合作的治理思想,是从政府主导的社会管理转向多方协调互动的社会治理的典范,极大满足了当地居民的公共服务需求。随着信息技术的迅猛发展,特别是当今信息传递更快速、便捷和更广泛的现实特点,社会建设主体之间的互动随之变得更广泛、更深入、更频繁,大大提高了多元主体共建的效能,这既推动市场经济的快速发展,也维护着社会秩序的和谐稳定。为此,不难发现,社会共建的具体要求是从"参与"到"互动"的根本转变,重新界定了社会治理主体之间的相互关系,是一种新型的社会公共治理运行机制。总体而言,新的共建治理运行格局是从部分行政权力、部分公众参与的有限治理向服务监督、多元主体互动开放治理的优化递进,是从被动式参与、低效率合作到主动式参与、高效率合作的积极转变,也是从随机性参与、粗放式发展到规范化参与、有序化发展的全面提高,大大提升了社会建设的整体水平和质量。因此,共建的合作式治理有效增进了多元主体的治理效能,提高了社会建设的基本成效。

共治就是共同参与社会治理,属于重要性措施。习近平总书记指出:"要完善基层群众自治机制,调动城乡群众、企事业单位、社会组织自主自治的积极性,打造人人有责、人人尽责的社会治理共同体。"①社会公共治理的共治体现着社会治理主体和手段的多元化,蕴含着社会治理过程的全方位干预,彰显着社会治理力量的多重化,是社会治理的体制机制创新。从共治主体的多元化来看,社会公共治理由过去的政府主导、行政强制为主的刚性手段,转向利用社会各方力量进行合作式社会治理的弹性手段,资源配置方式不断丰富,运行效率不断增强,治理效能不断攀升,群众满意度不断提高。从共治措施的灵活性来看,社会公共治理根据不同的社会问题采取不同的资源整合方法,因地制宜、对症下药,解决问题、服务群众,让公共治理措施更符合实际、更贴近群众、更具有效率,从而提高社会公共治理的社会化、法治化、智能化和专业化水准。从共治过程的贯通性来看,社会公共治理更强调全过程、全方位、全链条的监督干预,换言之就是对事前、事中、事后的全方位深度参与,增强对治理过程的评价和反馈,及时进行优化改进,从而保障社会公共治理朝着理想方向发展,实现公共治理的最终目标。可以看到,社会共治的具体形式是从治理手段单一化、随意化和刚性化向多元化、规范化和弹性化转变,体现出协作化、立体化和高效化的鲜明特点,是一种基于多中心治理的社会公共治理机制。总体而言,新的共治治理运行格局是行政式的刚性治理向合作式的弹性治理的优化转变,是从单一途径治理向多元途径治理的创新转变,是从某个环节治理向全过程治理的深化转变,成为新时代社会公共治理的创新举措和实践,展现出

---

① 《习近平谈治国理政》第三卷,外文出版社 2020 年版,第 353 页。

中国特色社会主义公共治理的效率和特征。因此,共治式的社会治理汇聚了各方力量,其合作化的治理有效提高了运行效率,增强了公共治理的总体效能。

共享就是共同享有治理成果,属于终极性目标。习近平总书记指出:"让广大人民群众共享改革发展成果,是社会主义的本质要求,是社会主义制度优越性的集中体现,是我们党坚持全心全意为人民服务根本宗旨的重要体现。"①"共建""共治"最终都是为实现社会治理成果的"共享"提供保障和路径。顾名思义,"共享"的公共治理格局不是为了某个阶层利益和某部分人的利益,而是让全体人民共享改革发展和社会公共治理的成果,构建团结、安全、和谐、幸福的社会环境,为"共建""共治"提供源源不断的动力和牵引力。在治理价值方面,政府不再单纯追求行政效率和行政权力,而是追求公平正义的公共价值和公共利益,体现出政府的责任担当和民主程序,进而保证政府行为的规范性和公信力,让人民群众得到更多实惠和利益。在经济价值方面,市场也不再单纯追求短期经济利益的最大化,而是基于社会责任寻求最大经济价值,既满足着人民群众的公共服务需要,又促进经济社会的有序发展,进而促进生产力的不断提升。在社会价值方面,社会组织也不再单纯追求规模效应,而是更加注重履行社会责任、促进社会公平、提升运行效率,扩大公共参与和促进公益事业的发展,保证社会治理的公共性和公益性。可以这样认为,"共享"不仅仅是单纯的物质成果共享,更重要的是公共价值、经济价值和社会价值的共享,否则社会公共治理成果共享就是一句空话,就会偏离社会公共治理的价值取向。总体而言,"共享"不是简单化的物质成果和精神成果的平均分配,而是按照中国特色社会主义的制度规范,合理、科学地分配"共建""共治"创造的所有改革发展价值,真正让全体人民共享治理的全部成果,不断拓宽公共治理成果分配的覆盖面,让更多人民群众享受更加优质的公共服务,切实增

① 《习近平谈治国理政》第二卷,外文出版社 2017 年版,第 200 页。

强公共治理的动力源泉和群众基础。因此,共享的社会治理理念有效提升了公共治理能力,体现出中国特色社会主义公共治理的人民性特点。

三、保障性制度创新:聚合公共治理的多元动能

打造共建共治共享的社会治理格局,不仅是新时代中国社会公共治理的客观要求,也是解决我国社会主要矛盾的本质规定,更是推进社会主义现代化强国建设的实际需要。共建共治共享的社会治理制度,是经过实践探索、被实践证明符合我国国情、符合人民意愿、符合社会发展规律的科学制度安排,已成为我国公共治理的制度化格局。为保证社会公共治理始终彰显中国特色社会主义制度的优势,党和国家在领导力量、价值取向、法治规范等方面作出明确制度安排,为推进社会公共治理的社会化、法治化、智能化和专业化提供了强大的制度保障,发挥出社会公共治理的多元化功能,维护着社会稳定和国家安全。保障性制度贯穿于社会公共治理的全过程、全环节和全方位,大大推进了社会公共治理的规范性和有效性,助推了党和国家事业的快速发展。同时,社会公共治理的保障性制度相互衔接、相互贯通和相互关联,构建成一个有机的保障制度体系,充分发挥了制度的规范性和保障性作用,提升了社会治理的整体水平,确保了人民安居乐业、社会安定有序。

党的领导制度落实到位。落实共建共治共享的社会治理制度,必须充分发挥各个主体的作用,形成总体协同推进的合力,才能达到公共治理的最终目标。但要发挥出各个主体的作用,必须坚持和加强党对社会公共治理的全面领导,发挥党总揽全局、协调各方的领导核心作用。中国特色社会主义公共治理结构中,党委居于首要位置,起到全面领导、政治引领和协调力量的重要作用。党的十八大以来,中国社会公共治理始终坚持党的全面领导,将党的领导贯穿于社会治理的全过程、全环节和全方位,党组织的政治领导力、思想引领力、群众组织力、社会号召力等不断增强,起到了稳方向、领四方和聚力量的重大作用,有效地将党的理论优势、政治优势、制度优势和密切联系群众的优势

转化为社会公共治理的效能,为社会公共治理提供了强大的基础保障,社会公共治理成果十分丰硕。我们清楚地看到,在基层治理、应急冲突、灾难救援、脱贫攻坚、生态环境等社会治理中,形成了党组织总揽全局、协调各方的领导制度体系,党组织的管理服务已经延伸到引领、协调、督查等各个环节,构建成区域统筹、分块协同、共建共享的治理格局,拥有了抵御重大风险、化解重大风险的高超水平,已经成为人民群众的"主心骨""定心丸"和"强心剂",在中国特色社会主义事业发展中起到"定盘星"和"压舱石"的重要作用。社会公共治理活动中,党组织发挥出强大的领导力、协调力和凝聚力,实现了多元主体的聚合发展,释放出多元主体的竞争活力,有效降低了公共治理的成本,提升了公共治理的成效,让人民群众享受更优质、更便捷、更普惠的公共服务。同时,社会公共治理反过来也促进了党组织的建设,增强了党组织的内部活力和外部影响力,巩固和深化了党组织的凝聚力和导向力,使中国共产党全面领导社会公共治理的制度安排更加稳固。因此,党领导社会治理的制度创新,拓展了公共治理的结构和功能,推动了社会建设的全方位高质量发展。

以人民为中心的制度彰显有力。习近平总书记强调,要贯彻好党的群众路线,坚持社会治理为了人民,善于把党的优良传统和新技术新手段结合起来,创新组织群众、发动群众的机制,创新为民谋利、为民办事、为民解忧的机制,让群众的聪明才智成为社会治理创新的不竭源泉。我国社会公共治理的力量和智慧来自人民群众,最终目的是让人民群众共享改革和治理成果,从而增强人民群众的满足感、获得感和幸福感,巩固党执政的群众根基,保证党和国家事业基业长青。理所当然,社会公共治理就必须坚持以人民为中心的发展理念,坚持人民群众的主体地位,以人的现实发展为轴心来布局共建共治共享的社会治理制度,将公共治理落实于人的现实发展的实践之中,引导广大人民群众参与到社会公共治理活动中来,不断增强公共治理的参与度、覆盖面和有效性。在我国社会主要矛盾发生转变的时代背景下,人民群众既对物质生活提出更高更优的需求,同时又对精神生活提出更美好更广泛的要求,特别是对公平正义、生态环境、人身安全、文化发展等方面的关注度与日俱增,这些都需要创新社会公共治理理念,不断满足人民群众对美好生活的向往。党中央始终坚持以人民为中心的公共治理导向,把人民至上的价值理念贯穿于疫情防控、养老保障、防止污染、发展教育、改善医疗、保障就业等重大民生领域,有效维护了人民群众的生命健康和生活保障,满足了人民群众基本的公共服务需要,赢得了人民群众的普遍点赞。共建共治共享的社会公共治理制度,本质上就是贯彻人民至上的价值理念,适应了我国经济社会发展的现实需要,尊重了人民群众参与社会治理的意愿,保障了人民群众的合法权益,让人民群众既成为维护社会和谐发展的主体力量,也成为分享社会治理成果的主体力量。因此,以人民为中心的发展思想,既有效扩大了公众参与社会治理的覆盖面和积极性,也增强了公共治理的群众性和价值感,发挥出社会治理的人民参与主体的效能,促进了党和国家事业的健康发展。

法治保障制度作用突出。坚持和拓展中国特色社会主义法治道路是贯穿《中共中央关于全面推进依法治国若干重大问题的决定》的一条红线。法治是国家治理的基本形式,也是实现善治的重要手段。提升社会公共治理质量和水平,要在新的历史条件下,进一步发挥法治保障制度作用,落实好依法治国的基本方略和依法执政的基本方式。因此,实现社会公共治理的现代化,必然要求社会公共治理的法治化。建设共建共治共享的社会治理制度,必须要有完备的法律制度作为支撑,规范各治理主体之间的权责与义务,规范社会建设的运行机制,规范治理成果的公平分配。否则,社会公共治理就会陷入无序的混乱状态,公共治理的成效就会大打折扣,甚至会严重影响中国特色社会主义事业的健康发展。各级党委和政府着眼于构建现代化的公共治理体系,着眼于国家和社会建设的实际需要,着眼于满足人民对美好生活的向往,在市场监管、质量监督、安全防范、社会组织发展、慈善服务管理、社区队伍建设、基层民主建设等众多领域进行立法立规,出台了一系列社会治理相关法律制度,规范了党组织、政府和社会等治理主体的行为边界,制定了社会公共治理的标准和体系,以法律制度调节纷争、化解矛盾,引导人民群众在法律框架下分清是非、认清权责、判断对错,真正将共建共治共享的社会治理制度落到实处、落到细处,大大推进了社会治理的法治化进程,提升了社会公共治理的总体效能。同时,大力完善和优化关于民生领域的法律制度,做好兜底性民生工程和普惠性民生工程,从根源上解决人民群众的实际困难,着力保障和改善民生,大大激发了人民群众参与公共治理的积极性和主动性,保障了社会治理的公平正义。社会公共治理的法治化建设,体现出社会主义治理的优越性,保护了社会的公共利益,保障了人民群众的合法权益,是中国社会建设的重要成果。因此,社会公共治理法治保障的制度安排,不但规范了社会公共治理的途径,彰显了公共治理的价值取向,也体现出社会主义的公平公正,推进了社会公共治理的专业化、规范化和科学化,促进了中国特色社会主义事业的全面发展。

第二节　新时代中国社会公共治理制度化的现实问题

新时代,我国社会主要矛盾的变化,事关中国特色社会主义事业发展全局的历史性变化,对政治、经济、文化、社会、生态等各个领域都提出了许多新要求和新任务。面对新变化、新问题和新挑战,中国社会公共治理制度化建设也碰到一些问题,需要在工作中加以改善和解决,否则会降低人民群众的获得感、幸福感和安全感,阻碍国家治理体系和治理能力现代化的顺利推进。考察新时代中国社会公共治理制度化建设实践,分析多元主体间的关系变化和公共治理机制运行过程,不难发现,制度累积效应、主体认知局限、社会结构转型等诸多方面的问题,会造成社会公共治理制度化的分割化、滞后化和短缺化,进而影响社会公共治理制度化的现实成效。

一、制度累积效应:闭锁公共治理制度化的路径依赖

"治理是各参与者相协调、共同采取行动的过程。规范化的治理首先应该具备的重要条件是该过程的可预期和可控性。换句话说,就是必须有稳定的制度予以保证。"①改革开放以来,市场力量、制度惯性、文化预制三者相互嵌套,既能推进公共治理演进为新的格局,也能使治理主体对制度产生一种惯性依赖,形成一种制度上的负面累积效应,影响公共治理的制度化创新,进而导致公共治理出现内卷化现象。这种制度负面累积效应的重要特征是具有路径依赖,反作用于外在制度的传导和内在制度的演进发展,影响制度创新的方式、内容和速度。新时代社会公共治理制度建设过程中,制度传导的累积效应造成的路径依赖较为明显,社会公共治理的制度系统与其他社会制度相对隔绝,产生配套效应的偏离、及时效应的迟滞、目标效应的落差等诸多现实问题,从而出现制度错位、制度摩擦、制度偏见等不可避免的制度瓶颈现象,削弱了制度建设和传导的效率,公共治理制度化建设成果的效应没有最大限度地发挥出来。同时,社会公共治理制度累积效应的产生,造成的路径依赖延缓着公共治理内部和外部制度的创新,构建成一种基于恶性循环的制度闭锁,也就是既有的制度成果难以发挥出本该有的效果,而外部的环境又无法进入制度系统进行循环,从而影响新时代社会公共治理制度的创新发展。

配套效应的偏离。配套效应属于经济学概念范畴,常指人们为了获得心理平衡而不断配置与其所拥有新物品的相适应物品的现象,折射出一种过度消费的不良现象。这里所说的配套效应,即是公共治理制度传导过程中,表现出来的相关支撑性制度的需求效应和各级政府的制度供给效应等。这种配套效应的制度供给一般由中央政府和省、市、县、乡等各级地方政府构成,他们根据社会公共治理的现实需要,出台从国家到地方的发展规划、实施方案、具体

---

① 杨宇立:《公共供给与国家治理》,上海社会科学院出版社 2016 年版,第 17 页。

细则和制度规范等各级各类制度,造成公共治理制度的累积。党的十八大以来,党中央明确提出共建共治共享的社会治理制度,从国家、省、市和县、乡等各级政府均围绕社会公共治理的改革和创新,出台一系列相关的配套政策、贯彻方案、制度支持和改革举措,形成了自上而下的制度配套效应,大大促进了社会公共治理的制度化建设,推进了公共治理的规范化和法治化,也提升了公共治理的总体效能。但是,考察各级政府出台的配套制度的名称、内容和形式,多数制度规范都被冠以实施意见、实施方案、指导意见、实施细则等重要头衔,这些被称为"在实践中可以操作实施的具体规定、具体细则或实施细则"的制度性配套实施意见,都普遍存在原则性、宏观化和规范化的表态多,而具体可操作化、可实施化和可具体化的指南少,也就是说基本上是大而化之的规范性制度,对推动社会公共治理政策的落实落地落细作用并不显著,甚至有些制度会让基层治理四顾茫然、根本无法执行,严重影响社会公共治理的整体成效。这些空洞空泛且不具体、不可操作的实施细则,让公共治理的主体无所适从、难以操作,甚至陷入无动于衷的尴尬境地,而采取"静默"的无所作为状态,公共管理制度化建设也就出现了偏离实际需要的负面效应。同时,有的配套制度内容存在相互重复重叠、大同小异甚至相互干预的矛盾,制度建设的配套效应不仅没有充分显现积极作用,还一定程度阻碍了公共治理的创新发展,偏离了社会公共治理的价值追求和实践基础,进而出现脱离实际的倾向和违背事实的状态,降低了公共治理制度化效果。

及时效应的迟滞。所谓及时效应,就是公共治理制度传导过程中,理想化的公共政策从诞生到实际效果显现所持续的必要时间。因为,处于不同层级的行动主体对制度变迁的认识、理解、学习、把握、接受和运用,并对新的制度作出最终回应,需要一个持续必要的时间过程。在公共治理的实践过程中,当公共治理制度的传导超出这个必需的时间限度时,就会出现制度效应的时滞,本质上就会降低公共治理制度的作用。通常情况下,公共治理的制度从传导开始,对经济和社会的影响就会随着时间的推移而逐渐推展开来,并且伴随着传导时间的逐渐延续和累积,所产生的作用效果会表现得越来越明显、越来越强烈。但是,在公共治理活动的实际运行过程中,限于制度执行者的能力、供给主体的判断力等各种因素的影响,公共治理制度传导的时滞现象时有发生,影响着制度执行的绩效和公共治理的成效。党的十八大特别是党的十九届四中全会以来,各级政府和所属职能部门根据新时代社会公共治理的新任务和新目标,密集出台各种发展规划、实施意见、指导办法、实施细则等制度规范性文件。推进社会公共治理现代化成为炙手可热的话题,也成为社会建设的主要任务,社会各界的呼声和要求不绝于耳,公共治理制度的回应热闹非凡,一时间公共治理的制度化建设成果丰硕,较好规范和指引着我国社会公共治理实践。但是,其中有些制度规范是少数政府部门迫于压力而作出的政治任务回应,或是少数政府部门一种作秀式、跟风式的常规任务推进,甚或是少数政府部门应付检查的形式主义表现,它们在实践中并没有产生显著成效。林林总总的被动性制度回应,都是及时效应的迟滞现象。社会公共治理的制度回应出现严重滞后,公共治理制度建设的成效严重退却,制度产生的绩效严重降低,进而形成公共治理的被动性制度累积效应。而且这些被动式的制度建设和政治回应,随着时间的延伸和推移,可能存在的负面作用就开始叠加显现,甚至破坏已经规范化的社会公共治理体系,侵蚀已经形成的社会公共治理制度体系,造成公共治理的无序化和混乱化,从而妨碍社会公共治理的健康发展和创新推进。

目标效应的落差。社会公共治理制度建设的基本目标是推动公共治理活动的规范化和科学化,依法依规保障治理主体的合法权益,维护好社会的公共利益,保证每个人平等享有公共服务的成果,构建公平正义、和谐奋进、文明友善、互促互进的良好社会环境,让人人都有出彩的机会、人人都有奋斗的舞台。而所谓目标效应,就是公共治理制度传导过程中,理想化的公共政策所追求的理想预期目标或预期效果。但是,在公共治理的实践中,公共治理制度传导的实际效果往往与理想预期之间存在一定偏差,即公共治理制度产生的实际效果一般会低于理想预期的效果。造成偏差的原因可能多种多样,如制度建设内容不合理、治理主体执行不严格、公众曲解制度规定、制度信息公开不对称等,都可能导致公共治理制度在传导过程中偏离预定的推进路线,从而偏离预期的制度建设目标。党的十八大以来,按照新时代中国特色社会主义事业"五位一体"总体布局,加强和创新社会治理成为中国特色社会主义现代化建设的重要题域,公共治理制度化建设取得长足发展,但是一些藩篱、壁垒还需要进一步打破,比如市场组织和社会组织积极参与基层治理的广度、深度和效度有待进一步拓展。有些公共服务产品的准入门槛还比较高,特别是一些垄断化的公共产品供给还没有提供面向社会开放的制度保障,而且制度的"玻璃门"现象也是时有发生,公共治理制度的传导效应并未完全显现出来,从目前来看,正向的传导效应还不是十分显著。同时,一些关于公共治理的政策、制度和文件无法有效落地落实落细,缺乏链接公共治理实践的有效转化器,甚至一段时间内都处于空转状态,共建共治共享的公共治理制度传导目标还不能完全实现。为此,如何克服公共治理制度的理解误差、执行误差和信息误差,保证公共治理制度传导按照预定轨迹行进,加快传导速度、提高传导效率,尽力缩小实际效果与理想预期之间的差距,增强公共治理制度建设的目标效应,是新时代公共治理制度化建设必须解决的重大问题。否则,公共治理制度的目标效应落差就会越来越大,从而影响公共治理的制度建设成效,成为中国特色社会主义事业发展的制度短板。

二、主体认知局限:挤缩公共治理制度化的时代转型

中国共产党领导下不同治理主体具有不同的角色定位,政府市场、社会组织、人民群众在不同治理领域中发挥着不同的作用。不同治理主体的角色认知、职责认知和法律认知水平,预制着治理主体的公共行动,是社会公共治理走向规范化、制度化和法治化的重要基础。如果治理主体的认知能力受到局限,必然影响治理主体对公共行动的判断,可能导致治理主体行为的越界、越

位和越轨,进而破坏公共治理的正常秩序。因此,治理主体的角色定位关涉权责关系、权力边界、制度供给和治理效能等关键问题,最终决定社会公共治理的总体水平和质量。一般而言,治理主体的认知能力会受到经济发展水平、社会文明程度、个体发展差异、公共参与程度、个体文化素养等众多因素的制约和影响,经济和社会发展程度越高,治理主体的角色认知越准确,公共治理制度建设就越精确,就必然会推动经济社会向前发展。反之,社会公共治理的制度化建设会因为不适应经济社会发展,从而影响国家经济社会的向前发展。当治理主体认知受到限制或落后经济社会发展时,公共治理制度化建设进程就会停滞不前,或者制度建设的基本内容不适应公共治理的外部环境,挤缩着公共治理制度化建设的时代转型,影响着公共治理制度的时代化。今天,某些领域中的政府权力大肆扩张、市场力量频频受限、社会职能无限挤占、公民参与逐渐萎缩等顽瘴痼疾还有蔓延之势,而这些现象在社会公共治理领域的表现更是吊诡,其本质上都蕴含着有的主体认知局限造成的制度转型矛盾,公共治理的制度建设滞后时代发展,成为中国特色社会主义公共治理制度化建设的明显短板。

有的地方基层干部政绩观出现偏差。辩证唯物主义认为,经济基础决定上层建筑,上层建筑反过来对经济基础有能动作用。我们可以这样说,经济基础决定上层建筑的产生、性质和变革,同时,上层建筑对经济基础会产生作用和影响。当两者相互适应时,就会加强和促进经济社会发展,否则削弱和阻碍经济社会发展。因此,作为上层建筑的社会公共治理制度,必须植根于国家经济和社会发展水平,才能匹配社会建设的基本状态,进而推动经济社会的发展。如果经济社会发展水平很高,而公共治理制度建设落后于时代,制度就可能阻碍社会发展;反之,经济社会发展水平较低,而公共治理制度建设超前,制度的功效难以发挥出来,制度建设就形同虚设。因此,作为地方公共事务的管理者,地方基层干部必须树立正确的政绩观,抓住社会发展的主要矛盾,制定契合解决社会主要矛盾的制度体系,推动公共治理制度建设的进程。党的十八大以来,中国特色社会主义进入新时代,这是党和国家事业发展的新的历史方位,经济和社会建设取得显著成效,社会公共治理制度化变革显得尤为迫切,社会发展过程中涌现出的各种矛盾和问题也亟须解决,否则就会危害国家安全。基于对经济社会发展的新判断,党和国家提出共建共治共享的治理制度,社会公共治理一系列配套和执行制度如雨后春笋,但不同地区、不同区域的经济发展水平存在明显差异,而一些地方照搬治理制度建设,忽视了当地经济社会发展的实际,制度发挥的社会效应并不显著,公共治理的效能没有实质性提升。尤其是一些经济社会欠发达区域,直接嫁接发达地区的社会公共治理制度,社会治理的基础不厚实,不同治理主体的角色定位不明确,多元化治理的协同不顺畅,制度运行的体系不规范,公共治理制度出现不适应的状态,社会矛盾没有得到有效的解决和根治,社会建设工作进展不够顺利,影响着人民群众的幸福指数。这种公共治理制度超越当地经济社会发展水平的急功近利现象,在一定程度上反映了有的地方基层干部创造政绩的方式脱离实际情况,甚或超越当地现实条件,缺乏对制度建设的科学判断和有效应对,挤缩着社会治理公共制度的现代化转型,造成制度化建设的总体成效不足。

有的公职人员和机构的权力边界认知模糊。治理主体的职能定位,涉及各个主体的权力边界,影响社会公共治理体系的规范运行,是治理主体协同合作的重要依据和基本前提。各个主体角色定位清晰、责任和义务明确、权力边界精确,就可以在各自的岗位上各司其职地做正确的事,围绕公共利益目标形成强大合力,从而推进社会治理走向善治,让人民群众获得更多普惠性利益。否则,各个治理主体不按照自己的角色定位,越过自身的权力边界,就会出现越位、缺位或错位的情况,甚至各自为政、相互干预、恶性竞争、相互损害,社会公共治理很可能成为牟取个人或集团利益的手段。因此,只有治理主体准确认识到自己在公共活动中的角色定位,社会公共治理制度建设才具有科学性、实践性和合理性,才能够推动公共治理的创新发展。党的十八大以来,从中央政府到地方政府出台多项制度和规范,力图精准划定各主体之间的权力边界,实现社会治理的科学化、系统化和规范化,已取得明显的成效。建设"职责明确、依法行政的政府治理体系"是党的十九届三中全会提出的深化党和国家机构改革的重要目标之一,并进行了全面部署,明确了具体要求,为优化政府机构设置和职能配置、加快转变政府职能、深化行政体制改革,提供了根本遵循,明确了努力方向,但究其根本目的,则是规范不同的公职人员和机构的权力边界。当然,有的公职人员和机构由于其认知角色和职能局限,在某些领域有时无法以公共利益为基准线来开展公共行动,难以准确把握其权力边界或者最大限度运用职责权力,导致在权力行使中存在一定程度的越位或缺位现象,制度建设必然存在难以适应实际发展的情况。有的公职人员和机构以行政权力直接干预或取代市场行为;有些地方政府监管不力,放任市场扩张;有些地方政府政策制定滞后,破坏治理的外部环境;有些地方政府执行不力,制度累积现象较为严重。这些问题在一定程度上折射出治理主体角色定位和认知的不足,导致主体之间的权力失衡,社会公共治理制度化建设由于主体认知的局限性,导致制度成果有时滞后于社会发展的客观现实,一定程度上阻碍了制度创新发展和时代转型,影响社会治理的作用发挥。

有的基层群众性自治组织存在对社会主要矛盾认识的误区。社会主要矛盾是整个社会发展必须围绕其开展工作的核心问题,是推动经济社会发展的重要动力源泉,也是社会公共治理的风向标、指挥棒和导航针,即社会公共治理的目标就是协助解决社会主要矛盾。偏离社会主要矛盾的总体框架,社会公共治理必然脱离社会发展实际,必然无法满足人民群众的美好期待,也必然难以实现社会公共利益,社会公共治理就成为"空中楼阁"。我国社会主要矛盾发生根本性转变,这给社会治理制度建设提出新要求和新任务,也是社会公共治理新的价值追求。新时代,我国社会主要矛盾有了新变化,正确认识社会主要矛盾的转化,是认识社会公共治理现代化,推进制度化建设转型的基础。社会主要矛盾的转化,既体现出中国特色社会主义发展阶段的转化,也体现出人民群众现实需求的转化,更体现出公共治理目标的转化。党的十八大以来,各个治理主体也针对社会主要矛盾的转化,主动回应社会公共治理的需要,推动了社会治理制度建设,形成了一系列重要成果和经验。但是,有的基层群众性自治组织(居民委员会、村民委员会)对社会主要矛盾转化的深刻内涵认识得并不完全准确,甚至没有理解清楚这个矛盾转化的基础和内涵,对不平衡不充分的发展存在某种程度上的片面理解和模糊认识,甚或误认为我国社会主要矛盾的变化可以不受我国社会主义初级阶段这个基本国情的制约,导致在推进社区和乡村治理现代化中出现不同地区"一刀切"的整齐划一模式,这些都背离了我国社会主要矛盾转化的事实,不能真正满足和回应人民群众的公共性诉求。同时,基层群众性自治组织对我国社会主要矛盾的认知不同、理解不同、把握不同,产生的基本判断不同,出现的行动逻辑不同,制定的行为规范不同,这样就会出现"四分五裂"的大杂烩情况,社区和乡村治理制度化建设就难以契合时代发展的要求,也妨碍公共治理制度化的现代推进。

三、社会结构转型:延展公共治理制度化的供给短缺

改革开放40多年以来,社会结构转型是我国新的社会转型的主题与主线。中国社会正在从粗放型市场经济向集约型市场经济社会转型,从工业社会向信息社会转型,从乡村社会向城镇社会转型,从封闭半封闭社会向开放型社会转型,这些都是社会转型的显著标志。同时,社会结构转型意味着经济体制的转变、社会结构变动和社会形态变迁,意蕴着社会资源配置方式和经济发展方式的转变,体现了人们生活方式、价值观念、行为方式、精神需求等方面的明显变化。总体而言,社会结构转型带来的系列转变,深刻影响着社会公共治理,经济体制的转变可能引发公共服务供给方式的变革,社会结构的变动可能影响公共需求的转化,社会形态的变迁可能改变供给主体的结构,这些重大变化都对公共治理制度化建设产生影响。新时代,我国社会结构转型速度和深度加剧,新发展阶段、新发展理念、新发展格局带来了一场划时代的变革,新科学技术、新型产业革命可能成为社会结构转型的重要推动力量,社会公共治理

的理念、内容、手段、载体和制度亦随之发生变化。同时,由于社会结构转型是一个持续发展的过程,社会公共治理的制度回应需要一个周期,从制度供给到效果显现也需要时间,这种时间的叠加会大大延缓公共治理制度的供给,也就是说制度建设的进程跟不上社会转型的速度,社会公共治理的制度供给一定时间内出现短缺现象,从而影响社会公共治理的客观效果。

经济体制转变的影响。"改革既要往有利于增添发展新动力方向前进,也要往有利于维护社会公平正义方向前进,注重从体制机制创新上推进供给侧结构性改革,着力解决制约经济社会发展的体制机制问题"。① 这既是我国全面深化改革的根本遵循和价值导向,也是公共治理制度创新的重要依据。为此,要在全面深化改革的基本视域和基本语境中深化我国社会公共治理的理论认知并考察其适用性,"'全面深化改革'是'公共治理理论有效适用'的基本语境。"②随着全面深化改革不断推进,社会主义市场经济体制彰显出显著优势,人民生活水平实现极大改善和提高。经济体制的转变主要体现在,市场在社会主义国家宏观调控下对资源配置的基础性作用变化为决定性作用,这是对市场作用的全新定位,也是中国特色社会主义市场经济理论的创新发展。这样的作用转变,有利于在全社会正确认知政府和市场之间的关系,有利于转变经济和社会发展方式,有利于转变政府和市场的职能,这是深化经济体制改革的重要举措和基本方向。市场资源配置的作用发生重大转变,必然影响着政府、市场和社会的相互关系,推动社会公共治理主体结构的权力再分配和再重组,从而影响社会公共治理的方式和形式,改变社会公共治理的制度供给需求。党的十八大以来,随着政府机构改革的推进,政府职能发生功能性转变,经济体制更具活力,市场作用明显增强,替代着政府和社会的部分功能,社会公共治理的形式更活、载体更多、效率更高。但是,经济体制改革突出市场

---

① 《习近平谈治国理政》第二卷,外文出版社 2017 年版,第 103 页。

② 魏崇辉:《全面深化改革视域中公共治理理论有效适用论析》,《行政论坛》2017 年第 3 期。

地位和作用,并不是市场起全部作用,更不是完全替代政府和社会的所有职能,而是要求正确处理政府和市场之间的关系,实现两者优势互补、协同合作、共同发展、正向共赢。因此,关于如何理清政府和市场的权力分配,还需要在实践中不断探索、总结和创新,目前社会公共治理的制度化供给还不能完全跟上全面深化改革的进程。那么,在经济体制转型过程中,必然出现挤压政府的主导作用、过度强调市场主体地位等不当现象,这些都是社会公共治理制度建设滞后所产生的恶果,本质上则是公共治理制度的缺失或缺位。同时,社会公共治理制度供给的缺失,又放任着市场组织的无限度野蛮扩张,挤压着政府在公共治理活动中发挥主导作用的空间,甚至可能倒逼政府加强对市场的严厉监管,扰乱了政府和市场之间的良性关系,从而影响着社会公共治理的公平正义。

社会结构变动的影响。社会结构发生急剧变动,主要表现在人口老龄化显现、中产阶层扩大、中产阶层压力增大、农村空壳化严重、大城市与中小城市恶性争夺资源、乡村和城市流动减弱等主要方面,其中又隐藏着社会组织属性、社会成员身份、社会生活方式、社会主体价值等剧烈变化,这些显性和隐性的变化既给中国社会转型带来发展机遇,同时也带来发展的诸多挑战,蕴含着社会矛盾的积聚。那么,社会结构的变动必然会对公共利益、公共价值、公共需求和公共参与等问题产生影响,进而波及公共治理的制度建设、最终目标、手段载体和效果效能,改变着公共治理制度化的进程。党的十八大以来,中国特色社会主义事业取得长足发展,经济社会建设成效显著,人民生活水平大幅提升、城镇化速度明显加快、中等收入群体稳步扩容,"橄榄形"的社会结构正在加速形成,社会公共治理的重点转向精神需求、安全需要、生态环境、公平正义等其他领域,尤其是生态环境、脱贫攻坚、乡村振兴等领域治理成效显著,得到广大人民群众的普遍认可。但是,社会公共治理从传统领域转向新兴领域,必然存在制度建设滞后、手段措施陈旧、运行秩序混乱、初期成效不显著等诸多问题,特别是新兴文化产业、经济与生态协调发展、普惠性教育服务等领域治理还是显得比较滞后，制度化建设成果不多，执行效果还有待检验，一些新问题、新情况还频频出现，甚至出现不断反复的现象，人民群众对有些问题的反映还是较为集中，降低了社会公共治理的效率。有些地方政府重管制、轻治理，搞一刀切的"禁止"，搞名义上的自我保护，挫伤了产业发展的积极性和人民群众的主动性；有些地方政府搞变相治理，对环境污染、文化产业等领域的治理，采取隐瞒式、漂浮式、应付式的虚假治理，没有从根源上解决问题，制度治理的效果不显著。同时，由于一些地方对新领域治理的研判和调查不够，短时间还难以出台规范化、科学化的有效制度，导致政府主导作用发挥不突出、市场自律和社会自治还不够的不良现象，延缓着公共治理制度化供给的进程。

社会形态变迁的影响。社会形态变迁与社会公共治理构成了社会发展进步的双向运动，前者要打破"集体行动的逻辑"，后者要克服"破窗效应"。因此，社会形态变迁不同程度挑战业已形成的社会秩序、社会结构和社会管理，必然影响社会公共治理的规范化和制度化。所谓社会形态变迁，是指从传统社会向现代社会、从农业社会向工业社会、从封闭性社会向开放性社会的变迁发展过程。可以看到，社会形态的变迁意味着生产方式的转变、社会组织结构的转变、利益分配格局的转变、价值观念体系的转变、政府和社会关系的转变等重大变化，这些都必然影响政府、市场和社会的空间结构，改变社会公共治理的发展进程。社会形态转变进程会深刻影响社会治理主体、治理内容、治理机制、治理方式、治理过程等重要内容，公共治理随之发生重大改革，出现新需求和新挑战，促进社会公共治理的革命。党的十八大以来，社会公共治理实践紧跟社会形态的变迁，从政治、经济、文化、社会和生态五大领域出发，全过程、全方位推进社会治理的创新发展，公共治理的制度化、规范化和科学化程度明显提高，社会建设展现出新的气象，人民群众的满意度不断提高。但社会公共治理的制度建设，总体上还不能完全适应社会形态变迁的步伐，社会公共治理的某些政策和制度还是针对农业社会封闭式的社会形态，缺乏对经济全球化浪潮下的城镇化社区制社会的考量，缺乏对全面开放型社会的特点考虑，导致公共治理制度化成效没能有效发挥出来。有一些手段还局限在会议表决、政府供给等方式，而缺乏用信息化和市场化的手段，城镇居民忙于生计而无法广泛参与公共治理活动的矛盾日益突出。这些问题和矛盾都体现出公共治理制度建设的整体情况，还远远落后于社会形态的变迁速度，还不能完全适应人类生产方式、交往方式、生活方式的巨大转变，难以解决社会形态变迁过程中产生的社会问题和重大矛盾。同时，社会变迁本身是一个动态的过程，而公共治理的制度建设本身具有响应周期问题，两者时间和空间上的不对称，也必然导致社会公共治理制度建设的滞后性，外部表征上就显现出制度供给的短缺。

第三节　新时代中国社会公共治理制度化的问题成因

新时代中国特色社会主义公共治理是一场治理理念、治理内容、治理形式和治理制度的深刻变革，成为激发党和国家活力、社会潜力、人民动力的重要载体。从公共治理的主体来看，是党、国家、市场和社会等为实现社会公共利益、满足公众多元需求、推动经济发展而进行的合作共促，而不是各自为政、单打独斗的局部治理；从治理活动的目标来看，公共治理是一种基于公平正义的集体行动，而不是谋求个人私利的个体行动；从治理内容的维度来看，公共治理是全方位治理，包括政治、经济、文化、社会、生态等多个维度；从治理作用的领域来看，公共治理的对象是公共领域的发生，而不是私人领域的发生，体现出鲜明的公共性特征；从治理方式的表现来看，公共治理的方式主要体现在德治与法治并举，而推进决策科学化、民主化和法治化是我国公共治理的基本逻辑。那么，分析国家、市场和社会三者之间的结构矛盾，解析公共治理制度化问题的根源；从私人领域和公共领域的特点、区别、界限等领域，探索公共治理制度化问题的基础；从个人行动和集体行动的偏好选择、动力逻辑等方面，勾勒公共治理制度化问题的形态，有利于正确洞悉新时代中国社会公共治理制度化问题的成因,也为推进公共治理制度化建设提供正确的方向和有益的参考。

一、国家、市场和社会之间结构失调:公共治理制度化式微之源

社会公共治理制度的供给主体就是国家、市场和社会等公共治理活动的多元化主体,从本质职能上讲主要集中在国家身上,但是市场、社会、公众等可以通过参与治理活动,促进党和政府根据公共治理的实际需要制定公共政策,进而推进公共治理制度化建设的总体进程。因此,国家、市场和社会三者之间的关系,成为公共治理制度化建设的重要基础,也是公共治理制度化建设的主要力量。从新中国成立到改革开放前,我国基本上属于政社合一的模式,市场处于闭锁状态,这个时候我国各级政府扮演着“万能型”政府的角色,既提供公共治理制度,也提供公共治理服务。随着改革开放的不断推进,政府和社会逐步分离,市场经济开始萌芽发展,市场和社会开始代替政府行使一些公共服务职能,为推动公共治理制度化提供强大动力,这个时候政府职能开始从服务供给者、政策制定者、效果评价者向政策监督者、活动管理者、治理服务者转变。新时代,我国政府结构职能进一步转变和优化,市场组织进一步规范和发展,社会组织进一步发展和壮大,中国共产党领导下的国家、市场和社会的协同治理结构基本成熟,公共治理制度建设取得显著成效,公共治理整体水平大幅度前进。但限于国家、市场和社会的有机互动和责任协同不够,三者之间的结构存在失衡现象,这样就导致公共治理制度建设的现实问题和挑战。

政府的错位发力。社会公共治理中,政府作为治理的主体之一,不仅承担着具体治理的职责,更承担着提供公共治理制度,监管和服务公共治理活动的重要职责。但由于我国政府形成过程中的历史地位和传统文化的影响,政府在公共治理中的对微观事务干预过多过细依然较为明显,挤占着市场自律和社会自治的发展空间,影响着公共治理制度化的进程。一是政府主导角色的错位。在我国公共治理活动中对政府职能的认识与定位常常产生偏差,存在

着把"政府主导"简单等同于"政府全包",导致实践中政府包揽公共治理的众多角色,特别是在公共治理服务的供给中占据不可动摇的主体地位。在社会安全、公共卫生、危机处理、公共秩序、网络整治、教育资源、环境污染等社会公共治理的各个方面,政府确实承担着非常重要的主导角色,主导着公共治理的实践方向,提供社会公共产品。但政府主导也并不是错位发力的行政主导,政府主导不是简单地下达行政命令,错位发力的行政主导往往会造成政府主导职能定位的偏颇,一定程度上压制了市场、社会等参与公共治理的能力,削弱了政府对公共治理的规划、监督和制度建设,造成公共治理制度建设转型困难,总体上呈现供给不足的问题。二是政府主导空间的缺位。代表国家行使权力的各级政府无论是在公共治理的制度供给,还是社会公共产品供给等诸多领域都占据着最重要的位置,政府主导是推进社会公共治理体系和治理能力现代化的根本所在。为此,容易形成一种错误的认知定式,认为政府推进的公共治理才是真正的治理,才能够引起公众的参与,才具有可信度。久而久之,市场、社会等主体参与公共治理的空间进一步压缩,它们通过参与公共治理进而倒逼政府提供制度供给的载体更少,公共治理制度的供给呈现出单一化来源趋势,延缓着公共治理制度规范化、现代化和多元化的进程,从而造成在市场自律不够、社会自治不足的情况下,政府主导空间也往往存在缺位的现象。三是政府主导事务的越位。推进国家治理现代化,既要对政府与市场的关系进行科学定位,也要充分发挥社会组织的积极作用,加强对社会自治的规范与引导,提升社会自治的现代化与科学化水平,促进群众依法开展自我管理、自我服务、自我教育和自我监督的能力和水平。公共治理的制度出台后,制度传导具有自身规律,但政府在公共治理活动中对微观经济事务和社会事务的过度干预,往往会破坏制度系统的演进规律,造成配套效应的偏离、及时效应的迟滞、目标效应的落差,公共治理制度系统就成为与世隔绝的"孤岛"。同时,政府对微观经济运行干预的过度过细,也有可能损坏公共治理制度系统的内部平衡,造成一些制度和规范成为摆设,根本无法发挥出应有的政府主导作用,制度建设的科学性和实践性也会受到质疑,阻碍着公共治理制度的现代化。

市场力量不完善。市场是伴随着社会分工和商品经济发展到一定程度的产物,它往往通过价格机制、供求机制和竞争机制,依托供求关系而产生价格自然变动,最有效地配置社会资源。由于我国社会主义市场经济体制的不完善,市场参与公共治理的发展时间短,市场的总体力量还比较薄弱,影响着公共治理制度从单一、死板、低效的传统型向多元、灵活、高效的现代化转型。一是市场角色定位不完善。"从孤立隔离的市场变成市场经济,以及从有外力节制的市场变为自律性的市场,其转变的过程是很重要的。"①公共治理的特性是实现公共利益,原则上与实现个人利益的市场格格不入,需要由公共组织来参与完成。事实证明,市场在资源配置中起决定性作用,并不是说市场在社会公共治理活动中起全部作用,其他治理主体就无所作为,但由于对市场参与公共治理的这种错误认知,就会让公众产生市场参与公共治理的目的是攫取个人利润的错觉,严重影响市场在公共治理中的作用发挥,从而导致规范市场主体行为的制度供给不足,政府和市场在公共治理中的职责不明。二是市场力量供给不完善。在政府主导作用下,市场力量参与公共治理的空间受到挤压和限制,一些本该向市场开放的领域没有完全开放,一些向市场开放的领域也存在附加条件,"想进进不去、进去也想退出"的尴尬情况频频上演,公共治理的"公地悲剧"依然存在。长此以往,市场在公共治理中的影响力日趋式微,参与治理而促进制度推进的力量逐渐减小,市场供给制度的动力不足,从而形成一种恶性循环,公共治理制度的建设出现不平衡的矛盾,甚至出现相互抵触的制度,影响着公共治理制度化的功效。三是市场力量保护不完善。哪些事应该由政府、市场、社会来共同承担抑或是各自分担,是转变我国政府职能和深化经济体制改革的重要命题。市场作为参与公共治理的重要主体,是

---

① 〔英〕卡尔·波兰尼:《巨变:当代政治与经济的起源》,社会科学文献出版社 2013 年版,第 130 页。

推动公共治理现代化的重要力量。市场具有自发性和盲目性的特点,在公共治理活动中,必须出台一系列制度和政策,保护和规范市场参与公共治理的途径,从而提高市场参与公共治理的积极性。但是,限于传统观念和功能定位的影响,这种保护性制度和政策并不完善,甚至出现一定程度的短缺使市场力量的发展受到影响,制度供给出现失衡现象。

社会力量欠发达。"使许多人携手共同行动的重要保障,在于让他们相信他们的联合更有利于每个人的利益的实现。"①社会组织是弥补政府和市场参与公共治理不足的有效载体,是提高社会文明程度的重要途径。它既是连接普通民众与政府的桥梁纽带,也是组织动员群众的基本形式,更是人与人之间的互助平台。由于我国起初实行的是政社合一模式,社会组织发育较为缓慢,其规范性和有序性也不够,影响着公共治理的成效,挤缩着公共治理制度化的时代转型。一是社会功能定位偏差。社会组织本身具有整合、协调、维护利益、实现目标等功能,其实这些功能与社会公共治理的目的有不谋而合之处。但是,我国由于政府职能转变的不到位,社会组织在某种意义上是政府触角的延伸,履行着政府部门的职责,提供着行政管理和公共服务的某些职责职能。这种功能定位,从根本上误解了社会组织的作用,削弱着社会组织参与公共治理的动力,阻碍公共治理制度建设的现代化。比如,在社区治安、应急救援、养老互助、秩序维护等公共治理活动中,社会组织既可以是参与者,也可以是组织者,具有政府和市场无法比拟的效果优势,需要更好发挥社会力量在公共事务治理中的有效作用,激发社会创造力。二是社会组织培育缓慢。社会组织的多少和类型关系着社会自治的文明程度,也关系着社会公共参与的组织动员。改革开放以来,我国社会组织持续发展壮大,逐步走向规范化和制度化,为公共治理提供了很好的基础条件。但是相对政府和市场的健康发展而言,社会组织的种类、数量和质量还不能完全适应公共治理的需要,社会组织

①　[法]托克维尔:《论美国的民主》,张晓明编译,北京出版社 2012 年版,第 141 页。

的职能还无法适应新时代发展的需要,总体建设进程还比较缓慢,与中国特色社会主义事业发展还不相符合。事实表明,支持和规范社会组织发展的制度缺位不仅是社会组织发展缓慢的一个重要原因,也是导致社会治理制度化供给存在差距的重要影响因素。三是社会意识觉醒迟钝。一般而言,社会意识是指社会存在在精神领域的反映,是人们实践经验的产物,是共同生活的经历。共同的信仰、价值观念和规范准则等是社会意识的主要外在表征,社会意识是共同性和特殊性的统一,社会意识的现代化是公众参与社会公共治理的前提条件。但是在"前现代、现代和后现代"的三重空间并存中,人们的传统意识、现代意识和后现代意识的相互叠加,影响着人们自主意识和社会意识的成熟与发展,导致人们自主参与公共治理活动的内在动力疲软,公共治理实践活动的参与主体缺乏有效的思想基础。这种社会意识的迟钝,让公共治理的民主参与失去生长的思想土壤,公共治理制度化建设必然落后于经济发展、公众需要和时代进步。

二、私人领域与公共领域的界限模糊:公共治理制度化式微之流

　　伴随着工业化和城镇化进程,私人领域的出现是市民社会产生的标志,而公共部门是市民社会公共需求的提供者。20 世纪末期,随着人类社会工业化进程的开启,公私领域界限越来越模糊,与之相伴,产生了公共生活私人化和私人生活公共化的现代性危机。由于互联网技术的迅猛发展,促进社会分化扩大,私人领域和公共领域相互转化和融合成为主流趋势,横亘在私人领域与公共领域之间的鸿沟进一步缩小,公共治理的作用领域不断拓展。这种重大变化,意味着公共治理内容和对象的重大变化,意味着公共治理手段和载体的重大变化,意味着公共治理制度化的重大变化。那么,我们就需要从私人领域和公共领域融合的视角来考察公共治理的问题,需要从公共治理主体和客体的角度来认知制度化建设。党的十八大以来,社会建设纳入国家战略总体布局,社会建设步伐加快,取得显著成效。但私人领域与公共领域的界限越来越

模糊,导致公共治理的公共性衰弱、规则性破坏和权威性消解,公共治理制度建设内容和效能出现重大变化,影响公共治理制度建设的现代化推进。

公共治理的公共性衰弱。20 世纪末以后,社会领域的极端分化出现逆反现象,公共生活与私人生活之间的界限越来越模糊。也就是说,公共生活呈现私人化的特征,私人生活产生公共化的迹象。这种相互融合过程中,难免出现各种混乱,甚至我们必须承受更大的代价和教训,导致公共治理制度建设的公共价值退化。一是公共价值的没落。代表私人生活的商品交换和家庭生活的日常活动,开始迅速涌向公共领域,特别是两者个体化色彩的内容、规则及人情关系被引入公共领域,让公共部门服务强势利益集团的行为合法化,破坏了公共治理的原有规则和价值理念,这种新管理主义的倾向和私人化的运动,加剧了社会治理公共价值的没落。公共价值的衰弱,必然导致公共治理制度导向的偏离,从一定程度上损害公共服务的公共性,影响社会治理的价值实现。二是公共利益的衰减。阿伦特认为:"古代人必须每天穿越横亘在他们面前的那条鸿沟,越过狭窄的家庭领域,'升入'政治领域。不过,这条鸿沟的消失基本上是一个近代现象。"①生活领域与公共领域的融合,使更多情感化和私人化的利益渗透到公共领域中,政府公共服务被强势利益集团或供给主体的个人利益所裹挟,甚至将个人或集团利益伪装成公共利益,通过公共服务的形式实现,造成社会治理公共利益的衰减。公共利益的衰减,必然导致公共治理制度质量的降低,难以满足公共治理现代化转型的发展,总体上影响新时代制度供给的水平。三是公共服务的变化。鲍曼指出:"没有什么内在的思想和情感是完全私人的,以至于不能公之于众。"②公私领域的逐渐融合,让私人的隐私、意见和需求被抖落在公共空间之中,引发政府和公众的广泛关注,从而

① [美]汉娜·阿伦特:《公共领域和私人领域》,刘锋译,载汪晖、陈燕谷主编:《文化与公共性》,生活·读书·新知三联书店 2005 年版,第 66 页。

② [英]齐格蒙特·鲍曼:《被围困的社会》,郇建立译,江苏人民出版社 2005 年版,第170 页。

形成公共需求来自个体生活实际的新格局,挤占本身具有公共性的议题,公共服务的内容出现重大变化。公共服务的变化,必然导致社会治理内容的转变和形式的转变,迫使公共治理制度化建设的变化,可能造成制度化建设滞后于社会发展,难以适应新时代发展的需要。公共价值的没落、公共利益的衰减、公共服务的变化,本质上就是社会公共治理的公共性衰弱,必然引发公共治理的价值、内容、形式和载体产生变化,公共治理的制度化建设就会出现偏向。

公共治理的规则性破坏。20世纪后期兴起的新公共管理运动,开始注重公共服务的市场化途径,促使私人领域与公共领域的相互融合。私人问题开始占领公共领域和公共空间,而公共性则跨越出公共领域的边界走向私人领域,出现公共性的扩散。伴随着领域的融合,私人领域的规则向公共领域的规则渗透,这种带有明显私人领域和家庭领域的血缘、人情、习俗和惯例等规则,冲击着公共领域的原有规则,造成公共治理规则的破坏,阻碍新时代公共治理制度化建设的进程。一是治理规则的破坏。公共领域的规则带有显著的公共性,体现在制度化建设的导向层面,执行上具有权威性、统一性和规范性,是公共治理活动的基本依据。但私人领域和生活领域对公共领域的侵占,把原本属于私人领域和家庭领域的以利益关系或人际关系为纽带的"规则"带入公共领域,打破了公共治理的运行规则。传统规则的破坏,实质上就是对公共治理制度的整体破坏,取而代之的是维护私人利益或集团利益的"潜规则",导致公众的利益严重受损。可见,公共治理规则的破坏,阻碍着公共治理制度的现代化。二是治理关系的重构。公共治理的活动中,政府的企业化改革,促动社会力量成为公共服务的供给主体,打破政府提供公共服务的垄断地位,也让社会力量承担起公共服务的责任。也就是说,政府和社会的关系被重新塑造,治理者和被治理者之间的界限变得模糊,难以再用传统意义上的"公"和"私"来加以区分。治理关系的重构,让私人领域与公共领域的行动界限发生重大变化,导致公共治理的制度化建设随之变化,影响着制度化推进的进程。三是治理秩序的改变。伴随着公共管理的改革,非政府组织广泛兴起,拓展公共治理主体的载体,大大优化了公共服务,促进了公共治理的制度化。但是非政府组织的发展全面改变着公共治理主体的结构,调节着政府和非政府组织、市场组织和社会组织等治理主体的功能,传统意义上的治理秩序被深刻改变。治理秩序的改变,既丰富着治理主体的功能,拓展着治理主体的范围,又调整着治理主体的力量。

公共治理的权威性消解。传统意义上的公共治理,政府自始至终占据着垄断地位并具有无上权威,公共治理既包括公共服务制度、内容、平台等多方面的供给,也包括公共服务的监督、指导、组织等各方面的管理。人们也似乎理所当然地认为,公共治理就是政府必须承担的责任,具有无可比拟的公信力和可信度。市场组织、社会组织曾经被认为是利益集团追逐利益的工具,并总是以牺牲公共利益为代价牟取私利。一是传统政治的凋敝。传统政治中,政府具有绝对的权威和地位,始终处于公共服务和治理的中心。但随着行业协会、志愿协会、医院等非政府组织的兴盛,它们开始与政府合作竞争,提供公共服务及其供给的治理,让政府更多承担公共政策输出的职责,限制政府机构无限的臃肿庞大,基本形成"小政府、大社会"的政治格局。从根本上讲,这些非政府组织的出现,动摇着政府的传统地位,传统政治开始走向凋敝,新的政治格局逐渐形成,影响着公共治理制度供给的方式和内容。二是亚政治的冲击。随着社会的发展,政治主题和政治形式都发生巨大变化,法定政治体系的边界受到挑战而必须打开边界,吸纳社会各类资源解决变动中的政治问题。亚政治的勃兴也暗示着政治的转型,这种政治变迁既表现在政治体系边界的模糊,也表现为政治制度、政治结构和政治体系的变革。亚政治的兴起,产生对传统政治体系的冲击,政府的权威地位受到动摇,社会的作用受到重视,那么公共服务供给的结构出现变化,社会公共治理的制度化建设随之变动。三是多中心供给的兴起。公共性扩散的结果,意味着管理中心的式微,意味着权威逐渐消解。这个时候,市场组织、公益组织、协会团体、公共个体等都成为公共服务的主体,构建成政府、市场、社会的多中心供给制度,打破一元化的供给模式。

多中心供给模式的兴起,改变着公共服务供给的主体、内容和载体,促进着社会治理主体、内容和载体的变迁,公共治理制度化建设迎来重大变革,造成社会治理制度化建设的进程滞后。可见,传统政治的凋敝、亚政治的冲击和多中心供给的兴起,从根本上打破了政治体系的边界,促进私人领域和公共领域的融合,导致社会公共治理制度供给滞后和不足,阻碍着制度化建设进程的总体推进。

三、个体行动与集体行动的偏好循环:公共治理制度化式微之形

20 世纪 60 年代,美国著名经济学家曼瑟尔·奥尔森基于"理性经济人"假设研究认为,人们不能从集体合作中获得个人利益,而且也不愿意为集体利益而付出努力。但出现"囚徒困境"的博弈局势时,如果人们都因这种经济学的理性而放弃集体行动的时候,就不一定实现帕累托最优,本质上也可能损害每个个体的利益。由于集体内部成员之间利益和目标存在差异,个体利益与集体利益存在分歧,"搭便车""囚徒困境""公地悲剧"等现象就难以避免地出现,这些都影响公共治理的成效,必然影响公共治理制度化推进。改革开放以来,我们国家公共治理逐步走向制度化和规范化,在追求集体基本利益的前提下满足个体偏好。随着物质生活和精神生活的极大丰富,人们不再只满足于基本的公共服务而转向更高质量更具个性的公共服务,必然造成个体行动与集体行动的矛盾更突出。进入新时代,党中央提出一系列保障和改善民生的新理念,公共服务质量明显提高,人民幸福感明显增强,但个体行动与集体行动的矛盾冲突依然强烈,这成为衡量公共治理成效的重要因素,成为公共治理规范化和制度化存在问题的外在表征,影响治理体系和治理能力现代化。

个体行动的利己偏好。个体的行动是一个人要实现某种利益目的而做出的努力行动,体现出利己性、自发性和可变性的显著特点。而在公共治理的整个过程中,个体行动往往是从自己利益出发,试图不付出任何努力,就想从集体利益中获取私利,满足自己对公共服务的基本需要。那么,公共服务中的个

体行动,就可能存在与集体行动不一致的地方,也就是说个体行动的初衷不符合集体利益,或者个体行动对集体行动没有任何作用,公共治理质量和效率就会降低,阻碍公共治理制度化的成效。一是个体行动的利己性。在公共行动中,个体总是首先考虑自己的利益而作出参与公共行动的选择,并且企图从集体行动中获取自己想要的利益。也就是说人们总是不想付出任何代价而搭上公共服务的便车,享受集体行动的利益。那么,从这种个体行动的利己性出发,必然与公共治理制度化的要求相背离,必然与集体行动的个体要求相背离,势必会影响和破坏公共治理过程中的公约、规范和制度,削弱公共治理的规范和制度刚性约束。二是个体行动的自发性。个体行动在公共治理活动中的另一个显著特征是它的自发性,也就是说个体行为存在内在动力的自发性,即个体利益目的。当个体行动都以利己为自发动力时,必然导致各种利益的分歧和割裂,使公共治理活动偏离规范化和制度化的轨道,陷入无序、混乱和野蛮状态。同时,个体行动的自发性对公共治理活动秩序的冲击和破坏,必然会影响公共利益的实现甚至摧毁已经达成的公共价值,本质是个体行动的自食其果与恶性循环。三是个体行动的可变性。个体行动在公共治理活动中追求个人目标和利益,随着环境的不断变化,会选择最有利的方式和措施,实现个人的利益目标。当人们带着利益目的参加公共活动时,会根据公共治理的环境变化和自己的偏好,作出改变参与方式、调整利益期待、加入利益对抗、退出公共行动等决策,增加了公共治理活动的不可控性和不确定性,毫无疑问会破坏公共治理的规范化和制度化。由此可见,个体行动的利己偏好性可能会让公共治理偏离共同价值、陷入混乱无序、增加控制风险,这些都是对公共治理规范化制度化的破坏,表现出公共治理制度的累积和缺失,阻碍公共治理的整体提高。

集体行动的逻辑困境。所谓集体行动,是许多个体参加的、具有很大自发性的制度外的政治行为,从而与选举等制度内的政治集体行为相区别。曼瑟尔·奥尔森就指出,一个具有共同利益的集体并不一定产生集体行动,其根源在于集体内广泛存在"搭便车"现象,因为共同利益作为一种公共物品,成员不付出成本也能坐享收益,所以一个理性的人不会参与集体行动。作为一种人类社会的基本现象,集体行动贯穿于人类社会的始终,也就是说,只要存在单个个体难以实现的公共服务的供给的合作问题,就必然存在集体行动现象。因此,集体行动可能造成公共治理制度的解构,破坏公共治理的规范化。一是公共资源短缺。人们都以理性人的最优选择"不出资",试图搭乘公共服务的"便车",必然导致公共服务供给出现短缺,公共福利不但无法提高甚至出现下降,严重影响公共治理的质量和效率,而且每个人都为了满足自己的利益最大化,必然忽视集体利益,定会过度使用公共服务资源,如公共设施、矿产资源、生态资源、文化古迹等,进而造成公共资源的过度利用和消耗,并可能导致公共服务资源枯竭,最终使人人都面临福利降低的问题,破坏公共治理的制度化。二是公共秩序混沌。由于集体行动的盲目自发性,很可能出现"一哄而上"的无序化市场竞争,形成典型的"囚徒困境"现象。人们从自己的利益最大化角度出发,提供或享受公共服务产品,如果利益竞争出现,就不可避免地出现同一位置上的聚集效应和混乱,进而加剧这种无序化的竞争,既损害个体的利益也损害集体利益。公共治理活动的运动式重复建设、交通堵塞、争抢座位等,这种集体行动的困境让公共秩序陷入混沌,公共治理就陷入无序化,造成人民苦不堪言的结局。三是公共政策失范。公共政策是保证公共治理规范化和制度化的重要载体,是维护公共利益的重要依托。集体行动的困境,让人们习惯于占便宜、搭便车,导致集体行动的静态阻力,即公共政策执行责任不明确、监督责任不贯彻,也就是人们之间的不合作导致公共政策失效或执行失败,公共治理就成为一句空话。加之集体行动的"自利性"长时期腐蚀"公共性",造成"大锅饭"的温床,形成机构臃肿不堪、人员冗余杂乱、政策议而不决等问题,公共治理的效率和价值消失殆尽。

个体和集体博弈失衡。公共治理政策和制度性规则都无法做到十全十美,甚至说任何公共政策的决策过程或规则制定过程都必然面对相互博弈的难题。个体和集体之间的博弈,从根本上讲就是个人利益与公共利益的博弈,即两种利益能否达成一致的问题。公共治理的目标是实现公共利益,进而最大程度满足个体的利益。但是这个过程中,个体总是从自己的利益出发参与公共活动,这就必然导致两者利益上的矛盾冲突,进而可能影响公共治理的有序化推进,甚至可能会损害个人和集体双方的利益,也就是说难以实现帕累托最优。一是独自决定与共同协商未必理性。公共行动中,每个个体都面对种种选择,需要从中作出抉择而实现自己的利益最大化。通常情况下,每个人并不清楚他人的利益选择,只能从自己的角度出发,但这种选择不一定能实现个人利益最大化。同时,当个体之间共同协商时,尽管都彼此了解各自的选择,但由于个体选择之间存在分歧,短时间不一定达成共识而降低效率甚至利益妥协。即使达成共识,实现集体利益最大化,个人利益可能受到损害。可见,独自决定与共同协商都未必理性,都可能降低公共治理成效。二是自由选择与社会效率存在矛盾。阿罗不可能定律,揭示出人的有限性及其悖论,社会选择的方法不可能又高效又自由。人们自由选择最优的方案时,必然以个人利益最大化为前提,可能会导致集体利益无法实现最大化,违背公共治理制度化的价值追求。如果通过集体决策,实现公共利益的最大化,那必然存在工作效率的问题,而且可能无法保证每个人的利益,甚至要以牺牲一部分人的利益作为代价,这也降低了公共治理规范化和制度化的成效。三是个体利益与集体利益存在分歧。在公共行动中,个人与集体的利益通常情况下存在不可调和的矛盾,而公共行动又必须实现公共利益、造福多数个人。平衡个人与集体利益是推动公共治理制度化的重要载体,也是公共政策必须实现的重要目标。但每个个体的利益都存在差异化,集体利益又必须体现出公共性,这种利益上的矛盾很可能导致公共政策的无所适从,甚至公共政策根本无法发挥出有效作用,公共治理制度化建设出现滞涨现象。

第四章　新时代中国社会公共治理
制度化的时代观照

公共治理是现代化进程的产物,以西方主导的现代化进程为滥觞。而国际社会公共治理制度化也是中国社会公共治理制度化必要的参照。从国际视野考察中国社会公共治理制度化的时代优势,是辨清当前中国社会治理诸多问题的重要前提与基础,从国际视野考察中国社会公共治理的时代挑战,是清晰应对中国社会治理困境的重要借鉴。基于中国社会公共治理的制度优势、实然挑战,得出推进中国社会公共治理制度化的时代启示,能为推进中国特色社会主义国家治理体系和治理能力现代化提供具有国际视野的重要参考。

第一节　新时代中国社会公共治理
制度化的时代优势

"治理"这个词源于西方,公共治理一词是否适用于中国,学术界也曾有过相关争论。在国家治理现代化重大战略的推进中,仍有不少学者对中国社会公共治理存在模糊甚至错误的认识,究其原因,即在于未从根源上看到或有意忽视中国社会公共治理的制度优势。由此,从国际视野认清中国社会公共治理制度化的时代优势具有重要理论意义与现实价值。审视中国社会公共治理制度化的时代优势,可以得出,社会主义公有制的制度根基优势,国家与社会有机动力的制度力量优势,满足人民根本利益的制度逻辑优势,体现了中国社会公共治理制度化的时代优势,中国社会公共治理尽管在某些方面呈现与世界其他国家具有相似的共性问题,但其在制度层面上固有的时代优势决定着中国社会公共治理必然有着不同的前景与选择。

一、社会主义公有制的制度根基优势

生产资料所有制是指人们在生产资料所有、占有、支配和使用等方面所结成的经济关系,所有制直接影响人们在生产资料上的所有权、占有权、支配权和使用权。基本经济制度的差异也正是由于所有制关系的差异所决定的。审视中西社会的所有制关系,可以得出,社会主义公有制和资本主义私有制是中西社会所有制的本质差异。制度属于上层建筑,必须适应经济基础的状况,中西社会所有制的本质差异决定了中西社会公共治理制度化在制度根基上的本质差异。中国自 20 世纪 80 年代以来,全面推进社会主义市场经济,逐步建立了以公有制为主体,多种所有制经济共同发展的所有制形式。尽管多种所有制经济共同发展是中国社会主义市场经济的重要特色,但公有制始终占据主体地位。公有制的主体地位,保证了社会主义市场经济能够规避市场经济自身的盲目性等缺陷。资本主义市场经济是建立在私有制基础上的经济制度,绝大部分社会财富由私人占有,决定了其公共治理制度化取向指向特定利益群体的特殊利益。马克思恩格斯生活在资本主义在西方世界兴起的时代,对资本主义有深刻的洞见,对资本主义私有制有深刻的解读,既肯定资本主义相较于以往历史任何时期所取得的巨大生产力进步,也直指资本主义必然面临社会化生产与生产资料私人占有的不可调和的内在矛盾。他们写道:"资产阶级在它的不到一百年的阶级统治中所创造的生产力,比过去一切世代创造的全部生产力还要多,还要大。"①然而,资本主义私有制的本质使其必然每隔

---

① 《马克思恩格斯选集》第 1 卷,人民出版社 2012 年版,第 405 页。

几年发生一次危机,且危机表现得一次比一次严重。"资产阶级的生产关系和交换关系,资产阶级的所有制关系,这个曾经仿佛用法术创造了如此庞大的生产资料和交换手段的现代资产阶级社会,现在像一个魔法师一样不能再支配自己用法术呼唤出来的魔鬼了。"①资本主义私有制是与资本主义社会制度属性相伴而生的,资本主义从其创立之日起,就是裹挟着资本对他人劳动的占有而形成的,就是资产阶级依据其生产资料的占有剥削雇佣劳动的社会制度。"在私法中,现存的所有制关系是作为普遍意志的结果来表达的。"②由此可见,资本主义私有制是西方社会公共治理制度化的制度根基,资本主义私有制也直接决定公共治理制度化的表征与走向。具体而言,一是资本主义私有制决定公共治理制度化是维护资产阶级利益的公共治理制度化。公共治理旨在推进公共利益的最大化,然而,资本主义私有制性质决定西方社会公共治理制度化本质上是维护资产阶级利益的公共治理制度化。西方国家在抗击新冠疫情中表现出的一切都为维护资产阶级利益,是资本主义私有制在历史事件中的生动检验。二是资本主义私有制决定公共治理制度化将以"普遍"的形式推进公共治理制度化。公共治理制度化并不直接标榜其为资产阶级服务,相反,它总是以"普遍"的形式为外衣,标榜群体的普遍利益,推进公共治理制度化。形式上的普遍利益标榜与实质上的资本利益维护、形式上的自由平等与事实上的非自由平等、形式上的主权在民与事实上的主权在资产阶级的三大矛盾,则是深嵌于资本主义社会公共治理体系之中的。三是资本主义私有制决定公共治理制度化无法解决公共与私人的内在矛盾。公共治理制度化旨在应对公共与私人的内在矛盾,然而,资本主义私有制,从其本质上是私人性的。四是资本主义私有制决定公共治理制度化无法解决公共与私人的内在矛盾。缩小贫富差距、扎实推动共同富裕是社会公共性增长的内在要求,然而在资本主义生产方式下,生产资料私有制往往导致社会阶层贫富差距、社会不平等程

---

① 《马克思恩格斯选集》第 1 卷,人民出版社 2012 年版,第 405—406 页。
② 《马克思恩格斯选集》第 1 卷,人民出版社 2012 年版,第 213 页。

度的变化趋势并没有朝着人们所期待的那样越来越小,反而有愈演愈烈之势。

社会主义公有制较之资本主义私有制具有独特的优越性,马克思恩格斯也正是在对私有制深刻揭露的基础上写道:"共产主义革命就是同传统的所有制关系实行最彻底的决裂;毫不奇怪,它在自己的发展进程中要同传统的观念实行最彻底的决裂。"①新时代中国特色社会主义之所以是社会主义,而不是什么其他的主义,就在于其最终指向是共产主义,它始终体现社会主义的本质。社会主义的本质在于在广泛提高和发展生产力的基础上,推进全社会共同富裕。社会主义本质是社会主义之所以为社会主义的本质性规定,也是社会主义优越于资本主义的根本所在。尽管当前中国特色社会主义还未完全消灭剥削,消除两极分化,但中国特色社会主义始终指向社会主义的发展本质。中国特色社会主义的本质指向,归根结底,有赖于始终坚持社会主义公有制的主体地位。由此可见,社会主义公有制是中国社会公共治理的制度根基,生产资料的公有制也直接决定中国社会公共治理具有鲜明的制度优势。具体而言:一是社会主义公有制决定公共治理制度化是维护广大人民利益的公共治理制度化。社会主义公有制本质上即利益成果全民共享的所有制,"人们所奋斗的一切都同利益相关"。当利益成果指向全民共享,其在治理路径、治理方式、治理旨归等层面必然指向广大人民利益的维护,可以说,社会主义公有制是保证公共治理始终指向"公共性",真实地维护最大多数人的最大利益的所有制根基。二是社会主义公有制决定公共治理制度化是真实普遍推进的公共治理制度化。公共治理旨在公共利益最大化,然而,公共治理的利益取向并非标榜即可实现,仅仅靠标榜保证最大多数人利益的公共治理只能是"空中楼阁"。公共治理旨在实现公共利益最大化的制度保证,归根结底是需要经济基础的支持。经济基础的核心在于所有制,即生产资料归谁所有,社会主义公有制指向利益成果全民共享,它决定了公共治理制度化是真实普遍地推进

---

① 《马克思恩格斯选集》第 1 卷,人民出版社 2012 年版,第 421 页。

的公共治理制度化,而非虚假式或是标榜式地推进。三是社会主义公有制决定公共治理制度化是能够解决公共与私人的内在矛盾的公共治理制度化。公共与私人看似有不可调和的矛盾,古往今来,中西学者均围绕"公""私"之争,展开了丰富的探讨,如"兴公灭私""扬公抑私"或是"为私正名"等,在"公""私"之争背后似乎是对公共与私人无法调解的矛盾的呻吟。"公""私"看似无法调解矛盾,其本质上是私益僭越的思维路径,实质上仍是在西方私有制基础上的思维依赖。社会主义公有制从根本上克服了私有制的内在弊端,从制度上捍卫着社会公平正义的价值取向,如马克思曾写道:"在资产阶级所有制关系发生动摇的情况下,公有制的原则立刻就会获得巩固的基础。"[①]在社会主义公有制下,能够从根本上解决公共与私人的内在矛盾,正确处理好个体与集体的关系,实现公益与私益的高度统一,进而有效地推进公共治理制度化。总之,社会主义公有制是中国公共治理制度化的制度根基,它也决定了公共治理制度化是维护广大人民利益的公共治理制度化,是真实普遍地推进的公共治理制度化,是能够解决公共与私人的内在矛盾的公共治理制度化。社会主义公有制和资本主义私有制决定的中西公共治理制度化的制度根基差异,亦是中西公共治理制度化本质差异最突出的表现。

二、国家与社会有机互动的制度力量优势

生产力、科学技术、先进文化是衡量制度整体性优势的重要参量,中国特色社会主义制度所固有的整体性优势也应该在较强的生产力、较好的科学技术水平、较先进的社会文化等层面有所彰显,只有这样,才能真正体现中国特色社会主义制度的优势。当前"西方之乱"与"中国之治"形成了鲜明的对比,社会主义与资本主义在制度力量层面的差异日益被证实。公共治理是国家、市场、社会等各层面的协同治理,在西方,国家与社会的竞争与对立决定了其

---

① 《马克思恩格斯选集》第 1 卷,人民出版社 2012 年版,第 562 页。

在公共治理制度化层面有着内在的制度缺陷,相反,在中国,国家与社会的有机互动决定其在公共治理制度化层面有着固有的内在优势,这种制度优势在经济制度、政治制度和文化制度等领域都有所体现。

经济制度力量优势是在社会主义公有制和资本主义私有制的差异中派生的,中国推进公共治理制度化是在国家与社会建构型基础上推进的公共治理制度化,西方推进公共治理制度化则是在国家与社会抗衡基础上推进的公共治理制度化。国家与社会的二分法最早源于西方,"社会"是在与国家、市场相对应关系中把握的一个范畴,是在与国家、市场良性互动中的一个空间和领域。公共治理是国家、市场、社会等力量的协同治理。在社会主义公有制基础上,中国公共治理呈现的是国家、市场、社会等力量的有效合作。与此相应,在资本主义私有制基础上,西方公共治理实质上是国家、市场、社会等力量的竞争博弈。中国自推行改革开放以来,国家与社会从原有的同构一体逐步迈向有限分离,国家与社会也从原有的国家一维主导走向国家与社会的有机合作。在社会主义公有制基础上保障的国家、市场、社会等力量的有机合作,具体表征为政府不越位、市场不错位、社会不缺位。一是政府不越位。即政府立足人民本位,对公共权力领域与私人领域作出清晰界分,公共权力领域不僭越私人领域,在公共治理层面既做好政府宏观统筹的职责,又改善好市场与社会的紧张关系,通过顶层设计推进公共治理的有序推进。二是市场不错位。市场从其本性上看,是以利益为主轴运转的,市场易受到权力、资本等力量的"侵蚀",进而违背市场规则呈现权力资本化或是市场权力化等"怪象"。公共治理同样需要市场主体承担相应责任,市场不错位即市场主体主动承担责任,在公共治理中提供相应的公共产品,既推进市场的可持续性发展,亦推进社会公平正义的长效机制。三是社会不缺位。从强弱组合视角审视国家与社会,社会可能呈现"强社会"或"弱社会"表征。从中国历史发展进程审视,社会长期处于相对缺位的状态,即社会发育并不成熟。伴随着国家与社会有机互动的推进,社会获得了一定的生长。当前社会不缺位即与社会力量相应的志愿型、服务型社会组织的发育,它们有力地保障公共治理的有序推进。可见,在社会主义公有制基础上,基于以人民为中心的发展思想,保障了国家、市场、社会等力量的有机合作,呈现一种良性的合作生态。审视西方社会,在资本主义私有制基础上,西方公共治理实质上是国家、市场、社会等力量的竞争博弈。西方社会自20世纪20年代爆发第一次经济危机以来,从未避免过周期性的经济危机。为应付一次次的经济危机,福利制度在西方社会应运而生。然而,福利制度的推出并不能真正解决对西方资本主义国家的固有矛盾,相反,在不断高涨的福利需求下,资本主义社会不堪重负,呈现福利支出增长与资本主义积累的现代性悖论。福利制度在西方资本主义国家呈现的悖论,一定程度上是西方公共治理在西方资本主义国家面临困境的镜鉴,西方公共治理同样面临公共利益最大化与资本积累最大化的现代性悖论。与此相应的即资本主义国家、市场、社会等力量的竞争博弈,三者并非以实现最广大人民群众的根本利益和长远利益为始终,而是以其所代表的特定阶级利益为始终,以寻求特定阶级利益的最大化。

政治制度力量优势具体表征为人民代表大会制度框架对西方代议制度的固有优势。人民代表大会制度是我国的根本政治制度,从根本政治制度视角审视中西政治制度力量差异最具有代表性。人民代表大会制度与西方代议制是在不同历史条件、不同国情下发展而来的政治制度,均具有一定的代表性,但两者指向与政党关系、组织原则存在根本差异,进而在比较中显示出中西在政治制度力量层面的差异。一是两者代议机制与政党关系存在根本差异。人民代表大会制度是在中国共产党取得政权后建立的,而西方政党是在议会成立后建立的,西方政党建立的目的并非谋取全体人民利益,而是通过议会以更好地维护本党所代表的党派利益。从政党层面上看,中国共产党与西方政党也存在本质的差异,西方政党如美国的"民主党""共和党",从其成立之日起,即是代表部分人的利益,即宣告代表党所指向的特定群体的利益。中国共产党则是从其成立之日起,即代表最广大人民群众的利益,没有自己的特殊利益。在此基础上,人大代表经过严格的层层选举、推荐,一经产生,即是作为全体人民利益的代表履行职责,并非代表某一部分人的利益群体。代表利益的不同决定了中西在公共治理制度化推进中,中国产生的人大代表在公共治理制度化推进中能始终以最广大人民群众的根本利益与长远利益为标尺,而西方议会产生的议会代表在公共治理制度化推进中必然仅代表特定群体的部分利益。二是两者的组织原则存在根本差异。人民代表大会制度是以民主集中制为组织原则建立的,即在充分发扬民主的基础上再集中,既保证民主的广泛性、真实性、有效性,也避免民主的无效或相互扯皮的低效;既保证集中对效率的把握,也避免权力过分集中,有效发挥民主的正向效应,规避民主的负向风险。西方议会制度是以三权分立为组织建立的,三方的权力由不同部门把握,形成一种制衡机制。三权分立看似极力避免权力的过分集中,然而,根本上仍是代表不同利益集团的博弈。三权分立组织原则下,还会造成行政低效、党派之争经久不息等弊病。

文化制度力量优势具体表征为以和合共生为内核的文化制度对以对立妥协为内核的文化制度的固有优势。群体主义是中国文化的基质,从"忠孝义理"到"家国同构",均体现群体主义是中国文化的内在基因,在群体主义基础上衍生的是"责任担当"的观念,作为民族成员的"责任担当",在中华民族的发展中则呈现和合共生的团结力量。公共治理本质上是一种以"和合"为文化底蕴的治理文化,中国文化与公共治理精神具有内在的契合性,进而赋予公共治理制度化源源不断的生发力量。个人主义是西方文化的内在基因,从"人是万物的尺度"到"独立宣言",均体现出个人主义是西方文化的内在基因,在个人主义基础上衍生的是权利至上的观念,在每个个体寻求权利至上的观念下,必须导致"权利的冲突"。公共治理是寻求"共识"的治理,个人主义优先的过度泛滥不利于公共治理,也可能削减公共治理制度化的内在力量。总之,从中西文化制度力量的差异,已充分显现出中西在推进公共治理制度中呈现制度化固有优势和制度化基因缺陷的本质差异。简言之,审视中西经济制度、政治制度、文化制度,可看出,中西在制度力量方面存在根本差异,呈现出制度化固有优势和制度化基因缺陷的本质差异,我们有理由相信,在中国共产党的坚强领导下,中国特色社会主义制度也必将会更加成熟与定型,社会主义制度的优越性也必将会在新时代显现,中国特色社会主义国家治理必将会更加有效,中国式现代化新道路也必将会创造出更加灿烂的人类文明新形态。

三、满足人民根本利益的制度逻辑优势

制度泛指规则或运作模式,公共治理制度化是指向公共事务、公共事业,并按一定规则或模式谋求公共利益的最大化。"每一既定社会的经济关系首先表现为利益。"①考察中西公共治理制度化的本质差异,最终需落脚于制度旨趣,考察中西公共治理制度化的制度逻辑,可以得出,满足人民根本利益和满足资本利益是中西公共治理在制度逻辑层面的本质差异。

在中国共产党的领导下,经过全体人民共同努力,从一个一穷二白的国家成为稳居世界第二大经济体的大国,中华民族迎来从站起来、富起来到强起来的伟大飞跃,站在历史与现实的交汇点,我们前所未有地更加接近实现中华民族伟大复兴的宏伟目标。中国梦是中华民族百余年来一代接一代奋进的梦,中国梦既是国家的梦、民族的梦,也是每一个中国人的梦。当前中国比历史上任何时期都更有可能实现中国梦,中国梦的实现,从其根本意义上来说,即满足人民根本利益,发展成果由人民共享的梦。考察我国 70 余年的发展进程,在社会主义公有制基础上,始终坚持建设以利益共享为准绳的社会共同体,"这个共同体要实现共同的计划,要带来某种得益(goods),这种利益使那些所有参与这一计划的人认为是他们所共同享有的。"②在满足人民根本利益的道路上,大体经历了发展成果平均型共享、渐进型共享、效益型共享、统筹型共享等历程。具体而言,平均型共享主要指新中国成立初期,发展成果贯彻平均主

---

① 《马克思恩格斯选集》第 3 卷,人民出版社 2012 年版,第 258 页。
② [美]A.麦金太尔:《德性之后》,龚群等译,中国社会科学出版社 1995 年版,第 190 页。

义原则,在人民群众中贯彻平均型共享的利益分配路径。新中国成立初期,中国人民在近百年来的压迫中获得了独立自主,民众呈现饱满的奋斗精神姿态,也饱含对新中国面貌的憧憬。为尽快摆脱一穷二白的穷苦面貌,在向苏联学习的口号下,在经济、政治、文化领域采取了绝对平均路线,高度集中的经济体制、高度集中的政治体制、高度集中的文化体制,在高度集中的指挥棒下实行平均分配。然而,历史与实践已证明,中国社会主义是在落后的社会生产力基础上建立的社会主义国家,与马克思所设想的在先进生产力基础上建立的社会主义国家不同,具有其特殊性。在落后的社会生产力基础上实行绝对的平均共享,无法走向普遍的富裕,还极可能造成普遍的贫困。改革开放后党领导人民认真结合中国国情,走上了渐进型共享的分配路线。渐进型共享是在打破平均型共享路线后,在人民群众中贯彻渐进型共享的利益分配路径。邓小平等一代领导集体认为,解放生产力、发展生产力是社会主义发展的前提,也是体现社会主义优越性的根本要求。为调动广大民众的积极性,提高生产力,邓小平提出"让一部分人先富起来,以先富带动后富",由此渐进型共享打破了平均型共享的传统路径。当效益的车轮一经启动,在社会主义市场经济体制下,效益型共享渐渐取代渐进型共享,成为全面深化改革过程中一种越来越被认可的利益分配路径。效益型共享主要指改革开放后以效益为标尺,在人民群众中贯彻效益型共享的利益分配路径。效益型共享在一定程度上极大地提高了社会生产力,提升了人民生产的积极性,然而,在效益优先的口号下,利益的大分化大调整来临,一定程度的贫富差异也渐渐呈现,社会阶层也日益复杂与分化,如陆学艺提出的"十大阶层论"典型地呈现了效益型共享下社会阶层的表征与特质。中国是以共同富裕为根本旨归的社会主义国家,当效益型共享带来一定贫富差距扩大等负面影响时,为推进社会公平正义,统筹型共享顺应而生。统筹型共享主要指统筹社会各领域、各阶层,以效率与公平兼顾为准绳,在人民群众中贯彻统筹型共享的利益分配路径。当前为促进社会公平,扎实推动全体人民共同富裕,生动地诠释了发展成果由人民共享,满足人民根本利益的价值理念。公共治理制度化的制度旨趣是与我国利益分配路径紧密相关的,在发展共享的理念下,统筹型共享的利益分配路径中,公共治理制度化的制度旨趣始终指向满足人民根本利益。

西方资本主义国家从其创立之日起,就为寻求资本利益而奔走。在以西方主导的现代化进程中,"它无情地斩断了把人们束缚于天然尊长的形形色色的封建羁绊,它使人和人之间除了赤裸裸的利害关系,除了冷酷无情的'现金交易',就再也没有任何别的联系了。"①在资本逐利的驱使下,生产与交换、垄断与竞争、人与人的关系都异化为货币关系,"物的世界的增值同人的世界的贬值成正比。"②在以利为上的标尺下,利益分配成为博弈的战场,但在不同时期利益博弈呈现不同的博弈形态。审视西方资本主义社会利益博弈的历程,大体经历了自由竞争型博弈、私人集团型博弈、国家政党型博弈的历程,在利益博弈的历程中,实质上均是为了满足更大的资本利益。自由竞争型博弈即资本利益的战场以自由竞争的形态呈现,不同利益群体通过自由竞争,寻求资本利益最大化。西方资本主义发展早期,即资本主义刚刚确立的时期,资本主义社会正处于自由资本主义时期,在这一时期市场主要呈现为自由的竞争,即自由地进行利益分配的博弈与战斗,在这个博弈与战斗的过程中,"凡是工人做的对自身不利的事,非工人都对工人做了,但是,非工人做的对工人不利的事,他对自身却不做。"③西方社会所标榜的自由,实际上就是资本家进行资本逐利的自由,工人出卖自身的自由。可以说,西方资本主义社会自由竞争的利益博弈,就如同霍布斯所比喻的"人对人"的战争状态。在寻求资本利益最大化的征途中,零散的、个体的竞争博弈渐渐走向私人集团型的利益博弈。私人集团型博弈即以私人集团为主体的利益博弈,以此增强竞争能力。私人集团型的利益博弈并没有改变满足资本利益的本性,它实质上是为更好地满足

---

① 《马克思恩格斯选集》第1卷,人民出版社2012年版,第403页。
② 《马克思恩格斯选集》第1卷,人民出版社2012年版,第51页。
③ 《马克思恩格斯选集》第1卷,人民出版社2012年版,第63页。

资本利益服务。从原来的零散的、个体的竞争博弈,走向个体的联合形成的私人集团间的博弈。私人集团的利益博弈总是以谋求一定的垄断地位为目标,但又总是以垄断地位被打破为结局的轮番上演。在此背景下,越来越多的大资本家压榨小资本家,而越来越多的小资本家被挤入工人阶级行列,进而走向一方面是大资本家的日益膨胀,另一方面是工人阶级的愈发贫穷;一方面是大资本家人数的稀少,另一方面是工人阶级队伍的壮大;一方面是大资本家极力压榨工人阶级,另一方面是工人阶级为寻求生活而"乐于"接受压榨。亨廷顿也曾指出:"现代化意味着所有集团——新的和旧的、传统的和现代的——在它们与其他组织发生关系时都意识到自身是作为组织存在的,意识到各自的利益和要求。"①当私人集团的博弈日益走向规模化、组织化,代表特定利益集团的政党便由此产生,私人集团型博弈也正迈向国家政党型博弈。国家政党型博弈即满足资本利益的博弈以不同的政党为代表,在不同的政党竞争间争夺代表本特定集团的资本利益。国家政党型博弈是当前西方资本主义普遍的博弈方式,也是西方资本主义社会利益博弈的最高级形式。从西方资本主义社会利益博弈的发展历程可以看出,当前西方各政党之间的较量背后实际上就是为谋求特定利益集团的资本利益而进行的紧张较量。当前西方各政党间的"激烈争斗",尤其是在大选前展开的激烈博弈,更是能够清晰看见政党型博弈的身影。诚然,资本利益的满足前提是劳动力的源源涌入,为能够源源不断地产出剩余价值,西方资本主义社会也要保障工人基本的生活需求,同时为缓解劳资矛盾,西方资本主义社会还提出了以"福利"为糖衣的伪饰,即"维持生命和延续种族所需要的不足之数却由济贫法来填补。"②但是,需要看到,福利的增加或是保障体系的完善,它的根本目的绝不是为了工人利益的增加,更不是为了所有人的利益,其本质仍是为了能够更好地满足长远的、源源不断的

---

① [美]塞缪尔·P.亨廷顿:《变化社会中的政治秩序》,王冠华、刘为等译,上海人民出版社 2008 年版,第 29 页。
② 《马克思恩格斯选集》第 2 卷,人民出版社 2012 年版,第 65 页。

资本利益,私有财产的普遍本质是规定着真正的人和社会的财产的关系,"它用公开的、无耻的、直接的、露骨的剥削代替了由宗教幻想和政治幻想掩盖着的剥削。"①西方公共治理制度化,其"公共"之名标榜的是维护普遍的、全体人民的利益,然而,国家政党型博弈决定了公共治理制度化实质上也仅仅是代表特定政党的特殊利益。可以说,西方资本主义社会利益博弈的历程始终是以满足资本利益为宗旨,且呈现愈来愈激烈化、组织化、规模化的博弈态势。总之,公共治理制度化是中西现代化进程中共通的一种治理,但两者仅仅是现象上的近似,在制度根基、制度力量、制度旨趣等层面均呈现本质差异,即社会主义公有制和资本主义私有制的制度根基差异,制度化固有优势和制度化基因缺陷的制度力量差异,满足人民根本利益和满足资本利益的制度旨趣差异。在这三者差异中,究其实质在于社会主义公有制和资本主义私有制的制度根基差异。正是中西公共治理制度化存在的本质差异,决定了中西公共治理制度化具有不同的价值取向与发展前景。

第二节　新时代中国社会公共治理制度化的时代挑战

在全球化、多元化、市场化、信息化时代,中国社会公共治理制度化置于全球化的交织情境,从国际视野看,中西社会公共治理制度化存在本质差异,但也面临共同的时代挑战。审视中国社会公共治理制度化的实然挑战,有利于在中国社会公共治理制度化的推进中借鉴有益良方,以更好更有序推进我国公共治理制度化。当前中国社会公共治理制度化面临的实然挑战主要表征为多元治理主体势差消解公共治理制度化的共识形成;集体行动逻辑悖论撕裂公共治理制度化的协同力量;阶层利益固化藩篱挑战公共治理制度化的势能平衡。

---

① 《马克思恩格斯选集》第 1 卷,人民出版社 2012 年版,第 403 页。

一、多元治理主体势差：消解公共治理制度化的共识形成

"一个治理体系是一个不同集团的成员就共同关心的问题制定集体选择的特别机制。"①从历史演进历程看，中西治理实质均是市场化后出现的一种特别机制。公共治理是一种多主体的协同治理，审视中西公共治理主体，均包含政党、政府、市场、社会四大治理主体。当然，需要指出，中西公共治理的四大治理主体在角色分工、角色定位上存在差异，但在主体要素上中西公共治理呈现出一致性。从公共治理主体层面，厘清中西公共治理制度化的共同挑战。首先需就政党、政府、市场、社会四大治理主体进行一定的界定与说明。一是政党。自 20 世纪初以来，政党政治已成为世界各国的共同趋势。在政党—国家的关系层面，有些国家是先有国家，后有政党，如美国。有些国家则是先有政党，再有国家，如中国。政党指由一定阶级领导的，并代表本阶级利益的社会政治组织。虽然政党在不同国家存在不同的角色划分，如有在野党、执政党之分，有一党和多党之分等，但政党作为代表一定阶级利益的社会政治组织，在世界各国已普遍存在。政党也已成为现代社会各国推进公共治理制度化的重要力量。二是政府。西方治理理论提出的重要背景与国家失败、政府失败有重要关联。罗西瑙正是在对政府失败观察的基础上提出"没有政府的治理"，但政府在公共治理中实质上仍普遍扮演重要角色。西方社会向来有"大政府还是小社会，小政府还是大社会"的讨论，其背后的实质是对政府职能界定的辩论，尽管在西方一些国家推进小政府、大社会，看似将政府视为可有可无的力量，但作为与社会相伴而至的政府，却始终是公共治理的重要要素。审视我国国家发展历程，可以看出，政府在公共治理中担当重要角色，但在公共治理制度化的推进中，则面临政府的边界划分的具体问题。三是市场。治理一定程度上是建立在公共权力与私人领域之间有界分的基础上的治理，换言

---

① Oran Young, *International Government: Protecting the Environment in A Stateless Society*, Ithaca: Cornell University Press, 1994, p.26.

之,治理的前提即是市场的形成。西方资本主义社会形成以来,市场就是推进社会发展的重要力量,资本的无序扩张亦是在市场中得到具体展现的。我国在计划经济时期,市场力量并不彰显,但在改革开放以来,市场主体力量日益彰显,十八届三中全会指出,市场在资源配置中起决定性作用,更为深刻地认识到市场在发展中的重要作用。在公共治理制度化的推进中,市场同样是公共治理制度化推进的重要主体。四是社会。"社会"在此主要指社会组织,社会组织实际上亦可分为两类,一类是具有一定官方性质或是半政府性质的社会组织,有较强的行政色彩;另一类是在政府性质之后,具有较强自发性、市场性的社会组织。社会力量主要指后一种社会组织的发展。西方社会一直以来重视社会组织的力量,我国自改革开放以来,社会组织也得到了井喷式发展并日益发挥重要作用。在公共治理制度化的推进中,社会同样是公共治理制度化推进的不可或缺的重要主体。四大主体在公共治理的推进中均不可或缺,四大主体在公共治理的推进中也需要满足以下要求。一是各大治理主体自身的成熟性。治理主体的参与首要在于治理主体自身的成熟性,即治理主体已具备自身内在的发育机理,能够积极参与在公共治理中。审视中西公共治理中的治理主体,就治理主体的成熟性而言,有早晚之分,也有成熟与尚待成熟之分。观测各大治理主体自身的成熟状况,是分析多元治理主体势差的重要视角。二是各大治理主体边界的清晰性。公共治理制度化是多主体的协同治理,然而,协同治理不等于同步治理,也不等于一刀切治理,不同治理主体既有共同的责任担当,也有不同的责任划分,各大治理主体之间应形成清晰的边界。审视中西公共治理中的治理主体,在治理边界的清晰性上仍有模糊地带,亦是在公共治理制度化推进中中西公共治理需要共同面对的难题。三是各大治理主体协作的共通性。各大治理主体既要有明晰的职责划分,也要在制度发展成熟的基础上协作互通,进而更有力促进公共治理制度化。审视中西公共治理中的治理主体,在共同协作层面,仍然存在合作不理想的困境,其背后与多元治理主体势差有紧密的联系。可见,政党、政府、市场、社会是中西公共治理中共有的四大主体。尽管四大治理主体在不同国家之间,因为不同国情、不同体制、不同历史,治理主体的势能存在一定的差异,但有些国家是政党更强,有些国家是政府更强,有些国家是市场更强,还有些国家是社会更强。然而,无论是何种强弱分布,总体而言,中西公共治理制度化均存在多元治理主体势差的问题。

公共治理是基于治理主体协商、共治、共建之上寻求共识以推进治理的过程。多元治理主体势差一定程度上会消解公共治理制度化共识形成,进而不利于公共治理制度化的有序推进。具体来说:一是多元治理主体势差下的相互形塑的机制破坏,消解公共治理制度化的共识形成。多元治理主体在公共治理中应呈现相互形塑形态,即政党、政府、市场、社会四者之间相互形塑,共同推进公共治理制度化,然而,由于多元治理主体的势差过大,多元治理主体相互形塑的机制被破坏,具体而言,即政党与政府之间存在党政不分、以党代政的现象;政府与市场之间存在"有形的手"与"无形的手"配置不合理;市场与社会之间存在资本侵蚀社会的不合理现象等。在世界各国政党与政府之间长期存在党政不分、以党代政的现象,即政党与政府之间的权界不合理,进而破坏政党与政府之间的相互形塑。政府与市场被视为"有形的手"与"无形的手",然而,两者长期以来都存在"有形的手"过度、"无形的手"不足或是"有形的手"不足、"无形的手"过度等配置不合理现象,即政府与市场之间未能形成优化分工,也破坏了政府与市场之间的相互形塑。市场的逐利性对社会、政府均有一定侵蚀,如权力资本化与资本权力化即是相应的注解。总体而言,政党、政府、市场、社会四大主体中权力要素力量过强、公益力量仍过弱,破坏四者之间的相互形塑机制,进而消解公共治理制度化的共识形成。二是多元治理主体势差下相互纠错机制的破坏,消解公共治理制度化的共识形成。人类社会发展实践已证明,政党、政府、市场、社会均有其内在的边界与尺度,当越过其本身的边界与尺度,则会造成相应的负效应,因此,多元治理主体间的相互纠错尤为重要。如政党力量过强,会导致对社会、市场力量的僭越;政府力量过强,会遏制社会成长、背离公共利益;市场力量过强,会导致资本至上、面临市场系统性风险;社会力量过强,会导致社会离散、滋生个人主义。公共治理旨在促进公共利益最大化,多元治理主体的相互纠错有利于公共治理制度化的共识形成,并指向公共利益的达致。然而,多元治理主体势差,则会导致政党、政府、市场、社会相互纠错机制的破坏。如一方过强,其所存在的弊端可能难以被纠错,进而无法有效相互纠错;如一方过弱,其所存在的优势也难以发挥,无法对其他主体形成监督或纠错作用,也是对相互纠错机制的破坏。如黑格尔在《法哲学原理》中写道:"在市民社会中,每个人都以自身为目的,其他一切在他看来都是虚无。"①这句表述深刻地阐释了当"社会"一方力量过强,也可能滋生个人主义的弊端,也表达了多元治理主体相互纠错的重要性。当前多元治理主体势差是中西公共治理制度化面临的共同挑战,中西公共治理制度化下相互纠错机制的破坏,消解了公共治理制度化的共识形成。三是多元治理主体势差下相互保障机制的破坏,消解公共治理制度化的共识形成。政党、政府、市场、社会等多元治理主体不仅具有相互形塑、相互纠错的作用,多元治理主体的有效运转还有利于相互保障。相互保障即各大治理主体之间能够相互支持、相互推进,如政府能够制定有利于社会发展的政策以激活社会的活力,社会的有效推进需要政府相关政策的支持;如社会能够汲取民意,了解广大民众诉求反映至决策层,政党领导下的政府能够制定反映民意的政策,进而推进两者的相互支持,促进国家的有效发展;如社会组织的发展,极大地激活了社会力量的参与,也能够增强国家发展的活力;如市场的有序化亦有利于政府更好地发挥政府作用,优化"无形的手"与"有形的手"的内在配合。然而,多元治理主体势差过大,多元治理主体之间的相互保障机制则难以形成,一方过弱无法给予其他主体相应的主持,而一方过强则可能挤压其他主体相应的发展空间。从核心义理上审视,公共治理关键在于"协同""支持""保

①　[德]黑格尔:《法哲学原理》,范扬、张企泰译,商务印书馆1961年版,第197页。

障",进而在共识形成的基础上利于公共利益的实现。多元治理主体势差会破坏相互保障机制,进而消解公共治理制度化的共识形成。总之,公共治理制度化须建立在多元治理主体相互形塑、相互保障、相互纠错基础上协同推进,当多元治理主体呈现较大的势差下,多元治理主体的相互形塑机制、相互保障机制、相互纠错机制均面临一定程度的破坏,进而消解公共治理制度化共识的形成。

二、集体行动逻辑悖论:撕裂公共治理制度化的协同力量

集体行动是伴随人类社会始终的一种社会现象,审视人类集体行动,往往会出现一种逻辑悖论,即美国经济学家奥尔森提出的"搭便车"现象。如何破解集体行动逻辑悖论,是中西学者共同应对的课题。在考察集体行动之前,学者们往往会做出人性的预设,即基于人性的假设推论集体行动的演绎。在人性的假设层面,无非是人性善、人性恶、人性既不善也不恶三种。从表层角度理解,人性善理应更有利于集体行动,即利他主义更有利于集体的繁荣。然而,从静态意义上审视经济学层面利他原则的贯彻,得到的并不是普遍的繁荣。把市场经济、计划经济作静态对比,得出市场经济站在普遍利己的角度而使商业得到发展,交易成为可能,社会交往范围渐渐扩大,进而带来经济的繁荣;计划经济则站在普遍利他的角度而破坏个人的积极性,交易被视为可鄙的利己,社会交往束缚在限定的狭隘的领地,进而导致经济的衰落。从静态意义上看,利己呈现经济的繁荣、利他呈现经济的衰落,似乎陷入一种道德悖论。审视人类社会发展史,人类发展的初始阶段,主要是一种依血缘、地缘而展开的集体行动,在这种行动中,利他主义是集体行动的道德逻辑与生存法则。在原始秩序中,利他的集体行动亦是必需的,由于生产力低下,个体的社会能力较弱,在战争、冲突等风险中则进一步增强了利他主义。在此背景下,利己的企业家精神被压抑,甚至被社会所贬斥。在社会各阶层划分中,"商"往往是较为低层甚至最为低层的阶层,当商人具有一定生存能力,储备一定财富,其

目标则是"学而优则仕",即摆脱商人的身份,融入更被社会接纳的集体行动中。原始秩序相对而言是比较封闭的秩序,伴随着战争扩大的版图,历史上形成的帝国仍然未跳出原始秩序的基本模式。在封闭性的社会秩序中,个体的创新受到压制,市场发展受到限制,社会处于一种严格的管理中,经济亦处于缓慢发展甚至停滞的状态。中国传统社会时期在"家天下"的秩序格局中,亦是强调利他道德准则,排斥个人与市场,"士农工商"的阶层划分即是鲜明的注解,也正因如此,中国传统社会时期在现代化进程中错失了成为世界文明中心的机会。西方资本主义社会就是与市场紧密联结的产物,"不断扩大产品销路的需要,驱使资产阶级奔走于全球各地。它必须到处落户,到处开发,到处建立联系。"①与此同时,"资产阶级,由于开拓了世界市场,使一切国家的生产和消费都成为世界性的了。"②可以说,西方在现代化进程中的先发优势与其基于利己的到处开发市场的行为是密不可分的。与此相应,现代中国的快速发展也与市场经济的推进密不可分,自开启社会主义市场经济改革以来,企业在市场经济浪潮中得到极大发展,中国经济也获得了新的活力并飞速进步。由此可以看到,人类社会发展史似乎是利己呈现经济的繁荣、利他反而呈现经济的衰落的发展史,这一道德悖论,亚当·斯密已在《国民财富的性质和原因的研究》中揭示,他写道:"由于每个个人都努力把他的资本尽可能用来支持国内产业,都努力管理国内产业,使其生产物的价值能达到最高程度,他就必然竭力使社会的年收入尽量增大起来。"③"他受着一只看不见的手的指导……他追求自己的利益,往往使他能比在真正出于本意的情况下更有效地促进社会的利益。"④这一现象也被称为"斯密悖论"。亚当·斯密将这一力

---

① 《马克思恩格斯选集》第 1 卷,人民出版社 2012 年版,第 404 页。
② 《马克思恩格斯选集》第 1 卷,人民出版社 2012 年版,第 404 页。
③ 〔英〕亚当·斯密:《国民财富的性质和原因的研究》(下卷),郭大力、王亚南译,商务印书馆 2014 年版,第 30 页。
④ 〔英〕亚当·斯密:《国民财富的性质和原因的研究》(下卷),郭大力、王亚南译,商务印书馆 2014 年版,第 30 页。

量归结为"一只看不见的手"。依此,是否意味着利己的宣扬即能够带来社会的发展,利己即是社会发展的保障?从人类社会发展实践审视,极致的利己主义显然不会带来经济的繁荣,反而会造成社会的冲突甚或战争。由此,在利己与利他的框架中审视集体行动的逻辑,似乎难以跳出其中的逻辑悖论。跳出利己抑或是利他的简单假设,基于公共精神的公共治理或许是破解集体行动逻辑悖论的有益尝试。

从国际视野审视公共治理制度化的推进,公共治理作为一种集体行动,本是破解集体行动逻辑悖论的良方,但由于集体行动自身并未形成良性公共治理,仍然在利己抑或是利他的简单假设框架下行动,因此并未跳出奥尔森所揭示的集体行动逻辑悖论。考察当前公共治理制度化的推进,它需要政党、政府、市场、社会的协同合作,且不同主体间的合作是以"公共善"为旨归的协同合作。当前政党、政府、市场、社会之间具有错综复杂的关联,也有多种形式的协同合作,但各主体间的"合作"在利己的思维路径下呈现的并非指向"公共善"的达致,而是"公共善"的破坏。如当前部分市场主体在利益最大化的标尺下寻求权力保护伞,主动与"权力"主体合作,企图在政策庇护下获得巨额利益,即权力资本化与资本权力化。然而,权力从本质上是"公权力",部分权力主体与资本的媾和,极有可能"败露",进而使相应的市场主体受到牵连。从应然层面审视,在政党与政府、政府与市场、市场与社会、政府与社会等层面均应有相应的合作。在政党与政府之间,二者有紧密的联系,政党与政府的利益也往往是趋于一致的,但在具体的实践层面,政党与政府之间可能存在党政不分、以党代政的现象,不利于效能的提升。在政府与市场之间,政府主要负责宏观调控领域,帮助规避市场自身的滞后性、盲目性等风险。市场主要是在资源配置中合理配置,激发市场的活力,帮助规避过度行政调控下市场活力的压制。但在具体的实践层面,政府与市场之间可能存在政府的越俎代庖或市场的有意僭越,进而不利于各自职能的充分发挥。在市场与社会之间,市场主要发挥其在资源配置中的作用,社会主要关注社会民生服务、民生保障等领域,市场为社会提供一定的物质支持,社会则为市场提供一定的环境支持。但在具体的实践层面,市场与社会之间相互交织,且相互僭越,使公益性质的事务附着利益的属性,市场性质的事务又附着人情化的属性,进而不利于市场与社会的互为供给。在政府与社会之间,政府主要统筹规划国家各项事务,社会组织主要是参与社会管理。但在具体的实践层面,政府与社会之间存在边界不清晰,政府越位、社会缺位或是政府缺位、社会越位的现象,进而不利于政府与社会形成有机互动。政党、政府、市场、社会是公共治理的主体,公共治理本质上亦是一种集体行动,政党、政府、市场、社会间的现实困境实质上亦是集体行动逻辑悖论的表征,它是中西公共治理制度化面临的共同挑战。总之,集体行动是伴随人类社会始终的一种社会现象,在人类社会发展的历史阶段,集体行动的逻辑悖论是一直困扰人类的重要命题。基于公共精神的公共治理或许是破解集体行动逻辑悖论的有益尝试。然而,对于破解集体行动逻辑悖论的公共治理制度化的推进,有赖于集体行动主体公共精神的培育。当前集体行动主体的公共精神总体培育不充分,也会使集体行动陷入困境,进而撕裂公共治理制度化的协同力量。

三、阶层利益固化藩篱:挑战公共治理制度化的势能平衡

"治理是一个上下互动的管理过程,它主要通过合作、协商、伙伴关系、确立认同和共同的目标等方式实施对公共事务的管理。"[1]公共治理是多元治理主体合作、协商、互动的过程,当前中西不同程度面临的阶层利益固化藩篱,挑战公共治理制度化的势能平衡。阶层利益固化是相对于阶层利益流动而言的,阶层的有序流动对于公共治理制度化具有重要意义,当前阶层利益固化藩篱是中西公共治理制度化均需要理性面对的挑战。阶层利益固化藩篱有多种呈现形态,主要表现在:一是利益差距的扩大加剧利益固化的强化。受生产关

---

[1]　俞可平:《治理与善治》,社会科学文献出版社 2000 年版,第 6 页。

系、生产力发展水平、多元化分配方式的影响,不同市场主体在利益上有不同的分配比例。如不同产业、不同区域、不同群体均呈现一定的利益差距。城乡的不平衡、区域的不平衡是当前比较突出的表征。在发展的不平衡背后,必然是利益的不平衡,且不同产业、不同区域、不同群体等呈现的利益差距的扩大,会进一步强化利益固化,它在利益固化上还可能产生某种"马太效应"。具体而言,国家、企业、劳动者之间存在利益差距较大的问题。在分配体系中,初次分配中国家收入分配的比例相对较高,企业、劳动者收入分配的比例仍略有不足。再次分配中国家用于调节社会利益格局、调节收入水平等方面力度不足,在社会保障体系的覆盖深度与广度上同样仍有待深化。公共资源分享上也存在利益差距扩大的问题。教育、医疗、住房等是人生活的基本需要,也应具有一定的公共性质,它们不能完全交给市场来调节。教育、医疗、住房等是基本的民生工程,它们在资源的分配上应尽可能公平,然而,在当前现实社会生态中,往往是相对占有较多利益的群体,在教育、医疗、住房等方面也占有更多、更优质的资源,而此类资源的差异又可能进一步影响未来阶层利益的竞争,进而加剧阶层利益的固化。二是利益表达的受阻加剧利益固化的强化。利益表达是利益维护的重要前提与基础。利益的不同分配与调整往往是依循相应的政策,利益表达是政策过程的逻辑始点,政策过程在某种程度上即是一种利益表达、分配与实现的过程。从该角度审视,利益表达在其中具有重要的作用,然而,当前弱势群体在利益表达上往往也处于弱势地位,这可能加剧利益固化的强化。弱势群体利益表达的受阻具体表现为其表达渠道较少、"声音"被"掩盖"。在具体的利益表达机制中,强势群体往往占据更多的政治资源、社会资源,在利益表达渠道上能够更为有利地运用,弱势群体则因社会资源的缺乏而难以将有效的"声音"传播,进而难以真正将诉求有效表达。另外,在政策制定阶段,虽然有各种信息反馈渠道,尤其是网络化的发展,使每个个体都能通过网络反映自身诉求,然而,事实上弱势群体往往在信息资源的占有与知识储量上也存在一定的弱势,其在具体的利益表达上也可能会被湮没或"掩盖"。三是利益竞争的不畅加剧利益固化的强化。合理、正当的利益竞争是打破阶层利益固化的重要力量。在社会发展过程中,具有共同利益需要的人一般会依据一定的规则组成特殊的利益群体,以提升其保护群体利益的能力。如各类行会、商会、协会实质上就是一定利益群体的联合,并以此参与利益竞争,往往能够依据其利益集团的优势获得更强的竞争能力。弱势群体因自身的分散性、自由性,在相应的竞争中必然呈现明显的劣势,进而强化利益固化。诚然,当前存在一定的弱势群体的保护组织或是专门的扶持机制,但其运行能力、组织水平、运作效率等方面仍然较为滞后,还未能有效地提升弱势群体的竞争能力,因此未能改变利益竞争不畅的现实生态。总之,利益差距的扩大、利益表达的受阻、利益竞争的不畅既是阶层利益固化藩篱的具体表征,也是进一步强化利益固化的具体动因。破解阶层利益固化藩篱需要缩小利益差异、顺畅利益表达并能够公平地展开利益竞争。

利益固化并非天然生成,相反,它是在发展过程中呈现的一种社会现象。在一定时期,它是发展生产力的必然效应,但其从根本上定会影响治理现代化进程与社会稳定。利益固化产生具有多方面的原因,从政府、市场和社会等视角审视可以得出,利益固化源于权力约束机制的漏洞、市场调节机制的缺陷及社会运行体制的失灵。一是权力约束机制的漏洞。从元理论上解读,政府、国家是社会公共利益的代表,具有社会管理与公共服务等职能。然而,在具体的社会运行中,由于权力的天然僭越性,当权力约束机制存在一定漏洞时,公权力可能异化为为特殊利益集团谋利的狭隘力量。如政府在社会资源的分配上占据一定的主导性,部分公职人员或地方公共权力能够以行政方式影响市场利益分配,在权力约束机制不健全的情况下,部分公职人员则可能利用权力约束机制的漏洞,为一部分人谋取私利,甚至以"官商勾结"的形式损害公共利益。当部分占用公权力的个体与特定利益集团联合,则会进一步扩大特定利益集团的利益,增大强势集团与弱势集团的差距。尽管部分公职人员的做法可能有巨大的风险,但在巨大的诱惑面前他们仍然可能铤而走险。马克思在

《资本论》中也已揭示,当面对 300% 的利益时,则可能有犯"绞首架"的风险。可以说,由于权力的特殊属性,在权力约束机制上需要完备的监督机制、责任机制、惩罚机制等,以此规避权力僭越带来的风险。审视当前权力约束机制,显然仍然存在一定的漏洞,尚需要不断完善。可见,权力约束机制的漏洞是造成阶层利益固化的一个不可忽视的原因。二是市场调节机制的缺陷。市场是一把双刃剑,它能够在资源配置上发挥不可估量的"魔力",但也有其自身的固定缺陷。西方资本主义社会长期以来"小政府"还是"大政府","小社会"还是"大社会"的争论背后,实质上是对市场价值定位的争论。当前,市场在生产力推进、社会发展的推动中发挥了重要作用,但在市场经济中通过劳动、技术、土地、资本等要素进行市场分配的原则,必然造成要素的不平衡引发的利益分配的不平衡。在当前信息化、网络化时代,强势群体与弱势群体在生产要素分配上的差异一定程度上不是缩小,而是在扩大。因为在信息化时代,资本、技术、知识、信息等资源具有更大的经济价值与经济效益,弱势群体更多地依靠劳动力资源,在资本、技术、知识、信息等资源占有上呈现更大的劣势,进而可能扩大利益差距,加强利益固化。三是社会运行体制的失灵。社会运行体制是平衡政府与社会关系的重要机制,社会组织的发展旨归亦是以公共利益最大化为目标的。然而,当前社会运行体制仍然存在非均衡化、监督体制、利益表达机制不健全等问题。社会运行体制并不能有效地履行推进社会公共服务的职务,在医疗、教育、住房、社会保障等民生工程上其能力也略显不足。可见,审视阶层利益固化背后的原因,权力约束机制的漏洞、市场调节机制的缺陷及社会运行体制的失灵是阶层利益固化的重要原因。需要指出的是,社会主义的本质是实现共同富裕,即调整社会利益关系,通过阶层利益的顺畅流动,促进社会公平正义。当前,受制于发展阶段,市场经济的内在弊端也存在一定程度的利益固化,推进公共治理制度化需要正视阶层利益固化的挑战。然而,需要指出的是,尽管从现象上中西公共治理制度化均面临阶层利益固化的困境,但实质存有不同,从根本上说,因中西所有制结构的差异,即社会主义公有制与资本主义私有制的本质差异,中西阶层利益固化藩篱也呈现根本性问题与阶段性问题的不同性质,也必然走向不可化解与可以应对的根本不同出路。

第三节　新时代中国社会公共治理
制度化的时代编码

从国际视野审视公共治理制度化的时代优势与时代挑战,在中国特色社会主义新时代,站在国际与国内相关联的视角,可以得出,顶层设计与基层实践之间守正创新的程式编码,民主激励与公正激励之间动态均衡的价值编码,个体理性与公共理性之间相得益彰的主体编码,自我文化与他者文化之间交流互鉴的文化编码,是推进新时代中国社会公共治理制度化的时代编码呈现。

一、顶层设计与基层实践的守正创新:推进公共治理制度化的程式编码

制度,在一定程度上是一系列程式安排的集合。公共治理制度化首要在于清晰程式编码,结合我国国情,新时代我国公共治理制度化的程式编码必须坚持顶层设计与系统推进的守正创新。顶层设计即统筹考虑项目各层次和各要素,能够统揽全局看待问题与应对困境。具体而言,顶层设计具有以下特点:一是具有系统性。顶层设计不是某一项具体的或单独任务的应对,而是基于对事件通盘考虑下的部署,涉及所要应对对象的需求、目标、结构、功能、路径等多方式的考察。就公共治理制度化层面,顶层设计需要涉及公共治理制度化的主体协同(政党、政府、市场、社会),相关领域(经济、政治、文化、社会、生态),相关功能(经济功能、文化功能、管理功能、安全功能)等,公共治理制度化的多视角分析(人力、物力、财力、环境、社会发展),多维度考察(功能与边界、效度与限度、现实与挑战)等各方面的复杂系统。顶层设计具体对应的

有相关的模块,依据不同的模块设定形成一定的分工,使局部与整体之间能够有机合作与相互配合,形成有效合力应对困境。二是顶层设计具有长远性。顶层设计不是对短时性、暂时性、当时性的应对,它是具有长远战略眼光的考察,是基于长远战略眼光设计下的持续性推动。作为我国国家治理现代化的重要部分,尤其需要长远战略眼光。公共治理制度化需要从逻辑性层面、时间规划层面作出具体的部署,如目标、任务、要求、成果、反馈、评价等都应有相应的部署与规定。公共治理制度化是一个长期的过程,在进行的过程中需要有相应的检查与调整,当出现不适应或不合理的情况,顶层设计能够进行相应的调整与变化,以确保实现预期目标。三是顶层设计具有监督性。顶层设计既做统筹层面的宏观部署,也对具体落实效力进行相应的监督。顶层设计与传统的规划相比,能够对中期性的效果进行相应的跟进与监督。公共治理制度化是一项长期的工程,也是一项探索性的工程。在公共治理制度化推进中,会遇到各种困境与挑战,也会遇到各种新情况与新问题,当在实施过程中遇到新问题,或是遇到新挑战时,顶层设计能够进行相应的调整,进而保证公共治理制度化的顺利推进。顶层设计重宏观把握,它需要与基层实践紧密联合起来,在推进公共治理制度化过程中守住顶层设计之"正",创建基层实践之"新",从而使顶层设计能保证基层实践的正确方向,基层实践能丰富顶层设计的鲜活素材。

基层实践是相对于顶层设计而言,即对顶层设计的具体落实与探索创新。公共治理制度化是一项长期工程,也是一个实践过程,基层实践对于推进公共治理制度化亦不可或缺。基层实践主要有两个特点:一是具有鲜活实践性。基层实践是将相应的目标、要求、部署、规划具体化、落地化的过程,是将观念形态对象化为具体的现实形态的过程。公共治理制度化的基层实践有待于公共治理主体在基层社会治理中的具体实践,有待于公共治理各要素有机配合的具体实践,也有待于公共治理环境优化的具体实践,基层治理的探索创新性在一定程度上是顶层设计的现实外化和落地生根。二是具有广泛适用性。基层实践要求社会治理不仅仅局限于某一领域,它可以运用于社会运行的各个领域、各个方面和各个环节。公共治理制度化的基层实践不仅运用于基层党组织、政府组织、企业组织、社会组织的各个主体的协同治理中,也运用于各个治理主体自身的完善与优化中。推进公共治理制度化需要在顶层设计的大框架中尊重基层治理主体大胆探索创新,鼓励各个基层治理主体因地制宜地发挥其积极性和创造性。可见,顶层设计与基层实践是推进公共治理制度化不可或缺的系统思维理念,它们的守正创新是公共治理制度化的程式编码。

作为公共治理制度化的程式编码,顶层设计与基层实践的守正创新,不仅源于顶层设计与基层实践之间相互建构的内在优势,也源于当前中国社会公共治理制度化面临的复杂生态。当前,中国社会公共治理制度化面临的复杂生态主要包括:一是多重转型叠加下问题识别难度较大。改革开放以来,中国经济、政治、文化、社会、生态等各个领域均经历着一定的转型。在世界历史上,如同中国多重转型叠加的情况是前所未有的,这种叠加必然面临的复杂性问题也是前所未有的。如在市场领域,传统的理论更多的是关注市场失灵问题,然而,我国是在市场发育不全的基础上推进经济领域改革的,在市场领域就不仅有市场失灵问题,还有市场发育不全问题。在具体问题认知上,市场发育不全问题有时就被误认为是市场失灵问题,而市场失灵问题则被误认为是市场发育不全问题。当问题认知出现错误时,相应的对策就必然是错误的。如本应是市场发育不全问题,理应继续完善市场、培植市场、更好优化市场等,而当问题错判为市场失灵时,则可能会作出缩小市场职能范围,减少市场优化的对策处理,这必然会导致改革走弯路。公共治理制度化的推进也正处于多重转型叠加的时代环境中,因此,为增强识别能力,缩小改革走弯路的概率,尤其需要顶层设计与基层实践的守正创新。二是参照模式的多元化使改革路径争议较多。公共治理制度化推进的关键在于政府、市场、社会三者之间的关系与定位,审视当前国内外关于政府、市场、社会的关系,大体有四种参照模式:第一种是"去治理化"的治理模式,即政府在其中扮演旁观者角色,主要由市场、社会在其中担当主角,推进公共治理制度化;第二种是"政府中心"的治理模式,即政府应在公共事务中担当核心地位,推进公共治理制度化;第三种是"大治理"的治理模式,即强调规则在不同主体间的协调作用,推进公共治理制度化;第四种是"空心政府"的治理模式,即政府权力减至最小以至"空心化",由"无形的手"在其中推进公共治理制度化。可以说,四种参照模式对政府、市场、社会进行了不同的定位,有些甚至是相反的角色定位。从具体实践上看,四种参照模式也不能直接适用于中国土壤,面对参照模式的多元与中国国情的特殊性,在改革路径上就存有各种声音与方案。在现实的具体的改革领域中,也会出现各种具体的复杂情况,不能简单地以"一刀切"模式"普世化"套用,由此,尤其需要顶层设计与基层实践的守正创新。三是理论与现实的脱节下推进阻力较大。坚持理论与实践的统一是推进公共治理制度化的路径要求,然而,当前在具体的推进下仍然面临理论与实践脱节的现象,如政府在职能设计与资源运用上存在一定的不匹配现象,进而不利于政府效能的最优化。企业在经济效益与社会效益上也存在重视利益、轻视责任的不良现象等。因此,理论与现实的"间距"也要求顶层设计与基层实践的守正创新。

二、民主激励与公平激励的动态均衡:推进公共治理制度化的价值编码

公共治理制度化的价值编码是公共治理制度化的价值准则,紧扣公共治理制度化的特质与旨归,民主激励、公平激励既是公共治理制度化的内蕴精神,也是公共治理制度化的价值实质。为此,实现民主激励与公平激励的动态均衡理应作为公共治理制度化的价值编码。众所周知,全过程人民民主始终把"以人民为中心"作为其政治底色,也是公共治理制度化的价值准则。我国是人民当家作主的国家,在人民民主专政的制度基础上,保障着人民拥有在经济、政治、文化、社会、生态等各领域的主导地位。我国发展历程中,民主激励是社会发展的重要动力。我国也在推动社会主义民主政治建设方面取得了长

足进步,中国特色社会主义民主政治建设坚持党的领导、人民当家作主与依法治国的有机统一。其中,中国共产党的领导是中国特色社会主义的最本质特征和最大优势,党内民主与人民民主形成了良性互动与互促的优化。党内民主与人民民主具有紧密的内在关联,其中,党内民主是人民民主的前提,即只有党内民主有保障,人民民主才能够获得真实的保障,党内民主也能为人民民主起到有效的示范。人民民主亦是党内民主的重要推动。人民民主氛围对于我国社会主义政治文明建设具有重要的推进作用,人民民主能够在一定程度上推进党内民主的深化与完善。公共治理制度化是多主体协同治理并将其有效程序化、规范化的过程,公共治理制度化内在要求民主激励,可以说,缺乏民主激励,公共治理制度化就无法推进。"民主是个好东西",但对于民主,往往有各种解读与认知,可能对民主作出不同的判定与理解。如西方国家长期以来对我国贴以"非民主国家"或"专制国家"的标签以丑化我国民主国家形象。对于民主,西方国家实质上是在抽象性视域下对待民主,即在资本的外衣下抽象性地谈论民主与践行民主,其民主实质上是资本者的民主。"中国的民主化是围绕着推进全过程人民民主发展展开的……中国民主化选择全过程人民民主,不简单是一种理论或观念的产物,相反,是历史合力的结果。"[1]我国人民民主是真实的、有效的民主,是全过程人民民主,它真实地保障人民当家作主的权利,有效地维护民众表达民主诉求的渠道。实现人民当家作主是全过程人民民主的实践主题,它不仅要捍卫和发展个体的自由发展,也要实现人民当家作主。我国人民民主的实践主体是包括人民、政党、团体等在内的复合式主体,人民民主建设是在党领导的国家建设和社会建设的互动逻辑中得以展开的,"实践中的全过程人民民主,是分别从人民和政党出发展开的民主实践的有机复合,其背后是实践主体的复合,即人民与政党的复合"。[2] 公共治理

---

[1] 林尚立:《当代中国政治:基础与发展》,中国大百科全书出版社 2017 年版,第 320—321 页。

[2] 林尚立:《当代中国政治:基础与发展》,中国大百科全书出版社 2017 年版,第 325 页。

制度化是以民主激励为内在价值导向的公共治理,它在中国共产党的领导下通过政府、市场、社会的关系有效地保障人民权益,调动全过程人民民主的积极性,确保人民有效行使民主权利,进而有力地保障公共治理指向"公共善"的过程。可见,民主激励是公共治理制度化的重要价值导向。

公平正义是社会主义内蕴的价值本质,也是中国特色社会主义未曾改变的价值旨归。公共治理制度化也是促进社会公平正义的过程,公平激励亦是公共治理制度化的重要价值导向。公平总是与效率如影随形,效率是公平的前提,没有效率,公平则可能陷入"一潭死水";公平是效率的重要保障,没有公平,效率则可能陷入"两极分化"。在社会发展的不同时期,应坚持不同的准则,如在社会发展水平较低时,应鼓励效率优先,鼓励一部分人先发展起来;在社会出现一定程度的"两极分化"时,则要求注重公平,促进社会公平正义的推进。总体而言,两者互补,不可偏废,走向其中任何一方的极端都是不利的。正如德国学者科兹洛夫斯基所述:"我们不想生活在一个'公正的'社会中,在这个社会里什么也买不到;我们也不想生活在一个'有效率的、富裕的'社会里,这个社会把它的金钱用于道德上受到指责的目的。"①事实证明,一个国家和地区公共政策的优先顺序在很大程度上会影响其公共治理格局,甚至在一定时期会在一定程度上导致效率与公平之间的关系失衡,进而导致产生所谓的平均式公平取向下的效率阙如抑或高歌猛进式速度取向下的公平阙如。共同富裕是社会主义的本质要求和中国式现代化的重要特征,它决定了增进人民福祉,促进社会公平正义是新时代中国特色社会主义的重要价值考量。在新中国成立初期,由于照搬苏联社会主义模式与对社会主义的片面化理解,我国采取了高度集中的经济制度、政治制度、文化制度,它不利于效率的张扬,而效率的阙如实际上也将导致公平的缺乏。面对社会主义建设的挫折,邓小平对"什么是社会主义、怎样建设社会主义"命题作了深刻的解读,指明

---

① [德]科兹洛夫斯基:《资本主义伦理学》,王彤译,中国社会科学出版社 1996 年版,第5页。

"贫穷不是社会主义""发展太慢不是社会主义""平均主义不是社会主义""两极分化不是社会主义",社会主义的根本任务是发展生产力,最终目标是实现共同富裕。基于对社会主义本质属性的这些科学判断,中国开启了改革开放的新历程,改革开放跳出了以往对效率的片面理解,提出效率优先兼顾公平,提出"让一部分人先富起来,先富带动后富"。历经几十年的改革发展,我国生产力得到极大发展,人民生活水平也得到极大提升,但贫富差异有所扩大的问题也日益凸显,在当前的情境下,要求更加注重公平。新时代,共享是新发展理念的重要价值主张,扎实推动实现全体人民的共同富裕,全体人民公平公正地共享改革开放的成果,使物质层面与精神层面的共同富裕成为改革开放的永恒底色,是中国式国家治理的重要价值导向。因此,中国社会公共治理制度化应是朝向"更公平"的公共治理制度化,它要求坚持公平激励的导向,使公共治理为发展成果更多更公平惠及全体人民有效助力。然而,需要澄清的是,公平激励并非贬抑效率,也非放弃效率。正如前文已分析,公平与效率是一体两面,两者不可或缺,缺乏效率的公平必然是"一潭死水"。当前公共治理制度化要注重公平激励,其主要意蕴有两个方面:一是在当前公共治理制度化推进中要更加注重公平。在我国改革开放发展进程中,效率获得了极大的发展,效率也给社会带来了极大进步。但效率一维的伸张不是社会主义的本质,面对效率与公平一头重、一头轻的现状,在公共治理制度化推进中要更加注重公平。二是在当前公共治理制度化推进中要注重效率对公平的供给,以保障公平的实现。公共治理制度化更加注重公平,但其背后需要效率的供给,这是保障公平实现的前提与基础。正如"先富带动后富"亦是要有效率的相应支撑,公共治理制度化的推进也不例外。

三、个体理性与公共理性的相得益彰:推进公共治理制度化的主体编码

理性是基于现有的理论,通过合理的逻辑推导得到确定的结果,是西方启

蒙哲学的核心概念,也是"人作为主体"的重要特质。个体理性与公共理性对于公共治理制度化均不可或缺,个体理性有其内在的局限性,而公共理性则有其适用范围,考察推进公共治理制度化的实践主体不难发现,个体理性与公共理性的相得益彰应是公共治理制度化的主体编码。个体理性是个体对自身利益估量的判定,在哲学上,个体理性作为细致考察与规定非康德莫属,在《纯粹理性批判》与《实践理性批判》中,康德均对理性加以深刻区分与解读。在经济学上,个体理性是以效用最大化为目标。在长期的哲学领域与经济学领域,个体理性受到较多的关注,康德对理性的解读最具有代表性。如他认为理性只能是个体的理性,普遍性的道德法则也只是个人选择的结果。然而,事实证明,个体理性具有自身的局限性,如每一个个体是否有能力对各个领域的各个问题均作深思熟虑的考量,且该考量能够跳出狭隘的基于自我的利益算计与主观偏好,显然是极为艰难的;又如在多元化的社会中,各种思潮、宗教信仰、文化要素的并存,个体观念呈现多种形态,如何在多元化的异质生态中和谐共处,亦是个体理性难以逾越的障碍。由此,个体理性具有一定的局限性。在此背景下,公共理性呼之欲出,也越来越被学术界所热议。罗尔斯是明确提出公共理性这一概念的美国学者,他提出"公共理性"概念,并对其进行了深刻的解读。公共理性与个体理性的差异在于"公共性",公共理性的"公共性"主要在于:一是指向并非个人效用最大化,而是最大的"公共善";二是反映的内容是公共的;三是作为自身的"公共的"的理性。辨识公共理性,需要深刻把握其重要特征。公共理性的特征主要包括三个方面:一是涉及的主题主要在于基本正义问题层面,有民主权、选举权等,并非运用于各个层面,并不是不依据具体条件的价值运用。二是涉及的对象主要在于公共论坛上发表的观点及意见。公共理性并不涉及私密性的牢骚或沉思,也不涉及宗教性的推理与观念,它主要是在公共领域、公共论坛等发表的观点及意见。三是涉及的指向主要在于"公共善"的最大化,而非个人效用的最大化。公共理性是指向公共事务的理性运用,是"公共善"的最大化。可见,公共理性与个体理性存在一定的差异。个体理性的局限性使得公共理性的存在成为必要。如个体理性是一个通过不同的个别意见到公共意见的过程,公共理性则是从公共视域考量公共价值的过程。公共理性的考量侧重"应当"。然而,个体理性的不足并不能否定个体理性,它有存在的必要。一定程度上,个体理性中内含公共理性的要素,公共理性则内蕴个体理性的判断。

公共治理制度化是指向公共事务的治理,公共治理制度化的特质要求其相应主体既具有个体理性,也要有公共理性。个体理性是能够理智思考与判定事务的果断,然而,个体理性更多地考虑个体效用最大化,在公共治理制度化进程中,是同时需要具备公共理性的。公共理性是公众对社会公共性问题展开理智思考与观察的一种方式。对待同一问题,不同个体将产生不同的思考方式与处理方式,如理性的方式或是非理性的方式。在不同文化背景、宗教思想、哲学观念的人们之间,如何获得"共识",就需要一种理性的沟通方式,在理性的框架下人们就公共问题进行理性的讨论、商谈、对话、辩论,并最终取得一定的共识。个体理性与公共理性的交融即基于个体理性,搭建共同探讨的框架,基于公共理性,不同的个体进入公共世界并进行公开、开放的对话,形成"公共意见"。公共治理要面对各种公共问题,如环境、教育、医疗等各类问题,它需要公共理性的支撑,也需要个体理性的支持。公共治理制度化实质上就是将达到的"公共意见"规范化的过程,公共治理制度化的推进基础即"公共意见"的达致它要求个体理性与公共理性的互融。公共理性并非先验的,也不是一种与经验无涉的思想推定,它需要相应的共同性场景,需要相应的经验支撑。"公共善"是公共理性运用使然,也是公共理性运用的重要指涉所在,是否生产与再生产"公共善"是考量公共理性运用是否得当的重要杠杆。公共治理也是寻求"公共善"的过程,从该角度来看,公共理性与公共治理具有目标上的契合性。个体理性与公共理性的双向同构主要是就一些维系公共治理正常运行的道德与价值的保障,如权利、自由、公平等问题达成共识,同时对一些基于伦理规范的矛盾问题进行理性判断,如公平与效率的关系、自由与平等的矛盾、权力与权利的定位等。可以说,该类问题的认知均离不开个体理性与公共理性的相得益彰,它们亦是公共治理制度化能否顺利推进的重要预设。

四、自我文化与他者文化的交流互鉴:推进公共治理制度化的文化编码

从文化的类型上看,制度本身就是一种文化,公共治理制度化也可视为一种文化生成的过程,为此,需要将公共治理制度化问题置于多元文化生态中加以考察,从文化视野审视,在全球化、信息化、多元化的时代背景下,自我文化与他者文化的交流互鉴,应成为公共治理制度化的文化编码。

自我文化即植根于"自我"土壤基础上生成或发展的具有"自我"特质的文化。在全球场域互通互融的现时代,我国文化生态呈现一元与多样、主流与非主流、精英与大众、传统与现代等多重交织的丰富生态,多种文化的交织构筑了充满活力的、五彩斑斓的文化图景。需要指出,多样并不等于多元,多样并不能替代多元,在充满活力的、五彩斑斓的文化图景中,坚持一元主导,识别一元主导尤其重要。当前中国文化的一元主导就是坚持马克思主义的主导地位,坚持以马克思主义及马克思主义中国化的最新成果铸魂育人。在马克思主义指导下,融合中华优秀传统文化成果,立足中国特色社会主义实践升华最新的现代性文化成果就是"自我文化"的经典呈现与实质内容。公共治理制度化一定程度上也是一种文化形态的展现,公共治理制度化的主体、方式、载体、手段等均与"文化编码"有着紧密的关联。当前识别自我文化可以从物质文化、制度文化、精神文化等方面加以识别。如物质文化层面呈现的是植根于以公有制为主体的基本经济制度之中的物质文化,中国特色社会主义物质文化决定了公共治理制度化的人民属性。制度文化层面呈现的是以全过程人民民主专政为基础的,以人民共享为指向的制度文化,中国特色社会主义制度文化决定了公共治理制度化的公正属性。精神文化层面呈现的是马克思主义主

导的中国特色社会主义文化,中国特色社会主义精神文化决定公共治理制度化的价值属性。文化血脉影响社会发展的各个层面,一定程度上可以说,正是中国特色社会主义文化编码滋养了公共治理制度化的特色,进而形成中西公共治理制度化的内在差异。他者是相对于自我而言,他者文化是相对于自我文化而言,在东西方文化交融碰撞的格局下,他者文化主要指的是西方文化。植根于西方土壤的西方文化,同样有物质、制度、精神文化等层面的不同表征。物质文化层面呈现的是以私有制为基础的、为资本所有者谋利益,这决定了其公共治理制度化的资本属性。制度文化层面呈现的是资本主义制度为基础,精神文化层面呈现的则是以新自由主义为内核。他者文化建基于资本主义私有制基础上,其核心始终是为资产阶级服务,本质目的是指向资本增值。审视自我文化与他者文化的中国历史图景,可以看到,既有骄傲自负、消极自卑的姿态,也有开放包容的姿态,这三种姿态都已在中国历史中上演过。骄傲自负的姿态即将自我文化置于"顶端",而对他者文化采取悬置或轻视的态度,在我国历史上"天朝中心论"即是一种骄傲自负姿态的体现。消极自卑的姿态即对自我文化不自信,对他者文化盲目崇拜与追捧的态度,"全盘西化论"即是一种消极自卑姿态的体现。开放包容的姿态即是一种不卑不亢、平等互动,取他人之长、扬自我之彩的文化姿态,当前我国坚持文化自信,同时又把开放的大门永远敞开。开放包容是公共治理制度化有效推进应有的文化姿态。

从文化视域考察公共治理制度化,一方面是文化底色影响公共治理制度化的方向与姿态,另一方面是公共治理制度化的文化姿态也直接影响其价值支持与文化资源。在公共治理制度化的推进中,坚持自我文化与他者文化的交流互鉴的具体意义有:一是为公共治理制度化推进提供中西文化资源互鉴。中西均有推进公共治理制度化的实践,尽管我国公共治理制度化与西方公共治理制度化在制度根基、制度旨归等层面存在本质差异,但在具体的做法、手段、方式等方面可以交流互鉴,这种有助于吸收西方公共治理制度化中经验的做法,为公共治理制度化推进提供了中西文化资源互鉴。二是为公共治理制度化推进提供了价值支持。从公共治理制度化推进的具体支持来看,它包括绩效性支持、制度性支持与价值支持。绩效性支持主要指具有一定的经济支持,需要在发展生产的基础上推进公共治理制度化,并能够取得一定的经济效益或社会效益。制度性支持主要指具有一定的制度层面的保障,公共治理制度化的推进有赖于相关制度与根本制度等层面的支持。价值支持同样是公共治理制度化推进的重要支持,主要指公共治理的价值导向、参与素质、治理路径等层面提供价值支持。三是为公共治理制度化推进提供精神动力。公共治理制度化推进是一项长期工程,它不是一朝一夕就可以完成的,保障公共治理制度化的长效推进,需要一定的精神动力。自我文化与他者文化的交流互鉴,能够为公共治理制度化提供源源不断的精神滋养,进而为公共治理制度化推进提供精神动力。诚然,作为公共治理制度化文化编码的效用发挥,自我文化与他者文化的交流互鉴也并非无条件,在当前公共治理制度化推进实践中,促进自我文化与他者文化的交流互鉴,需要做到以下三个方面的努力:一是坚持自我文化特色,坚定文化自信。自我文化是依循民族成员生活习惯、生活风貌、民族记忆形成的具有自我特色的文化。面对他者文化的强势来袭,唯西方论的声音时有出现,言必称西方也有不同程度的显现,这些无疑均不是自我文化与他者文化交流互鉴的姿态,并存有迷失"自我"之嫌。在自我文化与他者文化的交流互鉴中应坚持自我文化特色,挖掘自我文化中的优质营养,如中华优秀传统文化中的精华,提炼中国特色社会主义实践进程的文化成果,坚持文化自信。二是借鉴他者文化优势,汲取文化营养。西方是先发现代化国家,我国是后发现代化国家,先发现代化国家有其特定的优势,也会先暴露出一些发展中的问题。我国作为后发现代化国家,就应善于借鉴他者文化优势,同时尽量避免发展中可能出现的问题,汲取文化营养,以更好地推进自我的完善与发展。如对当前西方社会"单向度的人""被围困社会""风险社会"等现象需要予以警惕。三是坚持平等对话沟通,保持有效互动。自我文化与他者文化在互动中处于什么样的姿态至关重要,自我文化与他者文化的互动应是一种平等的互动,既非傲慢型,也非自卑型,保持平等的姿态才能正视其优势与短板,进而保持自我文化与他者文化的有效互动。简言之,坚持自我文化特色,坚定文化自信,借鉴他者文化优势,汲取文化营养,坚持平等对话沟通,保持有效互动,是不同文化交流互鉴中所应坚持的基本原则,也是推进公共治理制度化的文化编码。

第五章　新时代中国社会公共治理制度化的战略推进

党的十九届四中全会《中共中央关于坚持和完善中国特色社会主义制度　推进国家治理体系和治理能力现代化若干重大问题的决定》从发展中国特色社会主义制度层面对打造共建共治共享的国家治理格局进行了战略部署,开启了新时代我国国家治理体制现代化的新征程,为推进新时代中国社会公共治理制度化明确了方向。在全面推进国家治理体系和治理能力现代化背景下,推进中国社会公共治理制度化是推进国家治理体系和治理能力现代化的重要内容和保障,中国特色社会主义国家治理体制创新也迎来了新契机,对社会公共治理能力提升也有了新要求。为此,立足中国实践,从战略高度深刻把握推进公共治理制度化的方向、原则和举措,有助于为推进公共治理制度化和完善国家治理体系提供学理支撑。

第一节　新时代中国社会公共治理制度化推进的基本向度

国家、市场和社会的三分法,是公共治理现代化的常用分析框架。新时代,在中国共产党领导下,建构和形塑多元主体的民主合作体制,是推进公共治理制度化所要把握的应然趋势,这一趋势要求必须在党的领导下优化和调整国家、市场和社会的内在结构和关系,进而在三者有效分离和高效互动中提升公共治理制度化效能,实现公共治理体系现代化。为此,结合当前我国社会公共治理的实践特点,探讨推进公共治理制度化的基本遵循,是理解和把握中国社会公共治理走向的重要前提。

一、强有力领导与公意性达致:公共治理制度化推进的政治保障

中国共产党的领导是夺取新时代中国特色社会主义伟大胜利的根本保证,党的十九届四中全会提出了十三个"坚持和完善",并把坚持和完善党的领导制度体系放在首位,推进国家治理体系和治理能力现代化必须从制度安排上发挥党的领导这一最大优势。党的十九届四中全会《决定》中也明确提出要健全中国共产党总揽全局、协调各方的党的领导制度体系,把中国共产党的领导落实到国家治理各领域各方面各环节,进一步明确中国共产党的领导在国家治理中的统摄性地位。党的十九届六中全会审议通过的《决议》中将"坚持党的领导"列为中国共产党百年奋斗十个宝贵历史经验之一。这些均表明中国共产党的领导是推进公共治理制度化的权威保障,准确理解党的领导在推进公共治理制度化中的统摄性地位,不仅关系到公共治理制度化的实践推进,也关系到中国国家治理话语权的国际提升。

坚持党的领导是推进国家治理体系和治理能力现代化的根本保证,推进国家治理体系和治理能力现代化也需要更好地发挥党的领导核心作用和完善党的领导体制机制。事实表明,坚持党的领导在公共治理制度化推进中的统摄性地位是中国国家治理的历史使然,是使命型政党的实践使然,是"西方之乱"与"中国之治"之间的比较使然。中国国家治理的主导力量历经了君主主导、军阀主导和政党主导的嬗变历程,但实践证明,前两种力量主导的国家治理使国家陷入无可挽救的危机之中。中国共产党始终坚持人民利益至上的价值立场,这种浓厚情怀是中国共产党执政的成功"秘诀",是中国共产党最大

竞争优势所在。中国共产党是历史与人民的选择,它的先进性决定其真正承担着国家治理现代化重任,也表明坚持党的领导在公共治理中的统摄性地位是历史的必然。从政党类型学的谱系中审视,中国共产党具有使命型政党的典型特质。使命型政党始终坚持使命激励与责任担当,从中国共产党成立之日起,中国共产党就将为人民谋幸福、为民族谋复兴作为始终不渝的使命与担当。为实现这一目标,中国共产党在不同发展阶段提出明确的纲领与路线,在党的第二次全国代表大会上,明确提出最高纲领与最低纲领。在中华人民共和国成立后的和平建设时期,又结合中国百废待兴的国情,明确提出要推进社会主义现代化事业。改革开放以来,建设社会主义现代化国家成为中国共产党人始终不渝的努力。在中国特色社会主义新时代,习近平总书记明确提出"人民对美好生活的向往就是我们的奋斗目标"。使命型政党不仅始终明确使命、担当,还高度重视先进性建设,中国共产党是中国工人阶级的先锋队,是中国人民和中华民族的先锋队,使命型政党的先锋队属性,使其始终重视保持政党的先进性,始终以马克思主义世界观作为其思想基础,科学的马克思主义世界观是政党保持先进性的理论指南。在中国特色社会主义新时代,党的先进性意味着推进经济更高质量的发展、更真实的民主制度、更优化的国家治理模式,始终保持政党的先进性,使中国共产党在时代变迁中始终能够把握时局,坚定人民立场,带领人民迈上更美好的生活。可见,坚持党的领导在公共治理中的统摄性地位也是使命型政党的实践使然。从世界范围来看,当今世界正处于百年未有之大变局,当前"西方之乱"与"中国之治"形成鲜明对比,尤其是自新冠疫情暴发以来,"中国之治"的显著优势得到充分彰显。在中国共产党的正确领导下,中国成为全球疫情期间首先实现经济正增长的国家。"西方之乱"与"中国之治"的对比,也使西方不得不正视中国治理的优势与可借鉴之处。审视中国公共治理的优势,尤其是在2020年新冠疫情暴发以来彰显的中国公共治理的优势,再次证明坚持党的领导在公共治理中的统摄性地位是中国公共治理的显著优势,也是"中国之治"的根本保证。"西方之乱"在一定程度上证明了西方政党的能力式微以及西方政党狭隘阶级立场的本质。因此,从中西方治理成效的比较视野来看,坚持党的领导在公共治理中的统摄性地位也是"西方之乱"与"中国之治"之间的鲜明差距。总之,中国共产党的领导是中国特色社会主义制度的最大优势,也是公共治理制度化推进的政治保障。

"公意"是法国启蒙哲学家卢梭提出的重要概念,他指出:"我们每个人都以其自身及其全部的力量共同置于公意的最高指导之下,并且我们在共同体中接纳每一个成员作为全体之不可分割的一部分。"①在卢梭看来,"公意"是共同体形成的要素,公意以共同利益为基础,着眼于共同的善。在"公意"提出后,卢梭就"公意"与"私意"、"公意"与"众意"的区别加以解释与区分。他认为"私意"更多地注重个人利益,而"众意"是个人意见的总和,以私人的利益为着眼点;公意是以公共的利益为着眼点,"除掉这些个别意志间正负相抵消的部分,剩下的总和仍然是公意。"②公共治理作为在中国共产党领导下多主体参与的一种治理,其制度化推进需要建基于公意性达致,唯有公意性达致,才能确保公共治理指向公共利益的最大化,而非个人利益的角逐场。在中国特色社会主义新时代,公意性达致实质上就是全过程人民民主的真实推进,换言之,没有全过程人民民主就没有所谓的公意性达致,全过程人民民主一定程度上是公意性达致的另一表达。全过程人民民主是社会主义的生命,当前我国从坚持以人民为中心、推进制度现代化、发展社会主义协商民主、根治权力腐败等角度,切实保障全过程人民民主。具体而言:一是坚持以人民为中心,彰显人民民主的价值。在人类发展史上,民主实则经历了不同的程度与形式,"在古代希腊各共和国中,在中世纪各城市中,在各先进的资本主义国家中,民主的形式都不同,民主的运用程度也不同。"③在不同的社会制度下,虽

---

① ［法］卢梭:《社会契约论》,何兆武译,商务印书馆 2003 年版,第 20 页。
② ［法］卢梭:《社会契约论》,何兆武译,商务印书馆 2003 年版,第 35 页。
③ 《列宁选集》第 3 卷,人民出版社 2012 年版,第 699 页。

然不同国家均已标榜"民主",然而民主的价值意义并非等值,甚至与其所标榜相去甚远。我国明确提出"以人民为中心的发展思想",这一重要思想的提出,赋予了全过程人民民主真实的价值,使人民真正成为发展的主体、发展的动力、发展的目标。二是推进制度现代化,厚植人民民主的基础。"制度好可以使坏人无法任意横行,制度不好可以使好人无法充分做好事,甚至会走向反面。"①以人民为中心不是一个抽象的口号,它的具体落地需要好的制度支持。当前推进制度现代化,就是要厚植人民民主的基础,要善于在中国特色社会主义制度和法治框架中思考和解决当代中国社会发展中的问题,把中国特色社会主义制度优势转化为治党治国治军的效能,提升中国共产党领导我国国家建设和社会建设的能力与水平。回望新中国成立以来 70 余年的发展历程,我国在制度上具有 13 个显著优势,如何将制度优势转化为治理效能,是推进人民民主的重要基础,推进制度现代化是将制度优势转化为治理效能的重要前提。因此,推进制度现代化就是要厚植人民民主的基础。三是发展社会主义协商民主,促进人民民主的落地。在人类发展历程中,民主呈现多种形式,如议会民主、共和民主、选举民主、审议民主等多种形式,不同形式下民主的实现程度亦有差异。社会主义协商民主是植根于中国国情下保障人民民主权利的最优形式。中国特色社会主义协商民主的真谛就是"众人的事情由众人商量"②,进而寻求"最大公约数"。协商意味着商量,有事好商量,它不同于西方在公共政策框架下各机构或是各大利益主体间的政治博弈,它是真实地调动社会各种力量的共同商量,在众人商量中最大限度地发挥积极因素、减少消极因素,推进治理合力。四是根治政治权力腐败,根除人民民主的阻碍。权力来源于权利,权力的使用必须要保障人民权利的实现。然而,在权力与权利的互动关系中,权力往往由于天然的僭越性,超越赋予的权利而侵蚀公共利益,

---

① 《邓小平文选》第 2 卷,人民出版社 1994 年版,第 333 页。
② 习近平:《在庆祝中国人民政治协商会议成立 65 周年大会上的讲话》,《人民日报》2014 年 9 月 21 日第 2 版。

具体表征为权力腐败。根治权力腐败,就是要推进权力与权利的互动优化,切实维护人民的权利,使权力真正为人民服务,这是根除人民民主阻碍的必要举措。总之,公意性达致旨在增进公共利益,与公共治理的旨归内在一致。公共治理的公意性达致关键在真实推进全过程人民民主,坚持以人民为中心、推进制度现代化、发展社会主义协商民主、根治权力腐败,共同支撑全过程人民民主的真实推进。公共治理是党的领导下的多主体参与的协同治理,强有力领导与公意性达致是不可或缺的两个维度,强有力领导与公意性达致亦均是公共治理制度化推进的权威保障。

二、合作性博弈与合法化参与:公共治理制度化推进的主体自觉

公共治理的公共性决定了公共治理制度化推进需要注重多主体的合作,合作性博弈主要是相对零和博弈而言,它要求各主体间是合作式,而非对抗式;是相互赋权式,而非相互抵消式;是互动式,而非封闭式。具体而言,公共治理制度化推进中合作性博弈,主要指党领导下政府组织、市场组织、社会组织、公民个体间的合作性博弈。纵观历史发展进程,政府组织、市场组织、社会组织、公民个体间的合作性博弈并不是自然而然产生的,相反,各主体间关系还可能处于相互阻滞或相互抵消的零和博弈关系。从理论与实践视角上考量,各主体间要迈向合作性博弈,需要各角色注意效度与限度。政府组织层面,政府组织的效度主要体现在为公共治理制度化推进搭建制度框架;为推动社会资本成长提供公平环境;为社会组织搭建良性合作平台。一是为公共治理制度化推进搭建制度框架。公共治理制度化的推进有赖于相对健全的制度体系,制度的制定、执行、监督均有赖于政府的推进。政府可通过制定相关规章规则、监督法律实施、惩罚违法者等方式为公共治理制度化推进创设良好环境。二是为推动社会资本成长提供公平环境。社会资本相对于物质资本、人力资本而言,具有更强的复杂性与长期性,个人对社会资本的投入意愿往往不高。在社会资本的投入主体中,政府应成为社会资本成长的重要力量,其中最

重要的是为社会资本成长构建公平社会环境,促进公平公正的成长空间。社会公正有助于改善社会信任,政策的公平性与其执行的有效性会提升社会信任度。三是为社会组织搭建良性合作平台。20世纪90年代以前,受单向思维的影响,人们一直认为政府与社会之间只能是此消彼长、零和博弈的关系。事实上,政府与社会可形成相互补充或是亲密性的连接机制。为推进政府与社会的合作,引入嵌入性机制是一剂良方。"嵌入性为实现政府和公民之间的合作创造了互动性基础。"①实践中已证明,这种嵌入性机制有利于政府与社会的良性互动。诚然,在多主体的合作中,政府组织有其相应的限度,作为一种科层体系,它难以及时回应或适应市场、个人的需求,需要同时注重社会组织、市场组织及公民个体的力量,因为"垂直的纵向网络,无论多么密集,无论对其参与者多么重要,都无法维系社会信任与合作"②。在市场组织层面,市场组织的效度主要体现在为社会发展注入强大活力;为社会发展提供物质支持;为公民个体提供参与空间。一是为社会发展注入强大活力。市场组织作为活跃的市场主体,激发社会治理力量,为社会发展注入强大活力。二是为社会发展提供物质支持。市场组织在市场环境中注重效益的积累,为社会源源不断创造巨大财富,提供物质支持。三是为公民个体提供参与空间。公民参与既有制度化渠道,也有非制度化渠道,市场组织可以大量地吸纳劳动力,为公民个体提供参与空间。诚然,市场组织自身由于其逐利性,需要相应的规范与规约,也要注意其相应的限度及尺度。在社会组织层面,社会组织的效度主要体现在更好回应政府服务绩效;促进高水平公共服务成长;增强社会信任,构建社会联系网络。一是更好回应政府服务绩效。依据迈克尔·曼的观点,政府权力分为专制性权力与基础性权力。"现代民主国家往往是'弱

---

① Peter B. Evans, *State-Society Synergy: Government and Social Capital in Development*, Berkeley: University of California at Berkeley, 1996, p.8.

② [美]罗伯特·D.帕特南:《使民主运转起来》,王列、赖海榕译,江西人民出版社2001年版,第204—205页。

的专制性权力'和'强的基础结构性权力',而多数威权主义国家则是两种权力都强。"①政府与社会的良性互动不是对权力的削减,而是应增强基础性权力。基础性权力是一个国家渗透并有效执行相关决定的制度化能力,社会组织的成长有利于更好回应政府服务绩效,进而促进基础性权力的有利生长。二是促进高水平公共服务成长。高水平公共服务能够弥补当前公共服务中呈现的问题,如服务的低效、公共机制的抵制等。社会组织是公共服务提供的重要主体,社会组织的生长有利于促进高水平公共服务成长,进而有力应对当前公共服务中呈现的突出问题。三是建立健全社会联系网络。社会信任是社会资本的重要资源,社会信任建基于国家与社会的良性互动。社会组织是国家与社会良性互动的重要载体,它能够通过构建社会联系网络,增强社会信任,提升社会资本。当然,需要指出,社会组织亦有其相应的限度,社会组织可能受特定权力或资本的裹挟,进而成为特定利益集团的代言人,从而抹杀了社会组织应有的公共性。在公民个体层面,公民个体是公共治理参与中最鲜活的个体,作为公共治理制度化推进的主体,彰显其应有的效度;也由于大众的盲从性或狭隘性,不可避免其相应的限度。总之,公共治理指向的共同善有赖于多主体间的共同合作性博弈,零和博弈的思维只会销蚀公共治理的价值指向。合作性博弈内在要求各主体间把握应有的效度与限度,尤其需要强调,公共治理的多主体必须在党的领导下开展合作性博弈,党的领导是多主体开展合作性博弈的根本保证。

合作性博弈已内蕴参与要素,无参与的合作必然是"空谈"的合作,然而,参与有有序与无序之分、合法与非法之别、形式与实质之差,公共治理各主体间的合作性博弈必然内在要求合法化参与。一定程度上可以说,合作性博弈已内在要求合法化参与,合法化参与也易生成合作性博弈。合法化参与即公共治理在合乎法律、合乎规范下的制度化参与。具体而言,合法化参与作为公

---

① Michael Mann, *The Sources of Social Power*, *Volume* Ⅱ: *The Rise of Classes and Nation-States*, *1760-1914*, Los Angeles: University of California Press, 1993, p.59.

共治理制度化推进的主体自觉,需要注重参与的广度、深度、效度的内在统一。一是参与的广度。参与的广度即参与的范围辐射面。从主体的参与人数上来看,公共参与必定不是一个个体的参与,即"个人专断",但由于外在条件的制约,公共参与也难成为全部成员的参与,即"全员参与"。按照参与人数多少所制定的谱系审视,公共参与通常是"一"到"全员"中的"某个点",如何确保公共参与的广度就成为合法化参与的首要前提。当参与不足可能出现"决策失误"或是特定集团的"利益图谋"。当前听证会、座谈会、专家咨询会、投票、网络参与等方式是公共参与的重要方式。一般而言,听证会、座谈会、专家咨询会等参与方式参与门槛较高,而网络参与被认为是当前最广泛的参与方式,但网络参与由于其匿名性、虚拟性等特质,尤其需要法律的相关规约。然而,合法化参与的广度不等于合法化参与的深度、效度,当出现"沉默的大多数"或"无知的大多数"时,参与的深度、效度则大大削弱,因此,合法化参与的深度、效度均是合法化参与不可或缺的部分。二是参与的深度。参与的深度即参与触及事件的本质程度。合法化参与深度的实现对参与主体、参与过程、参与客体信息把握均有一定要求。首先,参与主体应具有一定道德素质和知识背景。公共治理中的参与是一种公共参与,公共参与亦指向"公共善","公共善"的指向要求参与主体具有一定的道德素养,同时指向参与事件的本质程度,已内蕴对知识背景的内在要求。其次,注意参与过程中的民主畅通。在社会变迁的现时代,利益的不同表达时而有之,参与"共识"的达成需要参与过程民主畅通,即在参与过程中每个参与者能够表达意见、参与辩论、积极沟通,进而达致罗尔斯所言的"重叠共识"。再次,对参与客体信息有客观充分的把握。参与主体的知识背景仅是就参与主体的文化素养而言,然而,如果对参与客体的信息一无所知,显而易见,再丰厚的知识背景亦不能指向参与的深度。因此,参与的深度亦需要参与主体对涉及参与事件的目标指向、参与事件的性质、参与事件的发展脉络等信息给予掌握。最后,参与人员的"公共理性"。公共理性是理性在公共领域或公共事务中的运用,是参与公共治理内蕴的主体要求。为达致"公共善"指向,公共理性亦不可或缺。可见,参与的深度极大地弥补了参与广度可能出现的风险,但参与深度与广度仍然可能遭遇"集体德性"削弱化、"公共理性"情绪化、"利益绑架"私密化等风险。由此,参与的效度亦是合法化参与不可或缺的重要支撑。三是参与的效度。参与的效度即参与的有效性与法定性。为确保参与的广度、深度和效度,需要建立相应的运行机制,具体包括以法律规范权利、权利制约权力、权力适当监督等方面。总之,公共治理的"公共性"已内蕴"合作性"与"合法化",合作性博弈与合法化参与是相互影响的两个维度,合作性博弈与合法化参与是公共治理制度化推进的主体自觉。

三、人民性立场与差异化定位:公共治理制度化推进的动力根基

"人民是历史的创造者,是决定党和国家前途命运的根本力量。"[①]从动力根基视角上考察,人民性立场与差异化定位是公共治理制度化推进的动力根基。人民性立场即公共治理制度化推进要始终以人民为中心,依靠人民与服务人民。差异化定位即公共治理制度化推进要顾及差异化需求,依据不同实际采取不同定位。人民性立场与差异化定位实质上均是人民中心的体现,均是紧扣以人民为根本动力的定位方针,亦是符合中国共产党执政为民价值立场与唯物史观哲学理念的科学表达。

人民性立场就是要真正站在人民的立场,坚持以人民为中心、代表人民根本利益、实现人民对美好生活的向往、激发人民创造活力。一是坚持以人民为中心。毛泽东指出:"为什么人的问题,是一个根本的问题,原则的问题。"[②]中国共产党从成立之日起,就明确地以"为人民服务"作为其价值立场与价值旨归。党的十九届六中全会审议通过的《决议》把"坚持人民至上"列为中国共产党百年奋斗的十个宝贵的历史经验之一。习近平总书记关于"江山就是人

---

①　《习近平谈治国理政》第三卷,外文出版社 2020 年版,第 16 页。

②　《毛泽东选集》第 3 卷,人民出版社 1991 年版,第 857 页。

民,人民就是江山"的铿锵有力的论断,实质上是"为人民服务"的初心与立场在新时代的强调,再次明晰了中国共产党是始终以人民为中心的政党。为此,作为国家治理体系与治理能力现代化的重要部分,公共治理制度化亦内在要求以人民为中心。二是代表人民根本利益。马克思、恩格斯曾写道:"过去的一切运动都是少数人的,或者为少数人谋利益的运动。无产阶级的运动是绝大多数人的,为绝大多数人谋利益的独立的运动。"①公共治理制度化推进要获得人民的支持,从利益根基上必须代表人民根本利益,要把人民的根本利益和长远利益贯穿于现代国家治理的一切活动与过程之中,以人民根本利益至上作为中国共产党治国理政的主题主线。在全面深化改革的深水期,人们的利益诉求存在多元化、多样化、多重化、多层化等特点,公共治理制度化推进必须始终站在人民根本利益的立场。人民根本利益需要顾及眼前与长远、部分与整体的关系,警惕以部分代替整体的特定集体利益游说或是以眼前代替长远的即时利益表达。从具体的举措衡量标准来看,公共治理制度化推进要代表人民根本利益,就是公共治理制度化推进要有利于改革成果为更多人民共享,通过制度化形式使改革成果更多地惠及广大人民。三是实现人民对美好生活的向往。"民之所望,政之所向。"公共治理是中国共产党领导下多主体间的协同治理,一定程度上可以说,现代公共治理是市场化改革的产物,也是适应人民美好生活需求下孕育的产物。公共治理制度化推进亦是需要紧扣人民美好愿望推进。在社会发展历程中,随着物质生活水平条件的提升,人民对生活的愿望也在不断发展,从最初的物质生活需求,向更好的精神生活、公平正义、生态环境、发展安全等方面提出了要求,公共治理制度化推进就是要更好地实现人民对美好生活的向往,不仅要有力地为物质生活的丰富提供制度保障,也要为精神家园构建、公平正义推进、生态环境优化等方面提供制度支持。四是激发人民创造活力。"幸福是奋斗出来的",人民性立场既需要满足

———————

① 《马克思恩格斯选集》第 1 卷,人民出版社 2012 年版,第 411 页。

人民对美好生活的向往,也要激发人民创造活力。"努力形成人人渴望成才、人人努力成才、人人皆可成才、人人尽展其才的良好局面,让各类人才的创造活力竞相迸发、聪明才智充分涌流。"①公共治理制度化推进通过拓展人民参与渠道、提升人民参与能力、健全人民参与制度等方式让更多人民参与进来,真正实现人人尽其才、聚天下英才而用之的活力局面。总之,人民性立场是公共治理制度化推进的内在旨归,亦是公共治理制度化推进的动力根基。公共治理制度化指向的"共同的善"是以坚持人民为中心、维护人民根本利益、实现人民对美好生活的向往、激发人民创造活力为根本价值立场的"共同的善"。

差异化定位即要求一切从实际出发,对不同的需求、不同的境遇实行差异化方案。公共治理制度化推进的差异化定位亦要求公共治理制度化在不同领域、不同群体、不同需求等层面作差异化定位,以最大限度地满足人民根本利益。新中国成立以来,中国发生了翻天覆地的变化,在全面建成小康社会,实现第一个百年奋斗目标之后,乘势而上,开启全面建设社会主义现代化国家新征程。正确与理性地分析人民需求的动态变化是开展工作的出发点与落脚点。具体而言,人民需求的变化呈现以下特点:一是"软需求"逐渐成为"硬刚需"。在新中国成立初期,百废待兴、一穷二白,人民的需求主要集中在物质层面,公平、正义、民主、法治等软性需求并未提出或并不彰显。随着物质生活水平的提升,公平、正义、民主、法治等软性需求也逐渐成为"硬刚需",人民的需求呈现更多元化的特点。二是美好生活需要呈现比较性。日常生活世界的事实表明,人们需要的满足往往是以社会为标准的,而不是以满足其生活世界中的物质资料为尺度的,物质资料对人们的实际使用上的满足并不能等同于对其心理感受层面上的满足,日常生活世界中的贫富差距并不是简单地体现在物质资料的实际使用层面上的差距,也往往体现在人与人在相互比较中产

---

① 《习近平谈治国理政》第三卷,外文出版社 2020 年版,第 51 页。

生的心理感受层面上的差距,在社会物质资料供给越来越充足的情况下,"贫穷"似乎是相互比较中产生出来的一种心理感受,而非满足其物质资料的严重匮乏,也就是说相对于贫富差距感、相对于地位悬殊感、相对于剥夺感往往会使美好生活需要呈现出一种比较性,马克思在《雇佣劳动与资本》中关于人们住房感受的形象比喻亦揭示了这一事理,即当周围房屋都小的时候,小房子能满足人们住房的心理需求;当小房子的近旁有宫殿、宫殿的近旁有更大的宫殿的时候,小房子的居住者则会产生很大的不适感、不满感和压抑感等心理层面上的巨大落差。[①] 可以说,这个形象比喻,深刻阐述了在人们日常生活世界中"比较"之于"需要"的影响,在"一部分人先富起来"的社会现实下,美好生活的比较性愈加彰显。三是不同人对美好生活需要的互补性与冲突性。在利益多元化、价值观多样化、社会阶层分化的现实面前,不同的人对美好生活需要既有互补的一面,也有冲突的一面,在利益多元化、价值多样化、社会阶层分化的现实面前,不同的人对美好生活需要既有互补的一面,也有冲突的一面。如核电站的选址问题,作为社会发展的需求,人们往往同意建设核电站,但在选址上,人们选择远离自己的住处,即"邻避效应"。面对新时期人民需求的变化,公共治理制度化的推进要指向"共同的善",就必须正视人民需求的变化,同时要注重对人民需要的正确引导。一是要正确看待需求的无止境与历史条件的限定性。需求往往是无止境的,"已经得到满足的第一个需要本身、满足需要的活动和已经获得的为满足需要而用的工具又引起新的需要,而这种新的需要的产生是第一个历史活动。"[②]公共治理制度化的推进需要符合相应的历史条件,从人民需要的实际出发,既不好高骛远,也不能妄自菲薄,而是以人民的根本需要为出发点和落脚点,在特定的历史条件下不断满足人民的特定需要。二是要注重自身的发展与需求满足的关系。需求的满足不是等来的,康德的"德福一致"思想给予人类重要启示。公共治理制度化的推进也不

---

① 《马克思恩格斯选集》第 1 卷,人民出版社 2012 年版,第 345 页。
② 《马克思恩格斯选集》第 1 卷,人民出版社 2012 年版,第 159 页。

是被动等来的,它需要主体的理性参与、深度参与,需要公共治理的主体在"公共理性"的彰显中推进公共治理。三是要注重公共治理与共同体推进的互动生成关系。不同人对美好生活需求立足于共同体中才能实现"美美与共"的达致。公共治理的公共属性决定公共治理是在"真实共同体"中的治理。马克思曾经对虚拟共同体、真实共同体有过深刻的阐述,当前我们所处的"真实共同体"就是中华民族共同体,公共治理是在中华民族共同体中为寻求"共同的善"而推进的协同治理,推进公共治理要注重公共治理与共同体推进的互动生成关系。总之,差异化定位与人民性立场是一体两面,它们均指向以人民为中心的发展思想,人民是历史的创造者,是历史发展的根本动力。公共治理制度化推进的动力根基亦源于人民,人民性立场与差异化定位就是公共治理制度化推进的动力根基。

第二节　新时代中国社会公共治理制度化推进的逻辑框架

充分发挥中国特色社会主义制度优势,在制度框架中完善现代国家治理体系,强化运用制度优势去应对各种风险挑战的制度自觉,是推进国家治理体系和治理能力现代化的重要依托。公共治理是国家与社会间的公共领域的协同治理,新时代中国社会公共治理制度化推进的逻辑框架同样应遵循社会治理制度建设的总体要求,具体包括治理体系的现代完善、治理共同体的大构建和治理水平的四化互动,它们也正是公共治理制度化推进的规范要求、价值追求与核心要义。

一、治理体系的现代完善:公共治理制度化推进的规范要求

治理体系是治理各项体制机制的安排总称,是公共治理制度化推进的规范要求。公共治理是介于国家与社会之间的公共领域的协同治理,公共治理

体系的构建同样需要遵循"党委领导、政府负责、民主协商、社会协同、公众参与、法治保障、科技支撑"的七位一体的协同治理。具体而言：一是党委领导。中国共产党的领导是中国特色社会主义最本质的特征。社会治理体制的构建也必须首先坚持党委领导。在公共治理制度化推进中，也要注重转变党的领导方式，加强党的建设。在党委与政府的分工中，要进一步明确党委、政府的权力、责任及边界，突出党委总揽全局和协调统筹的领导地位。二是政府负责。政府负责是指政府在社会治理中要切实发挥相应的管理职能。以往在面对"强政府"的现实下，一些学者发出"弱政府、强社会"的声音，需要指出，社会治理并不能弱化政府的职责，西方的实践也已证明，"弱政府"将导致社会的失序甚至混乱。根据政府与社会的强弱组合，"强政府、强社会"是政府与社会发展的应然走向。在社会治理中，需要突出政府在社会治理体系中的主导地位。诚然，政府作为公权力的主体，需要推进自身的权力体系深化改革，以确保权为民所用。根据迈克尔·曼的观点，权力分为专断性权力和基础性权力。专断性权力主要是强制性权力，基础性权力主要是向社会渗透的协商性权力。公共权力体系改革应弱化强制性权力、强化协商性权力，使公权力与私权利形成良性转换，总体而言，就是要形成一个"有为的政府、有效的市场、有机的社会"的良好社会运行生态。三是民主协商。公共治理本质上是一种协商性的治理，民主协商是公共治理的应有之义。推进民主协商，需要突出人民当家作主的主体地位，推进中国特色民主政治建设。协商民主是中国特色的民主形式，也是基于中国国情适合中国实际的民主形式，它能够最大程度发挥人民的主体精神，是真实的、广泛的、有效的民主形式。公共治理中的民主协商，主要是就公共事务充分发挥民主精神，以协商的形式寻求"最大公约数"。四是社会协同。公共治理制度化推进是在"强政府、强社会"框架下的有效推进，社会协同是其中的重要部分。社会协同主要是指相关社会组织在公共事务治理中的协同参与。改革开放以来，我国社会组织实现了快速的发展，志愿者协会、环境保护者协会、公益组织等各类社会组织在社会发展中起到了重要推动作用。因此,在公共治理制度化推进中要注重社会协同的力量。五是公众参与。党委领导、政府负责、民主协商、社会协同最终需要公众的参与,公共治理是指向"公共善"的治理,若缺乏公共参与,一定程度上也就背离了公共治理的实质。当前在中国特色社会主义民主政治建设进程的推进中,公众参与的渠道日益多样化,既有会议组织参与的形式,也有网络公共参与的方式。伴随着信息化、数字化、网络化的飞速发展,网络公共参与是公共参与的重要渠道,网络公共参与已成为公共治理制度化推进的重要载体与支撑。需要指出,在网络公共参与中,既要看到其不可替代的优势,也要注意其相应的网络风险管理与网络参与边界。六是法治保障。公共治理是在法治体系下的治理,法治保障是公共治理制度化推进不可或缺的一面。当前完善公共治理的法治保障,就需要全面深化司法体制改革,完善司法保障体系,为公共治理体系的高效运转提供切实的法治支撑。在社会深化改革进程中,必须面临利益的分化与调整,公共治理的推进也可能指向利益的重要调整与分配,若在"人治"的框架下推进公共治理,必然造成利益的褊狭甚至极化。因此,建立健全"科学立法、严格执法、公正司法、全民守法"的法治机制,使法治保障成为公共治理推进中的重要支撑亦是内在必须。七是科技支撑。在科技飞速发展的时代,科技在各领域的运用已愈发普遍,科技对公共治理的支撑效用也愈益彰显。如公共治理中对大数据的处理、参与方式的优化、多元主体的协同等方面,科技均能发挥重要作用。因此,科技支撑亦是公共治理体系的重要部分。

"党委领导、政府负责、民主协商、社会协同、公众参与、法治保障、科技支撑"是现代社会治理体系构成的内在要件,但治理体系的运行还需要相应的运行体系、评价体系、保障体系,以确保治理体系发挥效能,并达致预期目的。具体来说,治理体系的现代推进,不仅仅是健全七位一体支撑的治理体系,还需要建立相应的治理运行体系、治理评价体系、治理保障体系。一是治理运行体系。治理运行体系一定程度上是治理推进的现实路径。治理运行体系按类型划分,主要是基本运行体系、专业运行体系和特殊运行体系。基本运行体系是主要就治理的一般性而言所需的治理体系,如依法治理、源头治理、综合治理、动态治理等。专业运行体系是主要就治理的专业性而言所需的治理体系,如文化治理体系、安全治理体系、信用治理体系等。特殊运行体系是主要就治理的地域性、行业性等特殊性而言所需的治理体系,如民族地区相应的治理体系、乡村自治相应的治理体系等。治理运行体系直接关系到治理是否可行或治理是否能够有效实施等方面,需要依据不同对象、不同要求、不同地域等建立完整的体系,以确保治理的顺利推进。二是治理评价体系。公共治理的指向是"共同善",因此,公共治理体系中应包括治理评价体系,即公共治理是否指向"共同善"的相应评价体系。从评价体系的构成要素而言,应该包括评价主体、评价客体、评价取向、评价内容、评价指标、评价手段、评价绩效、评价转化等方面。针对前述的基本运行体系、专业运行体系和特殊运行体系三个层面,应建立评价体系。如专业运行体系层面,需要有相应的对文化治理、安全治理或信用治理的相应评价;涉及区域性或是行业性特定的特殊运行体系,也应有相应的评价体系。评价体系总体来说应能够发挥导向功能、监督功能、检验功能、规范功能与推进功能,使公共治理朝促进"共同善"方向发展。三是治理保障体系。治理保障体系即是治理推进中相应的环境与条件、统筹与支撑。大体而言,它包括统筹体系、人才体系、监督体系和支撑体系。统筹体系是指相应的组织体系,在治理体系中主要是党委和政府发挥统筹体系的职能。统筹体系既有国家层面,也有地方层面,在公共治理的推进中,要注重国家与地方的协调性与方向的一致性。国家统筹体系主要是定方向、定方位、定战略。地方统筹体系则要依据党和国家的大改方针,结合地方的实际,有序地推进,在各个方面进行推进。人才体系主要指治理推进的人才队伍。公共治理是一项科学化治理,它需要相应的专业化水平和实践性能力。公共治理的人才体系建设要注重挖掘行业治理需要的特殊人才,如网络安全领域、国家安全领域、社会建设领域、社会管理领域等需要的人才支撑。同时要重视相应的智库建设,充分发挥专业社会团体中的智慧力量。监督体系主要是要按照司法监控、社会监控、层级监控和自我监控等要求,建立健全相关职能机构、社会舆论、各人民团体等相应的监督职能,以确保公共治理推进的方向与效度。随着时代变化支撑体系需要相应的技术、经济、文化等方面的支撑,尤其是经济支撑体系。按照国家治理现代化的总体部署,在公共治理的推进中应有相应的财政支持,以确保公共治理制度化的顺利推进。总之,治理体系是一整套体制机制安排,既包括自身治理要件的集合,还包括治理运行体系、治理评价体系和治理保障体系,它们共同构成公共治理的体系。当前治理体系的现代完善是公共治理制度化推进的规范要求。

二、治理共同体的大构建:公共治理制度化推进的价值追求

"建设人人有责、人人尽责、人人享有的社会治理共同体"已成为推进国家治理体系和治理能力现代化的战略目标。治理共同体大构建的战略目标,为公共治理制度化推进的价值指向提供了现实遵循。"人人有责"是一种治理理念与价值追求,在人类历史上,"人人有责"总是与共同体如影随形。"共同体"概念历经了从"作为统领原则"到"共同体与社会对立"再到"社会中的共同体"的两次降格,"共同体"概念其指向的即"社会中的共同体"。个人与共同体的关系亦存在相应的不同主张,大体上包括社会至上、个人至上、个人与社会互动三种不同主张。个人与共同体关系的演变历程,与西方社会发展历程有着紧密的关联。古希腊时期,共同体社会是由一个个家庭、村社发展而来。在亚里士多德看来,城邦作为一种共同体的形式是优先于个体的,个体的至善只有在共同体中才能得到实现,脱离共同体的个体,是无法通向至善的,个体的善也就是承担自己的职责和义务。自西方启蒙运动以来,人的主体性逐步高扬,在个人与共同体的关系中,个人至上的观念逐渐占据主导。19世纪,伴随着资本主义、民族国家的浪潮在欧洲兴起并席卷全球,民族国家成为个人集合的重要单位。在此背景下,滕尼斯对共同体与社会的关系重新加以审视,认为共同体相对于资本主义大都市而言,是以自然、亲缘为基础而建立

的家庭、家族、村社、城镇等小规模社会。滕尼斯一方面对建立在血缘基础上的共同体表征出某种深深的眷恋，另一方面又对资本主义大都市社会的阔步行进发出无法阻挡的慨叹。时代车轮滚滚向前，当今时代进入了全球化、信息化、城市化的陌生人时代，人与人之间基于血缘、地缘等天然因素联结在一起的纽带被一次次冲击，"原子式的社会"（席勒语）悄然而至。在此背景下，共同体成为一种工具性的预设，在现代社会，它成为"原子式的社会"寻求归属的工具性依托。梳理共同体与个人、共同体与社会变迁的历程，是为了明晰当前治理共同体构建中"共同体"的内涵与旨意，只有清晰当今社会"共同体"定位，才能明晰治理共同体构建向何处去。基于此，当前治理共同体构建应是以一定的治理空间，如家庭、组织、社区、村等具体的载体为承载的共同体构建，"人人有责"亦是指明面向特定共同体的"人人有责"。

"人人有责、人人尽责"是治理共同体大构建的前提部分。那么，"人人有责、人人尽责"为何需要以及何以可能。从为何需要的角度来看，"人人有责、人人尽责"主要是从两个层面加以阐述。一个层面是自上而下的，主要是政府职能的转变。以往我国实行的是"全能型"管理模式，即政府是大包大揽，无限责任，在此背景下，政府需要应对的事务与日俱增，但同时也可能效果不理想。在总结历史经验与教训的基础上，当前政府从"全能型"转向有限责任型，即政府在社会管理上有边界与限度，在此背景下，公民、社会组织的责任需要强化，"人人有责、人人尽责"即成为发展之应然。诚然，需要指出，政府从大包大揽转向有限责任，并不是责任的推卸，更不是背离以人民为中心的发展思想，而是改变以往"保姆式"服务，激活民众参与，明晰政府与民众在社会管理中的权力与责任，提升社会管理服务质量，共建美好家园。另一个层面即自下而上层面。自下而上的层面，主要是民众需求的多元化。随着社会生活水平的提升，民众的需求已经从单一的物质层面向政治、精神等多元化方面需求转变。在民众需求多元化背景下，拓展民众参与渠道，使民众在参与中增强自主性、表达自身偏好是对民众需求的应然回应。在此背景下，提出"人人有责、人人尽责"也成为内在必须。从何以可能的角度来看,"人人有责、人人尽责"的实现就与"人人享有"有着紧密的联系,缺乏"人人有责、人人尽责"的责任机制,"人人享有"无所依托;缺乏"人人享有"的内在激励,"人人有责、人人尽责"也必然沦为一句空话。由此可见,"人人有责、人人尽责"与"人人享有"是具有内在关联的有机统一体。

"人人享有"即"利为民所谋、利为民所用",也是政治学意义上对公民权利的有效回应。回望西方政治哲学史,义务优先或是"为了义务而义务"(康德语),在现实中是空洞的、空虚的,它与具体的环境无关,与现实的运行亦相违背。权利与义务应是互为一体的,当把义务置于特定共同体语境中去加以理解时,义务意味着对特定共同体的一种责任担当,与义务互为一体的权利,也往往被特定共同体的本质属性予以规定,不能脱离特定的共同体语境去对权利加以理解。在改革快速发展的现代,改革成果由全体人民共享,是中国共产党对人民作出的庄严承诺,也是"人人有责、人人尽责"下应有的回应。治理共同体的构建同样需要治理的成果由人民共享。当前在公共参与层面,我国一定程度上出现了一种怪象,一方面对政治参与的需求提升,即在从物质需求转向政治需求、精神需求的背景下,政治参与的需求在提升;但另一方面,参与公共事务、提供公共产品,"人人有责、人人尽责"的认知却并不高,进而陷入一面抱怨、一面并不作为的现象。审视此现象,重要的原因在于激励不足,即过于强调责任,强调基于个人与共同体关联下个体的责任,但对于如何激励,具体的激励机制涉猎较少。作为一种"公共产品",激励不足或是激励机制不合理就极可能陷入"搭便车"情形,即既希望享受共同体赋予的"红利",又不愿意承担相应的责任。从当前的现实来看,"人人享有"不能是一句口号,也不能是一种期盼,它需要具体的体制机制加以支撑。借鉴"机制设计理论之父"赫维茨的"激励相容"原理,"即使合作博弈很困难,但如果我们有某种制度设计,能够让不同参与者利益共享(在个人与集体关系中),使得参与者在追求个人利益的同时,正好与集体利益相吻合,那么这一制度设计就是激励相容的。"这或许是一个可资借鉴的路径。① 赫维茨"激励相容"原理、奥尔森的"利益相容"原理、奥斯特罗姆的"小规模公共池塘资源可以实现自主治理"等原理具有相通之处。奥尔森根据对"集体行动"的观察，得出即使集体行动是可能的，选择性激励仍然是必要的。同时指出，小规模的团体更容易实现集体行动。奥斯特罗姆也在公共事务治理的观察中指明了这一点。由此可见，治理共同体的构建不应是泛泛地面向全社会的共同治理，而是应在既有的、特殊的、利益相容的、相对小规模中建构的共同体。倘若违背了利益相容原理，或是共同体过于宏大，"人人有责、人人尽责"难以实现，"人人享有"的激励机制亦难以发挥效用。同时需要指出，"人人享有"也不能仅仅定位于"理想的描绘"或是"未来的预期"，它应是在参与中、在责任的履行中能够获得的即时享有与未来享有的统一。综观之，"人人有责、人人尽责"与"人人享有"是不可或缺的一个整体。在具体的实施层面，第一，"人人有责、人人尽责"的实现需要与具体的、特定的共同体政治与文化契合，脱离具体的、特定的共同体，"人人有责、人人尽责"就可能沦为一句空洞的口号。第二，治理共同体的构建，政府在其中要担当主体角色，但政府并不是唯一主体，市场组织、社会组织、民众均要参与其中，多主体的供给也正契合"人人有责、人人尽责"的实质内涵。第三，治理共同体构建的制度设计是能够与参与主体利益相容的，在实质上其与参与主体并不存在利益的冲突，且利益的强激励能够可持续，亦是治理共同体构建制度设计中最重要的考量因素。总之，治理共同体的构建，是人民当家作主的具体举措，是能使人人参与其中并享有获得感的有共同的情感联结的共同体，它是公共治理制度化推进的价值追求。

三、治理水平的"四化"互动：公共治理制度化推进的核心要义

提高社会治理的社会化、法治化、智能化、专业化水平是党和国家的政治

---

① Hurwicz L."The design of mechanisms for resource allocation", American Economic Review, Vol.63, No.2.1973, p.27.

主张,是新时代加强社会治理制度建设的内在要求,是公共治理提升治理效能的具体方式,也是公共治理制度化推进的核心要义。

一是社会化。社会化即充分调动各方社会组织力量,充分挖掘社会参与能力,调动社会力量提升治理能力。回望我国国家与社会关系的发展历程,社会的力量相对薄弱,社会组织的参与建构相对滞后。伴随着国家与社会的有限分离,社会组织获得一定发展,尤其是党的十八大以来,社会组织得到较快发展,呈现多样化、技术化、大众化等发展趋势。调动社会力量,不仅仅在于社会各方力量的参与,还包括多方力量参与治理的各个环节。为使各方力量能够有效参与,避免零和博弈,需要建立健全社会矛盾化解的多元参与机制、正确处理人民内部矛盾的有效机制。毛泽东曾在《关于正确处理人民内部矛盾的问题》中深刻地揭示了人民内部矛盾的性质以及处理人民内部矛盾的方式。当前利益的多元化背后,在面对具体事务时,会呈现一定的矛盾,但只要是属于人民内部矛盾,都应发扬民主与批评相结合的方式,团结一切可以团结的力量。推进治理的社会化,也要求将治理重心"下沉",即调动群众的力量解决治理中的问题,政府相应的权力能够真正下放,政府自身改革能够到位。在社会服务管理上,继续完善网格化管理,畅通群众利益表达渠道,使群众的利益能够说得出、听得到。在社会治安防控上,要建立健全立体化、社会化的社会治安防控机制,形成各方面力量线上线下相结合的防控体系。

二是法治化。法治化是指营造完善的法治环境,推进治理在法治轨道上的进行。国家治理体系和治理能力现代化是国家治理现代化的重要维度,其中就包括国家治理的法治化、制度化、规范化。公共治理属于国家治理现代化的组成部分,法治化亦是公共治理推进的内在要求。法治化既指涉参与主体,也指涉参与环境。在参与主体上的要求即参与主体能够以法治思维、法治行为参与公共治理。法治思维是相较于人治思维而言的,它强调公正性、法律性、平等性。法治思维要求参与主体在处理相应问题上跳出传统的人治思想、关系本位,善于用法治思维看待问题、分析问题、解决问题。法治行为即在法律框架内按照宪法与法律的要求行动。参与主体在表达利益诉求或维护权益时能够以法治方式、在制度化的框架中进行。参与环境上主要指具备相应的完善的法律体系,以完备的法律体系保障与规范使治理始终在法治的框架下开展。在中国特色社会主义法治化建设进程中,中国特色社会主义法治体系基本形成,法治国家、法治政府、法治社会三者形成良性互动。三位一体的中国特色社会主义法治体系建设是公共治理迈向法治化的重要基础。法治化的具体运行向度,包括科学立法、严格执法、公正司法、全民守法四个层面。提升公共治理的法治化水平,要求在科学立法层面,完善公共治理相关的法律法规,使法律体系符合公共治理的旨归指向;在严格执法层面,要求规范公正、文明执法,对执法的自由裁量权进行严格规范并细化;在公正司法层面,要求司法正义,对相应的法律法规要严格遵守,对触及公共利益的问题按照法定程序执行,对涉及相应的违法行动必定追究、保障公平正义;在全民守法层面,提升公民的守法意识,知法懂法守法,提升法治思维,以法治思维调节相应的权责关系,平衡不同主体间的利益关系,促进"善"的最大化。

三是智能化。智能化是指充分运用科技手段,提升治理的智能水平,实现智慧治理。智能化是伴随着信息化时代对治理水平提出的新要求,从信息化治理切入,科技手段能够为公共治理提升重要技术支撑。公共治理涉及多个领域,在信息化时代需要善于将现代科技与公共治理实现深度融合。如在社会管理层面的治理,智能化水平可以极大减少人力的投入,为管理精细化提升相应的数据支持等;在公共服务层面的治理,智能化水平可以使公共服务更便捷、更科学;在社会保障层面的治理,智能化水平可以为社会保障的系统构建、运行程度、困难因素、科学应对等方面提供技术支持;在医疗服务等领域的治理,智能化水平可以有效缓解医务人员紧张的问题,对医疗大数据的整合优势也更为彰显。2020年新冠疫情突发,智能化水平在公共治理中的优势充分显现,如"绿码识别"是典型的以科技支撑优化治理的样例。提升公共治理的智能化水平,还包括运用智能化手段发现问题、分析问题、解决问题,运用大数据处理、人工智能等方式掌握治理动态,为治理科学化提供相应的客观支持。在风险预判与风险应对层面,同样可运用物联网、云计算、卫星定位等方式加强治理风险预警能力与风险防控水平。

四是专业化。专业化主要是指治理队伍的专业化水平。治理水平的提升有赖于专业化治理队伍,专业、快速、高效的专业化队伍能够极大地推进治理的效度与深度。公共治理既要强调民众的积极参与,也要强调相关专业人员的素质提升。如在治安防控领域,它需要相应的专业治安防控人才,以提升应对违法犯罪的职业化,为公共治理提供安全、稳定的社会环境保驾护航。在风险防控、形势预判、责任追究等方面,同样需要相应的专业化工作方法,对应急情况、突出状况的出现,能够有专业的应急人才队伍。总之,当前公共治理推进,需要提升治理的社会化、法治化、智能化、专业化水平,四者是一个有机联动的整体,相互影响、相互作用,治理水平的"四化"互动亦是公共治理推进的核心要义。

第三节　新时代中国社会公共治理制度化推进的具体举措

推进中国社会公共治理制度化是推进国家治理体系和治理能力现代化的重要内容和保障,在推进国家治理现代化的新征程中,中国特色社会主义国家治理体制创新迎来了新契机,对社会公共治理能力提升也有了新要求。为此,优化治理路径以提升公共治理的制度效能,拓展公共领域以提升公共治理的空间正义,培育公共精神以健全公共治理的主体要素,推进价值正义以强化公共治理的文化引领等,是新时代推进中国社会公共治理制度化的应然举措。

一、优化治理路径:提升公共治理的制度效能

公共治理具有公共属性,公共意味着"属于社会的"或"共有公用的",自20世纪八九十年代以来,公共治理的探索便在全球兴起,我国的公共治理也

在国家治理现代化框架中有序推进。审视世界各国的公共治理路径,大体上有利维坦治理、民营化治理、电子化治理、网络化治理四种类型,这四种治理各有其相应的优劣势,审视并分析这四种治理的优劣势,并把握选择何种治理路径的原则与方法,是优化治理路径、提升公共治理制度效能的题中之义,也是新时代中国社会公共治理制度化推进的具体举措。

利维坦治理路径即强制性的政府治理路径。利维坦治理路径由来已久,由于公共治理的公共性,奥尔普斯、艾伦菲尔德等学者均主张利维坦的治理路径。其中,奥尔普斯认为只有把利维坦作为唯一的手段才能真正避免公地悲剧。在个人自主性高扬的时代,利维坦的治理路径备受诟病,但其仍然具有明显的优势,主要体现在对公共资源动员能力的广泛性与及时性,行政体系的稳定性使其也具有较高的行政效率。此外,"合作的'跨界性'是整体政府的特征之一,而跨界又有多种表现形式:同级政府部门之间、上下级政府之间、不同政策领域之间、公共部门和私人部门之间。"①这种跨界性合作有利于更好地推进社会公共治理,促进社会公共价值的增长。不可否认,利维坦的治理路径亦有弊端与劣势,主要体现在因科层制而引发的公共行政效率的降低、因部门利益或个人利益而导致的公共资源的浪费甚至是贪污受贿等腐败现象的产生,其弊端与劣势也正与公共治理所要建构的社会公共性的旨归背道而驰。民营化的治理路径即各种社会力量的社会型治理路径。在市场化日益深入的当下,民营化的治理路径愈发被一些国家所认可并实践,如奥斯特罗姆"从博弈的角度探索了在理论上可能的政府与市场之外的自主治理公共池塘资源的可能性。"②从实证角度得出民营化治理路径具有更强的调动民众参与能力。从运行效度分析,民营化的治理路径同样有其优劣势。其优势主要体现在与

---

① 周志忍:《整体政府与跨部门协同——〈公共管理经典与前沿译丛〉首发系列序》,《中国行政管理》2008年第9期,第127页。

② [美]埃莉诺·奥斯特罗姆:《公共事物的治理之道:集体行动制度的演进》,余逊达、陈旭东译,上海译文出版社2000年版,中文版译序第3页。

利维坦的治理路径相比,民营化的治理路径通过自身能力和资源优势的发挥,能有利于破除政府供给的唯一性,防止公共资源的浪费,增强公共供给的多元化,提升公共供给的迅捷灵敏度,推进供给与需求的平衡,增强社会公共价值。民营化的治理路径具有一定的激励性,能够促使服务供给者更注重效果,对需求作出更及时的回应。其劣势主要体现在对公共服务、公共事务的热情难以持续,面临公共责任时,相应的责任主体难以追溯。民营化治理路径侧重对成本与收益的对比,对于公共治理所需的公平公正、平等互利等公共价值关注较弱。由于缺乏足够的对公共问题的参与动机,民营化治理路径对公共服务、公共事务的热情难以持续,在面对兜底性工作时往往不得不求助于利维坦的治理路径。电子化治理路径即通过电子技术实现的治理路径。伴随着提升治理智能化水平的呼声愈益高涨,电子化治理路径也得到了较广泛的应用。电子化治理路径起源于办公自动化技术,21 世纪以来,电子化治理路径越来越多地运用于实体管理与公共事务管理,它的优势主要体现在能够较好地提升办公效率,增强信息共享与对话能力,有利于多主体的共同参与,提升公共决策的速度与质量。基于云计算、算法推荐等技术,能够在大数据下观测公民需求指向并给予相应的决策,利于决策的科学性并增强风险的预判性。电子化治理路径的劣势主要体现在电子化治理路径对信息素养、数据掌握依赖性较高,如何避免"数字鸿沟",如何消除因"数字鸿沟"而导致的不平等或是参与不充分等问题。此外,由于缺乏"面对面互动",在复杂化的公共问题面前可能会导致互动不足或信任不足,反而降低治理效能。网络化的治理路径即利维坦治理、民营化治理与电子化治理的有机结合体。随着信息技术的快速发展,网络化的治理路径被视为未来公共治理的最优路径,它能够将利维坦治理、民营化治理与电子化治理等各种治理路径有机结合,形成治理再造与治理赋能。尽管有学者对网络化的治理路径给予极高的评价,但路径仍然有其相应的优劣势。其优势主要在于综合利维坦治理、民营化治理、电子化治理多种治理路径,兼具相关治理路径的优势并弥补相关治理路径的不足,具有较强的灵活性,能够较为有效而快速地应对各项公共事务。其劣势主要在于由于多种治理路径的"合作",也可能出现"合作悲剧"。当多种治理路径间不兼容或是不合作时,则可能导致资源浪费、治理效率大大降低。

为提升公共治理的制度效能,关键在于优化治理路径,能够针对不同的治理对象、治理动机、治理阶段、治理过程选择相应的治理路径。具体而言,一是选择主体。公共治理的公共性实质上指明了公共治理的主体不存在政府或社会的纯粹界分,事实上政府与社会的界分是理论层面,在历史与事实中两者的理论界分并不存在,公共治理路径选择的主体也应是政府组织、市场组织、社会组织与公民共同的协同治理。二是选择依据。通过对利维坦治理、民营化治理、电子化治理、网络化治理四种治理路径的优劣势分析,具体选择何种治理路径,需要明确组织特性、产品特性、治理动机、治理所处的阶段等方面进行选择。在组织特性方面,各种群体具有"道德人"的一面,也有"经济人"的一面,它们均具有一定的优劣势。产品特性方面,大体上可分为非竞争性与非排他性的纯公共产品、竞争性但难以排他的公共资源或是非竞争性但可排他的收费物品三大类。治理动机方面,需要明确公共治理的指向是减少预算、提升合作或是提升部门治理效能等。治理所处的阶段方面,主要是依据治理相应的国情、地区条件以及治理所处的时机以选择相应的路径。总之,公共治理路径的选择最终是指向善治,四种治理路径的选择归根结底要根据相应的实际情况进行选择与应用。

二、拓展公共领域:提升公共治理的空间正义

公共领域是"公共意见的交往网络"。"在复杂社会中,公共领域形成了政治系统这一方面和生活世界的私人部分和功能分化的行动系统这另一方面之间的中介结构。"①从公共治理的应有之义看,公共领域是其中不可或缺的

---

① [德]哈贝马斯:《在事实与规范之间:关于法律和民主法治国的商谈理论》,童世骏译,生活·读书·新知三联书店 2003 年版,第 461 页。

重要资源。结合迈克尔·曼对国家权力的划分,国家治理绩效绝不是依赖于高强度控制,他认为国家权力有专制性权力和基础性权力,专制性权力是由国家强制性输送至社会的,基础性权力是国家与社会互动中获得的,国家治理绩效不能仅仅依靠专制性权力,它还需要基础性权力。基础性权力的获得是由国家与社会互动而产生,其中公共领域是国家与社会的"中介结构",具有重要作用。一定程度上可以说,公共领域是基础性权力获得的重要空间基础。从专制性权力和基础性权力的划分中,可看到国家与社会既是相互制约的,也是相互联结的。一方面,国家具有自主性,它能够管理和引导社会,并在引导社会的框架中达致政策效度的形成;另一方面,国家自主是一种体现国家与社会(市场)互动关系的镶嵌性自主,并不能脱离于社会,社会各团体对国家自主亦有一定的影响力,它表明国家权力的实现不能仅仅靠外在权力的强制性,需要相应管理对象的支持与合作,这种镶嵌性自主是国家发展的重要基础。彼得·伊万斯通过"嵌入自主性"概念表述了国家与社会相互联结的内在必要。无论是基础性权力或是嵌入自主性均表明国家治理绩效中社会因素的重要性。因此,当前公共治理的推进同样需要重视社会支持,公共领域是国家与社会互动的润滑剂,亦是提升公共治理的空间正义。

　　公共领域是公民意见的交往网络,是提升公共治理的必要场域,它既是针对专制性权力的一种批判力量,也是为公共治理提升发展空间的重要场域。公共领域当前对于提升公共治理的空间正义价值主要体现在:一是政治权力与社会结构的内在协调。政治权力与社会结构的内在协调是公共治理的应有之义,可以说缺乏政治权力与社会结构的内在协调,公共治理难以存续,这种内在协调和国家与社会的相互渗透有区别,国家与社会的相互渗透,更多的是不同利益群体间相互妥协的一种方式。政治权力与社会结构的内在协调是二者相互依赖和互相支撑,在治理模式上具有一致性,有利于提升治理能力。以往在国家与社会关系上,过于强调二者的相互分离,而适当分离有利于公共领域的生长,但从价值指向上二者应具备内在一致性,即指向治理能力的提升,指向"公共善"的实现。由此,公共领域是其中重要的建设性力量,而不是消极力量,是合法性工具,而不是一种纯批判式的消极因素。在政治权力与社会结构内在价值的一致性层面,公共领域有利于国家的有效建设及公共治理的内在提升。需要指出,对公共领域的理解,不能停留在哈贝马斯所提出的批判性,还需要看到它在国家与社会内在一致性中的重要作用,只有跳出公共领域仅仅作为批判性公共领域的理解,才能走出公民权利面临侵蚀的困境,正视公共领域在提供社会支持与国家建设中的重要作用。总之,公共领域的发展有利于推进政治权力与社会结构的内在协调,进而促进国家与社会的有机互动,推进公共治理。二是国家与社会良性互动的社会空间。受西方公共领域理论的影响,公共领域内在指向公共权力的批判性,使公共领域一度被认为是对国家具有瓦解或是颠覆性力量的因素,也就是说,公共领域的发展一度被认为是需要警惕的,而不应是弘扬的。从公共领域内在精神与现代民主的核心实质的一致性考察不难发现,对公共领域发展的警惕或是抵触是存在误解的。众所周知,民主的根本基础即"权力来源于人民",公共领域恰恰是体现民主原则的重要领域,通过公共领域,参与者可以充分协商、讨论、辩论、沟通,由此可见,公共领域不仅不会削弱国家权力的基础,相反,通过公共领域对民主原则的肯定,国家权力能够获得更强的合法性与认同感。公共领域在发挥其相应的批判或批评功能时,使国家与社会形成一种互动的机制,进而使国家权力更能反映人民的需求,而不是远离人民的需求,因此,公共领域的内在精神与现代民主的核心实质具有内在一致性,它是国家治理能力提升的重要基础与重要依托。从功能发挥的指向上看,尽管公共领域对国家权力会批判与监督,但批判与监督的根本指向不是消极的反对,而是积极的构建,是支持国家权力得以有效运行的重要社会空间。正如哈贝马斯所言:"公共领域的特征毋宁是在于一种交往结构,它同取向于理解的行动的第三个方面有关:既不是日常交往的功能,也不是日常交往的内容,而是在交往行动中产生的社会空间。"①

公共治理从运行空间上考察,不是凌空的实践,公共领域恰恰是公共治理的重要空间。诚然,公共领域的形成需要相应的条件,其中"公众的信服"是公共领域形成的前提性条件。公众对于公共领域的形成具有"构成性意义",即可以说,没有公众意见的组成,公共领域就无以依托。关于公共意见,哈贝马斯写道:"公共意见可以操纵,但不可以公开收买,也不可以公开勒索……公共领域是不能随意'制造'的。"②从空间意义上看,公共领域是国家与社会互动合作必要空间,尽管公共领域具有一定的批判性,但它是在促进国家与社会互动合作的意义上进行批判与建设,因此,从根本上来看,它具有积极的建设意义。当前公共治理的推进有赖于国家与社会的互动合作,公共领域作为国家与社会的"中介结构",能够为国家与社会的合作提供缓冲带。公共领域与民主实质的内在一致性、公共领域对国家与社会互动的支撑性等均表明,拓展公共领域能够促进"正义性"生长,进而推进公共治理的空间正义。

三、培育公共精神:健全公共治理的主体要素

公共精神是指向"公共性""公共善"意蕴的价值指向。早在《礼记·大运》中就有"天下为公"的记载与价值追求。在古希腊,公共精神被视为城邦公民应该具有的政治品德。诚然,中国传统文化、古希腊文化均有对公共精神的隐喻与表述,但现代意义上的公共精神是在国家与社会分离后孕育而生的。阿伦特曾指出:公共精神"首先意味着,在公共领域中展现的任何东西都可为人所见、所闻,具有可能最广泛的公共性。"③公共精神是在参与公共事务中,指向公共关怀、公共理性的一种态度与行为方式。具体而言,公共精神包含以

---

① [德]哈贝马斯:《在事实与规范之间:关于法律和民主法治国的商谈理论》,童世骏译,生活·读书·新知三联书店 2003 年版,第 446 页。
② [德]哈贝马斯:《在事实与规范之间:关于法律和民主法治国的商谈理论》,童世骏译,生活·读书·新知三联书店 2003 年版,第 451 页。
③ [美]汉娜·阿伦特:《人的条件》,竺乾威等译,上海人民出版社 1999 年版,第 38 页。

下几个方面:一是公共精神是在公民身份意识觉知基础上的一种精神。公共精神的主体是现代公民,公民身份意识觉知是公共精神的内在特质,亦是公共精神培育的前提条件。公民是宪法规定的具有权利与义务相统一的个体,公民身份意识觉知即清晰地认识到自身的权利与义务,并明晰在社会交往中遵守公共规则和守护公共利益的自觉意识。公民身份意识觉知还包括对公有性、分享性的认识,缺失公民身份意识觉知,公共精神难以形成。二是公共精神是在公共生活交往中形塑的一种精神。从社会领域来看,大体可分为私人领域、公共领域、公共权力领域。公共精神是生成于公共领域,植根于公共生活中的一种精神。公共生活指明了人的交往的社会性,即在社会交往中人与人之间会发生各种联结,人与人纽带的生成亦需要公共精神。在人们生活的政治共同体、经济共同体、社会共同体中,每个人"不同他人发生关系,他就不能达到他的全部目的"①。一定程度上可以说,如果社会个体缺乏公共精神,缺失了对外部世界的观照,他就无法获得自足的社会性,社会公共生活的道德根基亦无法支撑。公共精神与公共生活密切相依,公共精神从公共生活中生成与发育,公共生活亦需要公共精神的滋养与支持。三是公共精神是引领公共社会发展向善的一种精神。在个体与他人、个人与社会、私人与公共等交锋与博弈中,个体可能出现侵害他人利益或是损害集体利益的现象,作为一种价值取向,"公共精神是孕育于公共社会之中的位于最深的基本道德和政治价值层面的以公民和社会为依归的价值取向。"②公共精神指向社会价值,它能够增强个体的约束力,调节个体利益与集体利益,能够在承认个体正当利益的情况下增进公共利益,营造和谐的社会氛围。在"原子化个人主义"有所显现的现时代,公共精神的培育尤为重要,它能引导公共生活发展向善,使个体不再囿于个人的狭隘空间,不再仅关注个人的私人利益,而是能够拓展个人视野,摆正个人与社会关系的认知,增强人的社会责任感与使命感。总之,公共

---

① [德]黑格尔:《法哲学原理》,范扬、张企泰译,商务印书馆1961年版,第197页。
② 谭莉莉:《公共精神:塑造公行政的基本理念》,《探索》2002年第4期。

精神是引领公共生活、指向公共事务自觉的一种价值态度,与公共治理具有一致的价值旨趣。当前推进公共治理,必须培育公共精神,它是健全公共治理的主体要素。

面向当前公共精神培育的需求与困境,对标公共治理现代化的要求,当前培育公共精神需要从以下几个方面着眼:一是增强公共理性养成自觉。公共理性是承载公共生活中指向"公共性"的一种态度与思维范式,是公共精神的内在属性。公共理性是理性的一种表征形式,它指向公共利益与"公共善"。"理性是世界的灵魂,理性居住在世界中,理性构成世界的内在的、固有的、深邃的本性,或者说,理性是世界的本性。"①理性是相对于感性而言的,公共精神的培育需要感性的滋养与情感的萌动,但更需要理性的丰厚与积淀。公共理性相对于其他理性而言,更多地指向公共事务、公共利益与"公共善"。倘若缺乏相应的公共理性,公共精神即是一种空洞的、缥缈的,易导向虚无的精神,它便无所依托与无所依附,因此,公共理性是培育公共精神的首要条件。公共理性的生长并非从来就有,也非一成不变。公共理性的生长历经一个变迁过程,在民主、自由、法治化不断推进的进程中,公共理性更易获得生长,在专制、封闭、人治的环境中,公共理性则难以生成。审视我国公共理性生长的轨迹,伴随着民主、自由、法治的推进,在权利与义务意识、自我与他者认知、合作与竞争博弈等日益清晰的进程中,人们的自主意识、创新意识、自觉意识均有一定成长,公共理性在这个进程中逐渐获得更为自觉的形式。增强公共理性自觉,需要在当前环境中更多地引导人们自觉融入公共事务中,不做"看客"和"旁观者",不做"冷漠的私密人",而是在公共事务的参与中增强权责意识、法治意识、合作意识、民主意识,进而指向公共精神的培育与提升。二是增强公共事务参与自觉。一定意识的生成,归根结底取决于其相应的社会生活。培育公共精神,归根结底需要丰富相应的社会生活,公共事务是培育公共精神

---

① ［德］黑格尔:《小逻辑》,贺麟译,商务印书馆 2011 年版,第 80 页。

的有效方式,当前培育公共事务参与自觉,主要有两种方式:第一种是创新体制机制,通过相应的奖励激励,引导公民参与公共事务。在现代社会,随着信息技术的快速发展,交通运输等快速完善,人们参与公共活动、拓展公共空间的渠道越来越多,关乎民众的公共事件也相应增加。为培育公共事务参与自觉,就需要基于公共交往,增强人们的对话意识,使人们在交流互动中获得一种归属感与存在感。作为社会人,既有自私的本性,也有利他的需求。建立健全参与公共事务的奖励机制,要使个体在参与公共事务中获得利他后的存在感,实现公共利益。在公共事务的参与中,使个体能够不只是意识到自身利益,或是狭隘地从自身利益的眼界出发,而是能够获得个人与他人互动的利益共享,寻求个人利益与他人利益的共在、自我利益与社会利益的共存。通过相应的奖励激励机制设计,使个体认识到参与公共事务的意义与价值,并在增强人与人的交流互动中增进对公共事务的正确认知,提升对公共事务参与的内在自觉。第二种是丰富公益活动,通过参与一定的公益活动,引导公民参与公共事务。公益活动是指参与社会公益团体或慈善组织的活动。公益活动是衡量个人利益与社会利益如何处理的一个中介,是关乎检测个人利益与社会利益的相关事件,是否投身公益活动,是其中的重要检测标准。伴随着社会组织的完善与培育,各种类型的公益活动也获得了较大的丰富,如环保类、志愿者类、普法类等。现代公民是指向权利与义务相统一的公民,公民在享受权利的同时,也应履行一定的义务,参与公益活动,亦应是公民应尽的一种义务。当前在引导公民参与公共事务方面,应能够为民众提供更为丰富的公益活动,使民众真正成为有责任的公民,增进公共利益,弘扬公共精神。三是增强公共生活融入自觉。公共生活是相对于私人生活而言,孕育公共精神的丰厚土壤必然是相应的生活样态,公共生活是孕育公共精神的最佳土壤。增强公共生活融入自觉同样可以有相应的举措,一种是培育积极参与公共生活的意识。在乡土社会生活中,现代公共生活并未生成,伴随着社会市场的扩大,公共生活的领域获得极大的生长,但人们的意识并没有相应地跟进与培育,因此在从乡土社会向现代社会的转变历程中,培育积极参与公共生活的意识尤为重要。培育参与公共生活的意识,可以通过学校教育的主流渠道,也可以通过社会宣传等方式推进。如在学校教育层面,通过开展基于公共空间的专题讨论、主题交流等活动,培育个体的公共生活意识,明晰公共生活的情境,培养合作、协商、平等、共享等品质。社会宣传层面,通过对公共生活的多种形式的倡导,形成积极融入公共生活的舆论氛围。另一种是拓展参与公共生活的渠道。公共生活需要一定的条件与场域,当前为拓展公民参与公共生活的渠道,可丰富志愿服务、参政议政、意见咨询等形式与活动,使更多的公民能够参与到公共生活中来。在参与公共生活中注重培育个体公共生活的能力,如理性思维能力、反思批判能力、甄别判断能力、利益协调能力等。公共生活是从私人生活迈向公共场域展开的生活样态,它不仅需要一种积极的参与意识,也需要相应的参与渠道与参与能力。因此,培育积极参与公共生活的意识、拓展参与公共生活的渠道、培育参与公共生活的能力均不可或缺。总之,公共精神是一种关乎他者的价值取向,它与公共治理具有内在价值取向的契合性,培育公共精神,是健全公共治理的主体要素。

四、推进价值正义:强化公共治理的文化引领

公共治理作为一种治理方式,它同样需要相应的文化土壤。按照梁漱溟先生的看法,"文化是生活的样法",样法即样态,生活样态的展现即是文化的展开方式。价值是文化的核心,公共治理指向"公共善",公共治理需要一定的文化引领,而强化公共治理的文化引领需要推进价值正义。何为价值正义?追溯至亚里士多德可发现,正义一词在古今中外的学者中均有阐述。无论是规则正义、制度正义、道德正义,抑或公平正义、程序正义、市场正义,均指明合乎其应然的判断与标准。关于正义、价值、文化等论述,古今中外学者提出应包括两条原则。一是"败德报复"原则。即对于"败德"即损人利己式的行为,实行相应的报复或是威慑,它是价值正义的重要原则,倘若缺乏此原则,就可

能出现"劣币驱逐良币"的怪象。诚然,"败德报复"不是指肉体上或武力上的报复,而是指司法制度内的惩戒和道德舆论下的排斥等形式。"败德报复"原则在公共治理层面的功能主要表征为预防和教育。预防主要指人们通过对以往"败德报复"行为的参照,明晰什么是该做的、什么是不该做的,进而更好地规约自身的行为,更好地在公共生活中处理自我与他者的关系,促进公共利益的实现。教育主要指通过对"败德报复"行为的认知,明晰"败德"带来的后果,对"败德"行为形成一定的威慑力,确定相应的"坏"与"好"的判断。简言之,"败德报复"原则使人们在社会交往中对行为的预期有提前预知与判断,也有助于公共治理形成扬善惩恶的氛围。公共治理是基于公共生活展开的治理,是适用于自我与他者互动中开展的治理。在具体的公共生活中,可以看到,每一次对公共事件的相应处理,实质上都是一次价值正义原则的有效实践。公共事件的当事人,通过对可重复、可复制、可预期的规范制度的解读,为自身行为的合理性展开辩护,还可以通过对公共事件行为的剖析,为不合理行为进行举证,通过相应的互动、讨论、博弈与交流,生成相应的制度规范理解,进而达到遵循正义的实践示范,维护价值正义。二是"善德善报"原则。"善德善报"是对善的行为的认可、赞同、效仿与激励,应用于具体的公共生活中,使良善的公共生活不断得到激励,进而产生相应的制度规范与行为预期,使"好"得到弘扬,使人们明晰什么是被认可、被赞同、被尊重的。"善德善报"原则在社会运行中强调正能量的积聚,更多的是在个体的道德价值判断中发挥重要作用。"善德善报"原则与"败德报复"原则二者不可或缺,一个是弘扬激励正向面,一个是道德遵循的底线方。公共治理指向"公共善"的最大化,它强调"善德善报",但倘若缺乏"败德报复","善"可能被贬损,"恶"可能大行其道。因此,"善德善报"原则与"败德报复"原则不可或缺,价值正义至少应遵循这两个原则,使善德得到鼓励,败德受到惩罚,避免"道德的人与不道德社会"怪象的发生。

推进价值正义就是要推进社会领域的制度价值"自由、平等、公正、法治"

在公共治理中的落地与践行。社会公共治理属于社会领域,其基本特征是竞争与合作,为促进"共同善"的实现,需要自由、平等、公正、法治的价值支撑。首先,保障权利自由。古往今来,对于自由的歌颂不胜枚举,对于自由的解读亦不计其数,从社会公共治理的角度审视,自由首要是权利自由。为保障权利自由,要以法治为依托,"国家无法不立",社会无法同样无以运行。权力自由至少包括三个维度,一是权利与义务统一的自由。权利与义务是相互影响的统一体,享受权利必然要求承担义务,承担义务亦需要享受相应的权利,倘若只享受权利而不履行义务,实质上即特权的代言者;只履行义务而不享受权利,实质上即奴隶般的生活样态。以法治为依托的权利自由,必然是权利与义务统一的自由,否则既无法治可言,也无自由可谈。二是他律向自律转化。自由不是毫无约束,漫无边际。法国启蒙哲学家卢梭曾阐释道:"人无往不在枷锁之中。"自由是能够将法律义务向自律转化后的一种心理状态,当义务转化为良知、自律,使其获得一种完满与自足的自由。三是权利自由成为"善治"的动力。当权利自由上升至国家伦理规范制度层面,便能成为"善治"的动力,进而促进治理的高效运转。其次,适当权利节制。权利自由指明了伴随着国家与社会的分离,人们获得的极大的自由性,然而,权利自由从理念到实践的转化还需要法治经济的保障。一方面,围绕市场资源的优化配置形成的合法性激励,能够促进社会福利的相应增长;另一方面,体现分配正义、平等正义、交换正义等要求的权利自由,亦要提升法治的运行与保障。适当权利节制指的是对资本、市场负面要素的规约与限定。资本具有天然的逐利性,倘若不对权利自由实现适当社会节制,垄断、不仁、恶性竞争等现象可能出现。适当权利节制并不是对人们正当权利的阻挠或宰制,而是以伦理制度对以利益最大化为导向的市场逐利行为的节制与规范,以实现"向善"的内在旨归。最后,指向权利至善。社会公共治理作为社会领域的一种治理,它需要符合国家层面核心价值的导引与规约,但另一方面社会领域也需要相应的价值导向与引领。当前指向权利至善,是指通过一系列制度安排指向"共同善"的遵循。

制度是其中的重要中介,无论是权利自由、权利节制,抑或是权利至善,均需要通过制度手段以落实,否则可能沦为空洞的教条或说教。总之,价值正义内含权利自由、权利节制、权利至善,它们是自由、平等、公正、法治的具体表征。从公共生活生成的文化土壤角度审视,推进价值正义是强化公共治理的文化引领。我国"十四五"规划中明确提出要加强和创新社会治理,审视当前我国公共治理的短板与弱项,优化治理路径、提升公共治理的制度效能,拓展公共领域、提升公共治理的空间正义,培育公共精神、健全公共治理的主体要素,推进价值正义、强化公共治理的文化引领等方面,提出新时代中国社会公共治理制度化推进的具体举措。

结　语　健全人民之治的公共治理制度体系

　　健全人民之治的公共治理制度体系,是坚持和完善中国特色社会主义制度的价值诉求,是推进国家治理体系和治理能力现代化的价值支柱和坚实基础,也是扎实推进全体人民共同富裕的必然要求。公共治理行动需要各个主体在公共治理体系中各司其职、各尽其责,进而形成同心同向发力的治理伟力。新时代,把党的群众路线贯彻到公共治理行动的全部实践活动中,就是要基于人民之治赋予健全公共治理制度体系的新要求新任务,健全党组织领导下政府组织、市场组织、社会组织的协同共治的公共治理制度体系。

　　公共治理行动需要社会各方力量共同参与,在党的领导下切实打造社会公共事务中的大事由国家办、小事由社区办、私事由居民办的人民之治的治理组织体系和活力体系,促进自治、法治、德治相结合的公共治理体系高效运转。中国之治的实践表明,人民之治的治理格局有利于克服行政力量直接挤压社会公共治理的弹性空间,可以更好地回应民众的现实需求和适应社会发展的多元需要,实现以小为大、以下为上、上下同心的公共治理状态,进而以权利与义务为重点规约公共治理行动中的不同主体,有效提升公共行动的治理效能,降低公共行动的治理成本,真正扩大社会公共治理的弹性空间。当然,国家行政力量在公共治理行动体系中具有不可替代的重要作用和显著优势,如发展规划拟定、财政资金分配、城乡区域协调、重大项目建设等都需要国家行政力量的介入,但是新时代中国社会公共治理是一种人民之治,属于人民、为了人民、依靠人民是公共治理的价值内核,确保人民的受益主体地位是公共治理追求的最高德性,否则国家行政力量的介入也会失去人民的信任与支持。同样,公共治理的主体也是人民,健全公共治理制度体系需要夯实人民之治的利益根基,关涉民众共同利益的具体事务需要充分尊重广大民众的意愿,要化民众对美好生活的向往为实现提升公共治理效能的动力。

相对于强制、处罚、行政命令等行政强制性的治理方式而言,突出需求导向、问题导向、效果导向的公共治理方式,能最大限度地维护社会公共利益,更好地激发人民之治的主体活力,提升公共治理行动的能力和水平,扎扎实实推进全体人民共同富裕,提高全体人民的获得感、幸福感和安全感。当今,健全人民之治的公共治理制度体系要把促进全体人民共同富裕作为出发点和落脚点,在党的领导下形成人民之治的最大合力。当然,公共治理行动实践中也不能假人民之"名",行破坏之"实",不能出现有损于社会公共利益的行为,不能打着人民之治的幌子去强制性替代公共治理的制度性规则,也不能完全不顾社会发展的基本规律而凌驾于人民意志之上,而应以实现人民对美好生活的向往为出发点和落脚点。在一些关涉人民根本利益与长远利益的社会公共事务上,可以通过全过程人民民主的方式,发挥人民当家作主的中国制度优势,在非强制性的秩序领域,如治安巡逻,可通过全过程人民民主提升治理能力,减缓行政领域的强制性。公共服务领域,如养老服务,可通过全过程人民民主方式提升公共服务水平和治理效率。市场化领域,可采取市场化运作方式购买公共服务,提高公共治理的质量和效益。

公共治理也要充分考虑社会扁平化组织的自治成本与自治收益情况,当社会自治需要耗费较高人力、物力和财力等成本时,社会自治组织参与社会公共事务治理的优势并不一定能够得到有效彰显,则需要国家行政力量及时对公共领域中的有关重要问题加以统筹、协调和解决;当社会自治能有效降低公共治理行动成本和提高社会公共事务的治理效能时,则需要充分发挥社会自治组织参与公共事务治理的积极性、主动性和创造性。公共治理也并不是一场轰轰烈烈的随大流的盲目跟风,自治主体也需要具有相关领域的专业知识和专业能力。如垃圾处理和养老服务的治理,并不仅仅是社会自治主体之间浮于表层的商谈或"众声喧哗",而是各方主体在专业化认知、了解和判断的基础上所形成的一致性意见和共同行动,需要全面提高社会公共事务治理主体的科技文化素养,推动乡村人才振兴,从而使公共治理取得更加明显的效果。

新时代新要求,进一步健全人民之治的公共治理制度体系,最关键的是要以扎实推动共同富裕作为其目标导向和价值导向,形塑一个中国共产党领导下的"有为政府、有效市场和有机社会"的公共治理行动体系,进而充分释放公共治理的各类行动主体活力,这是推进新时代人民之治的公共治理制度体系的必然要求。新时代,健全人民之治的公共治理制度体系,也需要进一步处理好以下几对关系。

一是进一步处理好政党与政府的关系。中国共产党的领导是中国式国家治理的本质所在,是中国式国家治理的最根本特征。中国式国家治理,既不是西方资本主义国家治理模式的翻版,也不是其他社会主义国家治理模式的再版,而是以扎实推动全体人民共同富裕为旨归的现代国家治理。作为一个后发现代化国家,中国国家治理之所以能在高度压缩的时空中取得如此巨大的成就,呈现出赶超西方国家的强劲势头,正是因为中国式国家治理是推进物质文明、精神文明、政治文明、社会文明和生态文明的五大文明协调发展的国家治理,注重从人的尺度审视中国式国家治理的效能,是超越了资本逻辑的以人的全面发展为中心的国家治理,它兼顾了物的尺度和人的尺度,最大程度地发挥了国家治理的聚合效应。然而,中国式国家治理之所以没有重复西方资本主义国家治理,最根本的原因是有中国共产党的坚强领导。在中国特色社会主义民主政治体制中,中国共产党并不像西方政治那样,将政党纳入社会范畴。在当代中国,是先有中国共产党,才有社会主义新中国,政党制度是嵌入国家制度体系的"元制度",中国共产党领导着国家构建与社会建设,中国式国家治理是中国共产党领导下的国家治理,体现了党的领导、人民当家作主和依法治国的有机统一。毫无疑问,以党代政、党政不分的现象在我国国家治理的某些领域依然存在,真正解决党政不分的以党代政或党政同构问题,进一步处理好政党与政府的关系界限问题,改进党对国家和社会的领导方式,实现党委依法执政和政府依法行政的有机结合,推进党的领导和依法治国的有机统一,依然是新时代健全人民之治的公共治理行动体系的重要内容。

二是进一步处理好政府与市场的关系。"政府在公共领域责任重大且具有的不可替代性,决定了政府在公共治理中的主导地位。"①"政府供给之于国家治理的意义在于,能由民间供给的政府应避免插手,只有在民间缺乏公共供给动力的情况下,政府的公共供给才会受到真正欢迎。可见,政府公共供给的范围和水平是国家治理能力的函数。"②在公共治理行动体系中,政府和市场都不是万能的,在经济领域中也不能实行完全由市场主导,政府放任不管,而是政府与市场要各司其职,在市场失灵的时候,政府能起到有效的监督引导调节作用,这就需要在公共治理行动体系中保持一个"有效的政府"。为此,正确处理好政府与市场的关系,用好"有形之手"与"无形之手",是健全人民之治的公共治理行动体系的题中应有之义和重要原则。然而,一个有效的政府应具有较强的监督引导调节市场的能力,也应具备提供优质的社会公共产品和公共服务的能力,能确保社会所有公共产品和公共服务的供给有效有序地运行。新时代,进一步处理好政府与市场的关系,需要明晰现代政府在公共治理行动中的主导角色,承认政府是维护社会公共秩序和捍卫社会公共利益的最终责任者,充分认识到市场失灵和志愿失灵是政府提供公共产品和公共服务的起点,需要在公共治理行动中既要发挥市场在资源配置中的决定性作用,

---

① 杨宇立:《公共供给与国家治理》,上海社会科学院出版社 2016 年版,第 149 页。
② 杨宇立:《公共供给与国家治理》,上海社会科学院出版社 2016 年版,第 103 页。

塑造一个市场秩序自律的"有效"的市场;也需要更好发挥政府公共供给的国家治理职能,塑造一个宏观调控有力的"有为"的政府,进而形成市场作用和政府作用有机统一。唯有如此,政府才能更好地履行国家治理的最终责任,克服政府失灵现象和政府的公共性偏离现象。

三是进一步处理好政府与社会的关系。"政府与民间社会分属政治和社会两个领域,但都属于'集体行动的工具',能为不同人群和集团提供特定的公共供给和公共服务。"①提升公共产品和公共服务的多元主体供给能力是推进国家治理能力现代化的重要内容,政府组织与社会组织都应该在效率的基础上承担不同公共产品和公共服务的责任。政府与社会之间是一种相互制约的辩证关系,政府既产生和受制于社会,又对社会具有规范作用,它们是"流"与"源"的关系,"弱政府—弱社会""弱政府—强社会""强政府—弱社会""强政府—强社会"是政府与社会之间的四种形态。新时代,建立"强政府—强社会"的"善治"关系是进一步处理好政府与社会关系的应然趋势与实然诉求。总体而言,虽然我国社会组织得到了快速发展,但其自主性阙如、自治力不足等问题依然存在,这直接影响了社会组织参与公共事务治理的积极性与主动性,从而影响其有效承接政府转移出来的职能,政府与社会的关系也出现了某些方面的不平衡。为此,进一步处理好政府与社会的关系,塑造政府服务者的角色,赋予社会更多的自治权利,发挥社会组织依法依规自治的功能,不断优化、整合和完善社会运行机制,从提升自身服务于人民对美好生活向往的能力出发,寻求政府主导性与社会自主性的平衡点,充分发挥政府组织与社会组织在提供公共产品与公共服务中的合作共治作用,促进政府与社会在良性互动中提升公共供给的能力和效率,有效消解政府侵蚀社会、社会俘获政府的潜在冲突,无疑是提升公共治理行动效益与能力的途径。

四是进一步处理好私权与公益的关系。公民个体积极参与公共事务治理

---

① 杨宇立:《公共供给与国家治理》,上海社会科学院出版社 2016 年版,第 212 页。

固然是推进国家治理现代化的重要影响因素,但公民个体在公共事务治理中展现出来的公共素养更是夯实公共治理行动的重要基础。在现代国家治理体系中,政府组织要有效回应在公民意愿的基础上有效进行公共供给,市场组织要在基于市场需要的基础上严格自律,社会组织也要在满足其成员需求的基础上积极承担公共供给责任,公民个体也要在捍卫公共利益的基础上展现出良好的公共参与精神和更大的公共责任担当,因为积极参与公共事务治理和主动承担社会公共责任是一个成熟公民的基本条件。事实证明,在现代国家治理中也往往由于"民主失灵"而导致个体权益与公共利益之间的失衡,既有以个人权利伸张而损害公共利益的问题,也有以公共利益之名而践踏个人权利的问题。要解决好这些问题,提升公民公共意识则是一个绕不开的命题,需要强大的公共素养来规范个人权利与公共利益的关系,既要在公共治理行动中提升公民的公共素养,也要通过公民公共素养提升激活公民参与公共事务治理的能力,因为公民公共素养的提升能涵养不同治理主体之间良好的合作关系。为此,为了促进个体权益与公共利益的平衡,保持二者之间的合理张力,在营造尊重个体权益社会生态的同时,也要大力培育现代民主政治制度内生要求的公民公共素养,夯实公共治理行动体系的公民资源,让公民个体能够以公共利益为基准来表达自身的权益诉求,在公共治理行动中展现出利己与利他相统一的良好公共素养,促进公民积极参与社会公共事务治理,承担更大的社会公共责任。

五是进一步处理好法治与德治的关系。"中国传统的制度是确立在德治基础之上的,然而,现代化中国却是建立在法治基础之上的,孕育出社会主义民主政治和法治体系,建设法治国家、法治政府与法治社会,已成为国家发展战略。"①这表明,我国的德治实施具备了法治社会的良好基础,法治实施也有了融入中华民族血脉的道德资源支持。事实表明,道德的教化作用与法律的

---

① 林尚立:《当代中国政治:基础与发展》,中国大百科全书出版社 2017 年版,第 382 页。

规范作用都不是万能的,二者各有优势与劣势,任何一方在社会秩序维护与建构中都不能唱"独角戏"。为此,在强调法治与德治的重要性和合理性的同时,要看到二者是现代国家治理中不可或缺的重要方式,要在道德自律与法律他律的互补中实现社会的善治,充分开发法治与德治在功能与功效上的互补作用,发挥法治在科层体系层面上办大事的优势,德治在社区层面上办小事的优势,使法治与德治相互补充、相互促进、相得益彰的"双治互促"成为推进国家治理体系和治理能力现代化的重要制度资源,这是实现国家良法善治的治理逻辑,因为"法律有效实施有赖于道德支持,道德践行也离不开法律约束。法治和德治不可分离、不可偏废,国家治理需要法律和道德协同发力"①。当然,实现法治与德治的紧密结合并不是要将德治凌驾于法治之上,而更多是要在坚持把法治作为根本保证的国家治理体系中发挥社会主义道德的价值统摄性,使社会主义道德真正嵌入社会主义法律法规体系之中,在法律法规的制订修改中要发挥社会主义道德的价值引领作用,使社会成员既有德心又有法行,公共治理行动才会更加有序、公共治理效能才会更加高效。

总之,实现中国共产党领导下的政府主导、市场自律、社会自治三者协同共治是推进中国特色社会主义国家治理现代化的重要标志。然而,三者之间的协同共治必须在既定的国家制度体系中得到良好的运行,推进中国国家治理现代化要在坚持和完善中国特色社会主义制度体系中展开,要遵循中国特色社会主义制度的内在逻辑,要以制度建设推进社会公共治理结构的优化,否则,国家治理效能会大打折扣甚或失效,这既是推进中国国家治理现代化的内在要求,也符合中国共产党领导国家与社会建设的内在逻辑。在新时代,坚持中国特色社会主义制度自信是推进新时代中国社会公共治理制度化的前提与基础,扎实推动全体人民共同富裕是推进新时代中国社会公共治理制度化的动力与使命,也是健全人民之治的公共治理制度体系所要遵循的基本逻辑。

---

① 《习近平谈治国理政》第二卷,外文出版社2017年版,第133页。

参 考 文 献

一

俞可平：《治理与善治》，社会科学文献出版社 2000 年版。

俞可平：《走向善治》，中国文史出版社 2016 年版。

晏辉：《公共生活与公民伦理》，北京师范大学出版社 2007 年版。

张康之、张乾友：《共同体的进化》，中国社会科学出版社 2012 年版。

张康之：《合作的社会及其治理》，上海人民出版社 2014 年版。

董克用：《公共治理与制度创新》，中国人民大学出版社 2004 年版。

杨光斌：《制度变迁与国家治理：中国政治发展研究》，人民出版社 2006 年版。

王诗宗：《治理理论及其中国适用性》，浙江大学出版社 2009 年版。

杨宇立：《公共供给与国家治理》，上海社会科学院出版社 2016 年版。

麻宝斌：《公共治理理论与实践》，社会科学文献出版社 2013 年版。

许耀桐：《中国国家治理体系现代化总论》，国家行政学院出版社 2016 年版。

江必新、鞠成伟：《国家治理现代化比较研究》，中国法制出版社 2017 年版。

汪晖、陈燕谷主编：《文化与公共性》，生活·读书·新知三联书店 1998 年版。

廖申白：《交往生活的公共性转变》，北京师范大学出版社 2007 年版。

林尚立：《当代中国政治：基础与发展》，中国大百科全书出版社 2017 年版。

二

［德］黑格尔：《法哲学原理》，范扬、张企泰译，商务印书馆 1961 年版。

［德］黑格尔：《小逻辑》，贺麟译，商务印书馆 1980 年版。

［美］霍兰·萨拜因：《政治学说史》，上海人民出版社 2008 年版。

［德］哈贝马斯：《公共领域的结构转型》，曹卫东等译，学林出版社 1999 年版。

［美］乔尔·S.米格代尔、阿图尔·柯里、维维恩·苏主编：《国家权力与社会势力》，郭为桂、曹武龙、林娜译，江苏人民出版社 2017 年版。

［英］德里克·希特：《公民身份：世界史、政治学与教育学中的公民理想》，郭台辉、余慧元译，吉林出版集团 2010 年版。

［英］戴维·米勒、韦农·波格丹诺主编：《布莱克维尔政治学百科全书》，邓正来译，中国政法大学出版社 2002 年版。

［美］戈登·伍德：《美国革命的激进主义》，北京大学出版社 1997 年版。

［德］柯武刚、史漫飞：《制度经济学——社会秩序与公共政策》，韩朝华译，商务印书馆 2000 年版。

［美］塞缪尔·P.亨廷顿：《变化社会中的政治秩序》，王冠华、刘为等译，上海人民出版社 2008 年版。

［美］福山：《政治秩序的起源：从前人类时代到法国大革命》，毛俊杰译，广西师范大学出版社 2012 年版。

［美］彼得·M.布劳：《社会生活中的交换与权力》，李国武译，商务印书馆 2012 年版。

［法］托克维尔：《论美国的民主》，北京出版社 2012 年版。

［英］弗里德利希·冯·哈耶克：《法律、立法与自由》，中国大百科全书出版社 2000 年版。

［奥］尤根·埃利希：《法律社会学基本原理》，叶名怡等译，中国社会科学出版社 2009 年版。

［美］L.科塞：《社会冲突的功能》，孙立平等译，华夏出版社 1989 年版。

［法］霍布斯：《利维坦》，黎思复等译，商务印书馆 1985 年版。

［英］简·莱恩：《新公共管理》，赵成根等译，中国青年出版社 2004 年版。

［英］卡尔·波兰尼：《巨变——当代政治与经济的起源》，黄树民译，社会科学文献出版社 2013 年版。

［美］珍妮特·登哈特、罗伯特·登哈特：《新公共服务：服务，而不是掌舵》，丁煌译，中国人民大学出版社 2010 年版。

［英］齐格蒙特·鲍曼：《后现代性及其缺憾》，郁建立、李静韬译，学林出版社 2002 年版。

［英］齐格蒙特·鲍曼：《被围困的社会》，郇建立译，江苏人民出版社 2005 年版。

［英］迈克尔·曼：《社会权力的来源》，郭忠华、徐法寅、蒋文芳译，上海人民出版社 2012 年版。

［美］A.麦金太尔:《德性之后》,龚群等译,中国社会科学出版社 1995 年版。

［德］科斯洛夫斯基:《资本主义伦理学》,王彤译,中国社会科学出版社 1996 年版。

［法］卢梭:《社会契约论》,何兆武译,商务印书馆 2006 年版。

［美］罗伯特·D.帕特南:《使民主运转起来》,王列、赖海榕译,江西人民出版社 2001 年版。

［美］滕尼斯:《共同体与社会》,林荣远译,商务印书馆 1999 年版。

［美］斯蒂芬·戈德史密斯、威廉·D.埃格斯:《网络化治理:公共部门的新形态》,孙迎春译,北京大学出版社 2008 年版。

［美］埃莉诺·奥斯特罗姆:《公共事物的治理之道:集体行动制度的演进》,余逊达、陈旭东译,上海译文出版社 2000 年版。

［美］戴维·奥斯本、特德·盖布勒:《改革政府——企业家精神如何改革着公共部门》,周敦仁等译,上海译文出版社 2006 年版。

［德］哈贝马斯:《在事实与规范之间:关于法律和民主法治国的商谈理论》,童世骏译,生活·读书·新知三联书店 2003 年版。

［美］汉娜·阿伦特:《人的条件》,竺乾威等译,上海人民出版社 1999 年版。

［美］艾伯特·O.赫尔曼:《转变参与:私人利益与公共行动》,李增刚译,上海人民出版社 2008 年版。

三

高振扬:《政府与公民关系的历史逻辑》,《南京工业大学学报》(社会科学版)2008 年第 1 期。

郁建兴、秦上人:《制度化:内涵、类型学、生成机制与评价》,《学术月刊》2015 年第 3 期。

许耀桐:《治理与国家治理的演进发展》,《中共福建省委党校学报》2016 年第 9 期。

竺乾威:《新公共治理:新的治理模式?》,《中国行政管理》2016 年第 7 期。

魏崇辉:《全面深化改革视域中公共治理理论有效适用论析》,《行政论坛》2017 年第 3 期。

孙斐、叶烽、徐淮智:《中国公共治理 70 年研究的演化特征、逻辑与动力——基于 CNKI(1949—2019)的文献计量分析》,《领导科学论坛》2020 年第 19 期。

丁志刚、于泽惠:《论制度、制度化、制度体系与国家治理》,《学习与探索》2020 年第 1 期。

后　记

　　社会"公共性"问题由来已久，尤其是伴随着市场经济的推进，现代社会的"公共性"特征日益彰显。本人在博士期间就已开始集中研究社会"公共性"问题，在近20年的研究中，公共意识、公共生活、公共参与、公共治理、公共信任等议题的关注形成了本人关于社会"公共性"问题的研究脉络及关注聚焦。本书是由我主持的国家社科基金项目"新时代中国社会公共治理制度化研究"（项目号：18BKS102）的结项成果。

　　公共治理是政府、市场与社会治理的有机统一体，健全与完善党委领导下政府、市场和社会良性互动体制机制，发挥三者良性互动合力所带来的治理效应，是推进国家治理体系和治理能力现代化的关键所在。长期关注社会公共性问题，当党的十九大报告提出"打造共建共治共享的社会治理格局""加强社会治理制度建设""实现政府治理和社会调节、居民自治良性互动"等重要论断时，我便开始深入关注公共治理制度化问题，着重思考西方治理话语与中国治理话语的本质差异；思考如何立足于中国共产党领导下的国家、市场与社会协同创新的治理机制阐释公共治理的基本概念、逻辑范畴及概念关系；公共治理制度化的变迁历程；公共治理制度化的当前现状；公共治理制度化的中西实质差异、共同挑战、现实启示；推进新时代中国公共治理制度化的基本途径、体制机制及具体举措；等等。带着对这些问题的思考，历经调查访谈、材料整理、专题研讨等方式,就公共治理制度化的概念范畴、变迁历程、实然现状、时代优势、时代挑战、战略推进等问题进行梳理,形成了本书的基本架构。综合来看,本书注重中国共产党作为领导核心的重要行动主体的现实,从系统研究公共治理制度化是否可能与何以可能问题,揭示公共治理制度化的马克思主义理论基础;从新时代中国特色社会主义的成功实践,揭示公共治理规律与中国共产党执政规律有机统一的宏观、中观与微观链接的中国实践基础;从中国文明与世界文明的有机对接,揭示新时代推进公共治理制度化的中国意义与世界意义;在学术思想上体现了宏观视野与微观透视相结合、文献解读与学术研究相结合、理论导向与实践取向相结合、本土研究与比较视野相结合,既是本人对公共治理制度化问题长期思考的逻辑回答,也是对公共治理制度化问题长期追问的学术解读。诚然,公共治理研究及实践均是比较大的课题,本书侧重于制度化视角的解读及论证仅仅是公共治理问题研究的"冰山一角",但公共治理制度化可被认为是公共治理实践推进的主轴支撑。对公共治理的探讨也丰富了我对社会公共性问题的深化。令人欣慰的是,2023年本人主持申报的国家社科基金一般项目"区块链赋能视阈下公共信任风险治理研究"(23BKS133)获批立项,将基于区块链赋能国家治理的中国实践,对社会公共信任风险治理问题进行一个新的探索。

健全人民之治的公共治理制度体系,是坚持和完善中国特色社会主义制度的价值诉求,是推进国家治理体系和治理能力现代化的价值支柱和坚实基础,是扎实推进全体人民共同富裕的必然要求,也是一个正处于不断发展中的重大课题,相关问题研究具有一定时限性。书中借鉴了学界同仁的相关文献资料和观点,均做了注释及说明,遗漏与不当之处,敬请各位学界前辈、同仁批评指正!

推进公共治理制度化是推进国家治理现代化、全面建设中国特色社会主义现代化国家新征程的内在要求,决定了推进公共治理制度化深入推进及持续研究的重要意义。公共治理行动需要社会各方力量共同参与,公共治理制度化推进同样需要社会各方力量共同参与,期待更多学者关注公共治理议题,期待本书能给予读者一些启发或收获,若对读者有一点帮助,也是我的最大欣慰。公共治理制度化实践及研究依旧在路上!